誰も教えてくれなかった

プロに近づくための

フレンチの教科書

ル・マンジュ・トゥー 谷 昇

僕にとってのフランス料理は、“先達への憧れ”
未だ見ぬ国への畏敬の念こそがこの道を歩む始まりでした。
料理であれ、スポーツであれ、学問であれ、
志した世界を行く者は、先学の叡知を授かり、
同時に自分の頭で考えながら
ひたむきに鍛錬を積むべきだと、僕は考えます。
また、先を進む者は、あとに続く者に伝承するのも務めです。
フランス料理という道のほんのわずかでも先を歩む僕が、
僭越ながらできること、為すべきことは、
技術と知識、熱情を伝えること――

フランス料理を学ぼう、知ろうとするからには
それぞれに目指すものがあることでしょう。
自分の作った料理で家族や仲間を笑顔にする。
不得手な料理を上手に作れるようになる。
かの地に店を構える。
日本のフランス料理界を背負って立つ。
目標の大小は問いません。
希望に向かって懸命になったり、
夢への道程をもがきながら楽しんだり、
技術の習得に喜び勇んだり。
そうした煌めきのような想いのよすがになればと、
僕が知り得るすべてをこの本に詰め込みました。

「フランス料理は楽しい」
自信をもって皆さまにお伝えします。

谷 昇

Contents

3章 シャルキュトリ

Charcuteries

4章 肉

Viandes

5章 魚介

Poissons

6章 デザート

Desserts

谷昇の哲学 méthodologie du chef

出汁

代表的なソースや生地など

谷昇の仕事

Chronique du chef

ミニ辞典

本書の決まりごと

* 材料表中の分量と、でき上がり写真の分量が同じとは限りません。
* プロセス写真は工程を説明するためのもので、材料表中の分量と同じとは限りません。
* 材料の分量には、g表記に加え、ほかの単位も用いています。それは味つけのバランスをわかりやすく伝えるためだったり、量りやすさのためだったりします。
* バターは食塩不使用タイプを使用しています。
* 生クリームは乳脂肪分35％を使用しています。
* 卵はL玉を使用しています。
* オリーブ油と表記してあるものは、エクストラヴァージンオリーブオイルを指します。
* 黒こしょうと表記してあるものは、粗びきを指します。
* ハーブ類は、ドライの指定がない限り、フレッシュを指します。
* 鶏ガラスープは、湯1ℓに鶏ガラスープの素（顆粒）10gと塩1gを溶いたものを使用しています。
* 材料をゆでたり、湯せんにかけるときに使用するなど、材料表以外の水はすべて分量外です。
* ぬめり取りなど、下処理に使用する塩は分量外です。
* 型や器に塗るバターや油、粉は分量外です。
* 作り方の説明では、ソース、チーズなどの名称を省略しています。
* オーブンの温度や焼き時間は機種や季節によっても差が出ます。レシピを目安に、お手持ちのオーブンに合わせて調整してください。
* サラマンドルは、ご家庭ではオーブンやトースター、魚焼きグリルで代用できます。

谷昇の哲学

méthodologie du chef

料理の心得

味をみる

美味しい料理を作るには、誤差をなくすこと。そのためには確認すること、つまり味をみることが大切です。たとえ方向がずれていたとしても。早い段階ならば軌道修正も可能です。料理にもよりますが、どの段階で食べてみても美味しい、というのが理想。味つけの良し悪しだけではなく、ときにはアロゼする脂も疑う。個体差のある素材は、個々を感じることも重要です。昨日の肉汁が美味だったからといって、今日のそれも同じとは限らないからです。成功の秘訣は、あらゆる工程で味をみることです。

完成形をイメージする

皿の上の料理がどうありたいか。調理の間は終始、もっといえば調理の前から、完成形をイメージします。煮込むと素材は小さくなります。では、どんな大きさに切っておけばいいのか。肉や魚は先に焼いた面が美しい。では、盛りつけで見せたい面はどこか。野菜を揃えて切る意味は…。すべては皿の上のでき上がりに直結します。どの段階もおろそかにしないこと。

素材を触る

例えば焼く前の肉に塩をふるとき。もみ込んでいると、しっとりと濡れてくるのがわかります。焼きの過程では、火が入るとともに弾力が増してきます。生地をこねる段では、素材の変化を如実に感じます。素材を触るということは、状態を判断する術。確かに僅差を求められる状況もありますし、経験を積まなければ難しいこともあります。それでも「触ることで知る」場面が多々あることも事実です。五感を使うこと、目で見て、音を聞き、香りを嗅ぎ、味をみて、手で感じることは調理の基本です。

アクがアクを呼ぶ

アクを取る意味を考えたことはありますか？　食べてみればわかります。端的に言って、まずい。この無駄なものが入っていて料理が美味しく仕上がるわけがありません。脂やスジにも同じことが言えます。不要なものは取り除く。最低限のプロセスです。ひとつ、アクを取るコツは、少しばかり我慢すること。アクはアクを呼びます。アクが浮いてきたなと思ったらタンパク質が固まって液体が澄むのを待って、ガバッと躊躇なく取り除きます。

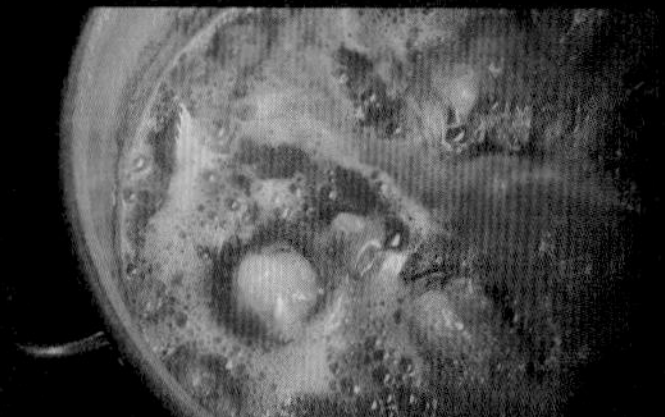

美味しそうな焼き色

焼きのときも煮込みのときも、揚げるときも、焼き色は味だけでなく、でき栄えにまで影響します。料理書の常套句「きつね色になるまで」、あなたが思い浮かべるきつねは何色ですか？　僕は「美味しそうな色」であることが重要だと考えます。火の入りを色だけで判断するのはいささか乱暴です。火の入り具合の判断は、素材の弾力やジュースの具合、音の変化などを目安とすることもできます。ですが色、つまり見た目だけは唯一。「美味しそうな色」の完成形を目指します。

音を聞く

五感を使うことのひとつです。加熱する場面では、鍋の中、フライパンの上の音に耳を傾けます。素材から出た水分が油ではねて蒸発しているときは軽快なシュワシュワという音がする。囁くように小さな音に変わったら、水分がとんだ合図。度が過ぎる大きな音は温度が高すぎる証拠、地味なリズムを刻んでいたら低すぎる。音は温度、火の入り具合の指針となるものです。

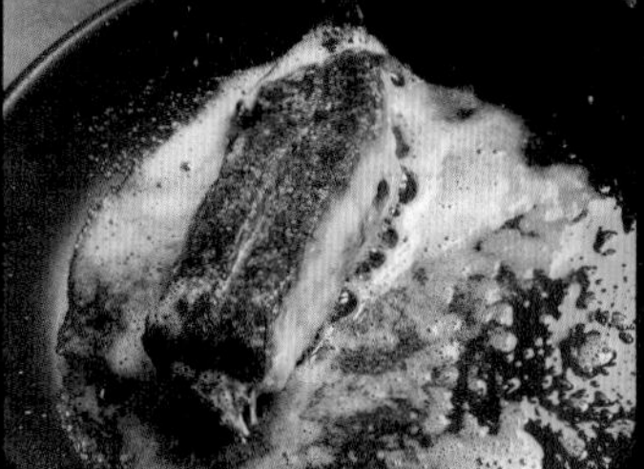

序章

～温故知新～
フランスのスナック

Snacks français revisités

Œufs mayonnaise

ウフ・マヨネーズ

ゆで卵にマヨネーズをかけただけのシンプルなこの一皿は、フランスのビストロで定番の前菜です。簡単だからこそごまかしのきかない、マヨネーズの美味しさが如実に表れる料理です。
僕が好きな卵の固さは4分半ゆでの半熟卵ですが、ウフ・マヨネーズは固ゆで卵がお約束。卵はＬ玉を使っていますが、固ゆで卵のゆで時間は10分、Ｍ玉だと9分ほど。ゆですぎると黄身のまわりがグレーになるので注意してください。2～3分ゆですぎても変色します。沸騰したらすぐにタイマーをセットすることが大切です。参考までに、卵の凝固温度は卵白と卵黄では異なります。卵白は60℃で凝固が始まり、80℃以上で完全に凝固。卵黄は65℃前後で凝固が始まり、75℃以上で完全に凝固。ですから沸騰した状態で完全に凝固しますが、黄身を中心に仕上げたいのなら、60～65℃以前に転がしておかなければ意味がありません。

材料（2人分）

全卵……4個
ソース・マヨネーズ（p.53）
……適量

1
卵は室温にもどしておく。温度差があると割れやすくなる。少し大きめで深めの鍋に卵とかぶるくらいの水を入れ、強火にかける。酢などは入れなくてよい。仮に殻が割れて流れ出してもすぐに固まるので問題ない。

2
湯が温まってきたら、ときどきスプーンでかき混ぜてやさしく転がす。湯の上下を返すことで早く沸く。転がすのは黄身を中心に仕上げるため。卵黄の凝固点は65℃前後、この時点で黄身はすでに固まり始めているので、転がすのは沸騰前まで。

3
沸騰したらタイマーのスイッチを入れ、水面がポコポコする程度に火を弱める。固ゆで卵のゆで時間は10分。

4
10分経ったら、水にとり、しっかり冷やす。湯から上げても冷やさないと、黄身のまわりがグレーに変色するので注意。

5
卵同士をやさしくたたいて全体にヒビを入れる。細かくヒビを入れることでむきやすくなる。

6
初めは水の中だとむきやすい。薄い膜ごと殻をむく。

7
ゆで卵を半分に切る。ピアノ線などを使うと美しく切ることができる。写真はケーキスライサーを使用。皿に盛り、マヨネーズをかける。

Omelette nature

オムレツ

日本では、継ぎ目がなく中央が盛り上がった細長い楕円形のオムレツが浸透していますが、あれは日本独自のもの。日本人の器用さで、フランスのオムレツを整然と昇華させた形です。本国フランスは？と言うと、フライパンで丸く焼いた卵液をパタンと半分に折るだけ。卵をほぐすところから焼き上がりまでフォーク1本というのも、いかにもフランスらしい気軽さです。
生クリームを加えるのは、味の豊かさを高めるのはもちろん、卵の凝固温度を上げる目的があります。液状の卵液は火が入ると一気に固まり、硬くなる。水分を加えることで作業がしやすくなる、つまり失敗が少なくなり、加熱によって膨張する水分の作用でふわっと仕上がる。もしも生クリームがなければ、牛乳あるいは水を加えてください。

材料（1人分）

全卵 …… 3個
生クリーム …… 10g
塩 …… 1g
バター …… 10g

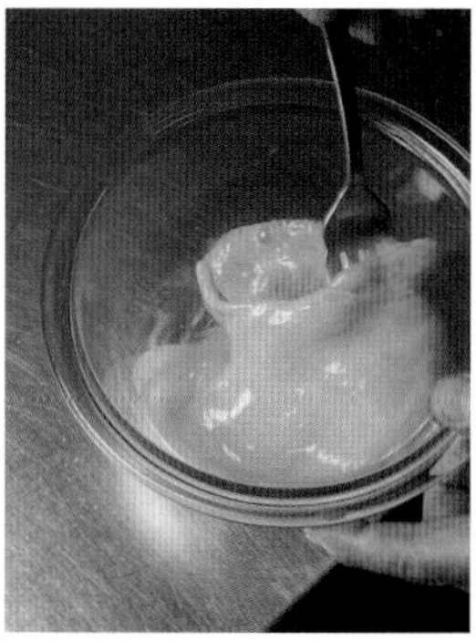

1

ボウルに卵を割り入れ、濃厚卵白（弾力があってプルプルした部分）のコシを切るように混ぜる。空気を含ませてしまう泡立て器は使わないほうがよい。生クリーム、塩を加え、さらによく混ぜる。

2

フライパンにバターを入れ、強火にかけて回す。熱したフライパンにバターを入れると焦げるので、冷たいところに入れる。バターが溶けてきたら、卵液を一気に加える。フライパンは直径24cmを使用。

3

フォークの背を使い、外側から内側に円を描くように混ぜる。卵は外側から固まってくるので中央に動かし、火の入っていない卵液をあいた外側に流す。これを素早くくり返し、均一に火を通す。卵の硬さは好みで。日本式は半熟の状態で巻き始めるが、フランス風は比較的しっかりと火を通すのが一般的。

4

鍋肌まで広がった卵ははがして形を整え、奥から手前に二つ折りにする。柄を逆手に持ち、皿に返す。

Chronique
du chef

日本のオムレツ

中はふわふわのスクランブルエッグ、それを極めて薄い皮で継ぎ目なく巻き上げるのが日本のオムレツです。スクランブルを作る要領で混ぜながら火を通していた卵液が半熟状になったら、動かさずに底面を1～2秒焼いて皮を作る。この皮の理想は1mm厚さ！　皮ができたら卵を手前から向こう側に返し、フライパンを傾け、柄をたたいて手前に返しながら巻いていきます。皮でスクランブルを包み込むイメージ。と言えば簡単ですが、フライパンを正しく持たないと形が歪むし、卵が飛んでいく。フレンチの料理人なら例外なく猛練習する技術です。

Croque-monsieur et Croque-madame

クロック・ムッシュとクロック・マダム

フランスのカフェで定番の温かいサンドウィッチです。バゲットの国でも、この料理に関しては食パンを使います。クロック・ムッシュは薄切りの食パンを3枚。4枚でも5枚でも構いませんが、ハムとチーズを挟んでトーストします。溶けたチーズがたまらないので、グリュイエールは薄切りにするのがお薦めです。軽食ですから手軽さも魅力。手でつまんでパクッといけるように、カットして供します。これにベシャメルとチーズをかけて焼き、目玉焼きをのせたものがクロック・マダム。マダムのパンは厚めがいいですが、いずれも耳を切り取ったほうが僕は美味しいと思います。

クロック・ムッシュ

材料（1人分）

食パン（サンドウィッチ用）…… 3枚
バター …… 適量
ハム …… 3枚
グリュイエールチーズ（薄切り）…… 適量

1 パンの両面にバターを塗る（**a**）。

2 パンにハム、グリュイエールを半量ずつ重ね（**b**）、パンをのせる。これをもう一度くり返す。

3 サラマンドルで表面がこんがりするまで焼く。

a

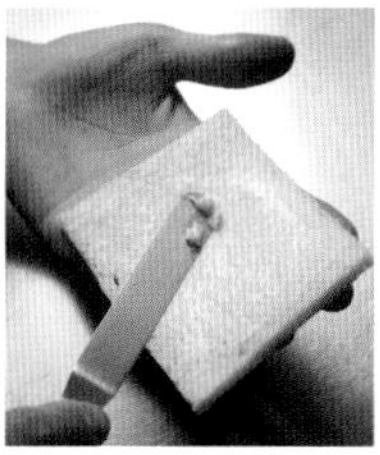

b

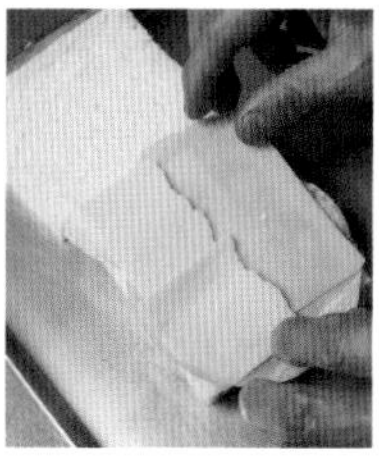

クロック・マダム

材料（1人分）

食パン（6枚切り）…… 1枚
バター …… 適量
ソース・ベシャメル（p.188）…… 80g
ハム …… 2枚
グリュイエールチーズ（すりおろす）…… 適量
卵 …… 1個

1 パンは耳を切り、両面にバターを塗る。

2 パンにベシャメルを塗り、ハムを重ね、さらにベシャメルをのせる（**a**）。グリュイエールをかけ、サラマンドルで焼く。

3 フライパンにバター5gを入れ、中火にかける。直径7cmのセルクルを置き、卵を入れる（**b**）。白身が固まるまで焼き、*2*にのせる。

a

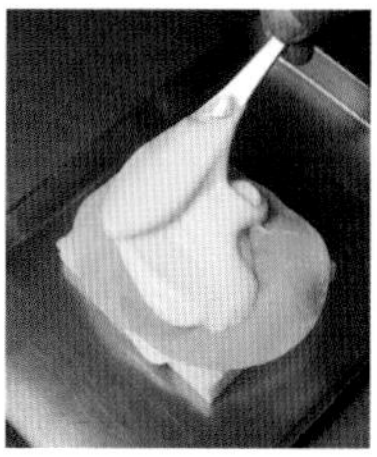

b

ルー・ブランから派生するソース

ルー・ブランはソースのベースになるもの。
加える液体によってソースの名前が変わります。

ルー・ブランに牛乳を加える ⟶ ソース・ベシャメル

ルー・ブランに白いフォンを加える ⟶ ソース・ヴルーテ

ルー・ブランに鶏のフォンを加える ⟶ ソース・ヴルーテ・ド・ヴォライユ

ソース・ベシャメルの濃度別用途

濃度（牛乳の割合）によって用途が変わります。

スープ ⟶ バター1：粉1：牛乳20
（すくうとさらりと流れ落ちる程度）

グラタン ⟶ バター1：粉1：牛乳10
（少しもったりと流れ落ちる程度）

クリームコロッケ ⟶ バター1：粉1：牛乳5~8
（しばらく留まってから落ちる程度）

Welsh rarebit

ウェルシュ

僕が小僧の頃にフランスの『ブラッスリー・フロ』で食べた思い出の味。ビールで溶いたチーズをパンにたっぷりかけて焼き上げたもので、「ビールの相棒」というのが定石です。もともとはウェールズの料理のようですが、フランス北部の名物料理としても知られていて、気軽にビールが飲める店なら必ずと言っていいほどメニューに載っています。フランス北部はベルギーとイギリスに近いこともあってか、両国の影響を色濃く受けているのもウェルシュの特徴。イギリス生まれのウスターソース、リーペリンをかけていただくあたりにも表れています。

材料（1人分）

食パン（6枚切り）…… 1枚
ビール …… 110 ～ 130ml
グリュイエールチーズ …… 70g
リーペリン …… 適量

1
パンは耳を切り、ビール40～50mlをかけて染み込ませる。

2
グリュイエールは薄切りにしておおまかに割る。鍋に入れ、ビール70～80mlを加えて弱火にかける。木べらで混ぜながらグリュイエールを溶かす。

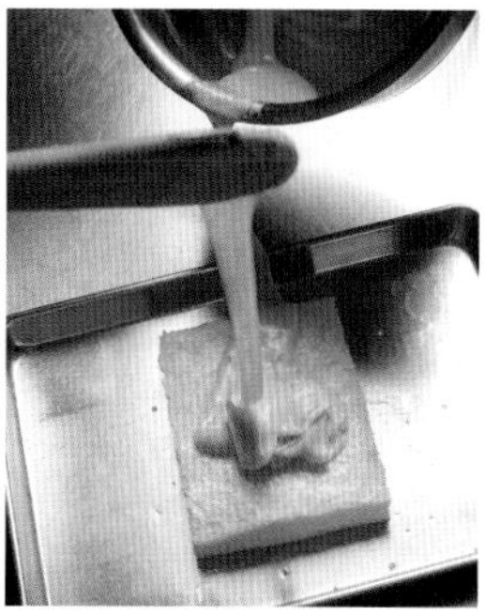

3
パンに*2*をのせ、サラマンドルでグリュイエールに焼き色がつくまで焼く。リーペリンをかけて供する。

Chronique
du chef

キャスクルート

本来は軽食や弁当のことですが、バゲットにハムやチーズを挟んだサンドウィッチをキャスクルートと呼びます。具はほかに野菜やパテなどさまざま。なかには板チョコレートを挟むものもあり、バリエーションは豊富です。僕にとってのキャスクルートは、フランス修業時代の辛抱の味。セーヌ川のほとりで鳩にパンくずをやりつつ、未来に想いを馳せながらバゲットを噛みしめたものです。そのときの具は簡素なものでしたが、今どんなキャスクルートが好きかと問われたなら、上質なバターを塗ったバゲットにコンテと生ハムを挟んだ組み合わせ、と答えます。コンテは旨味がぎゅっと詰まった、フランスを代表するハードタイプのチーズです。

Huîtres, vinaigre à l'échalote

生牡蠣のエシャロットヴィネガー

強烈な酸とエシャロットで牡蠣を食べるというのが、小僧の僕にとっては斬新な料理でした。赤ワインヴィネガーの酸の強さが牡蠣の旨い脂を強調する、そう感じるのは今も変わりません。フランスでももちろんレモンを添えることもありますが、僕は断然エシャロットヴィネガーを、なかでも赤ワインヴィネガーのレシピを支持します。

店では、また日本では、食べやすさに配慮して身を殻から外して供しますが、フランスでは有り得ないこと。殻にほかの牡蠣を入れてサービスする、というゆゆしき事態も起こり得るからです。フランスでは身が殻についていることが、その牡蠣の価値、保証となるんです。

もはや定説ですが、生牡蠣にはシャブリ。シャルドネ種の葡萄から造られる辛口の白ワインが、やはり生牡蠣によく合うと思います。シャブリとともにぜひどうぞ。

材料（1人分）

牡蠣 …… 2個
エシャロットヴィネガー（下記）…… 適量

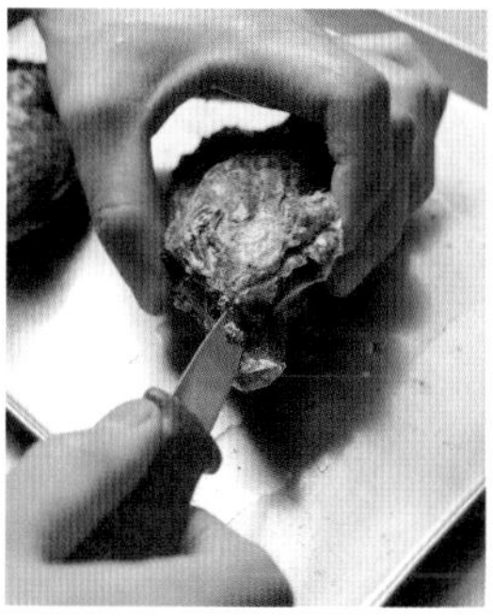

1
牡蠣は殻の膨らみのあるほうを下にし、閉じ目にペティナイフを差し込み、ねじって隙間を作る。ナイフを深く差すと身に傷がつくので、ねじる際に安定する程度に。殻を器にするので丁寧に扱う。

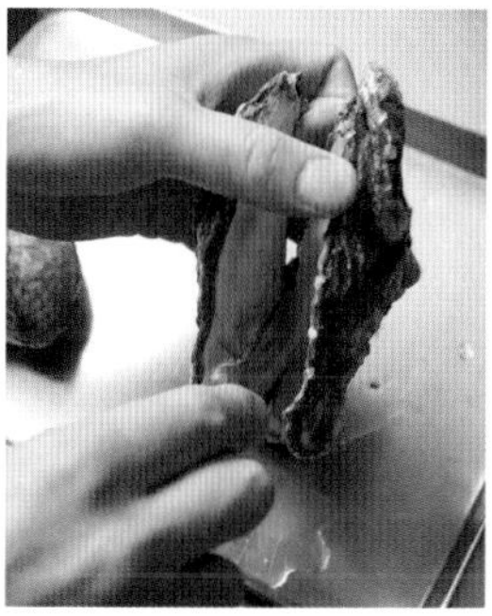

2
隙間から刃先を差し込み、貝柱を少しずつ切り取り、上殻を外す。殻には臭みがあり、割ったり傷つけたりすると臭みが出るので注意する。

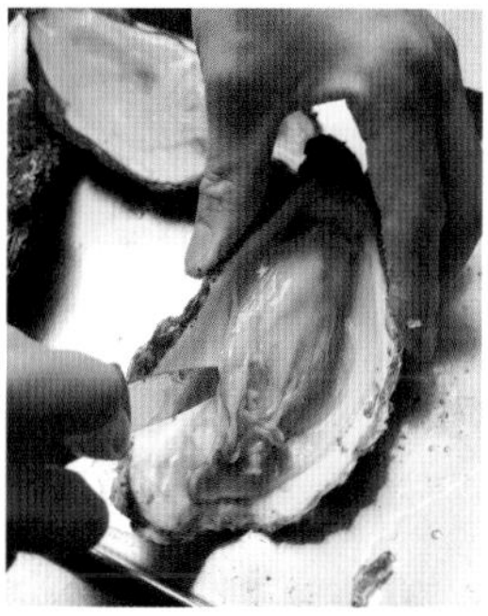

3
下殻もナイフを殻に沿わせるように動かし、身を外す。殻から外すのは食べやすさのため。殻に身をのせて器に盛り、エシャロットヴィネガーを添える。

エシャロットヴィネガー

材料（作りやすい分量）

エシャロット（みじん切り）…… 20g
赤ワインヴィネガー …… 20g

1 材料を混ぜ合わせる。

Soupe à l'oignon gratinée

オニオングラタンスープ

じっくり炒めた玉ねぎの甘味と旨味、それがこのスープの美味しさです。僕にとっての玉ねぎの基準は、潤沢な水分を含んだ新玉ねぎ。火を通すと甘くなる玉ねぎの性質を生かすために必要なのは、水分です。新玉ねぎは、炒め始めるとすぐに甘味成分を含む水分が出てきます。しかし貯蔵された水分の少ない玉ねぎでは、じっくり炒めようにも焦げるばかりで甘味を引き出すことはできません。ですから炒め始めから、たっぷりの水を加えます。鍋の中は「煮ている」状態に見えるかもしれませんが、これが僕にとっては玉ねぎを炒める＝火を通して甘味を出すこと。玉ねぎの水分量は季節によって異なるので、個体差を見極めて加える水を加減します。

材料
（作りやすい分量／
容量350mlの器3個分）

玉ねぎ …… 4個(800g)
バター …… 60g
鶏ガラスープ …… 1.5ℓ
バゲット
（薄切りにしてトースト）
…… 6～9枚
グリュイエールチーズ
（すりおろす）…… 75g

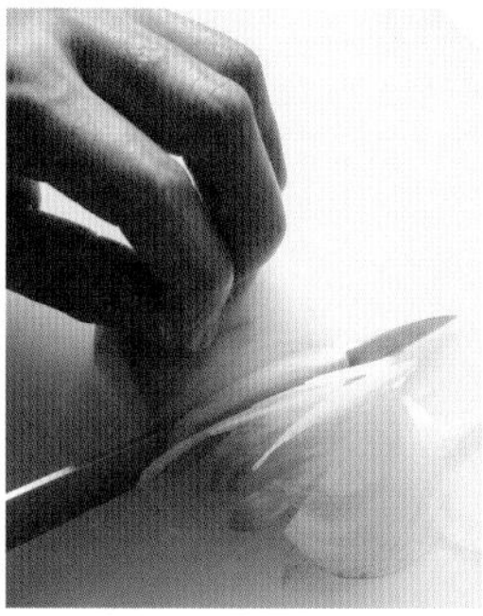

1
玉ねぎは縦半分に切り、繊維に沿ってごく薄く切る。繊維に沿わせることで、でき上がりも玉ねぎの形状が残り、なめらかな口当たりを楽しめる。

2
鍋に玉ねぎ、バター、水を入れて強火にかける。玉ねぎにムラなく火を通すため、水は玉ねぎがかぶるくらい入れる。

3
煮立ったら中火にし、木べらで混ぜながら炒める。水がある間は神経質に混ぜなくても構わないが、水が減ったらそのつど足す。鍋肌についた玉ねぎは焦げやすいので、こすって水があるところに落として混ぜる。

4
20～30分炒めると色づいてくる。鍋肌の焼き色は旨味。玉ねぎでこそげ落としながら炒める。水は鍋肌からかけて足し、混ぜながら炒めるをくり返す。ここからの水は、旨味の焼き色を玉ねぎに戻すためと、焦げつきを防ぐため。水が多いと鍋肌に焼き色がつかないので、少しずつ加える。

5
さらに20～30分炒めると濃い茶色になり、玉ねぎの水分が減り、油と当たってパチパチと音がする。鍋肌の焼き色を木べらでこそげ落とせなくなったら、水少量を加えて落とし、旨味を玉ねぎに戻す。これをデグラッセといい、オニオングラタンスープの最重要ポイント。食べてみて柔らかく、甘味と旨味が出ていれば完成。

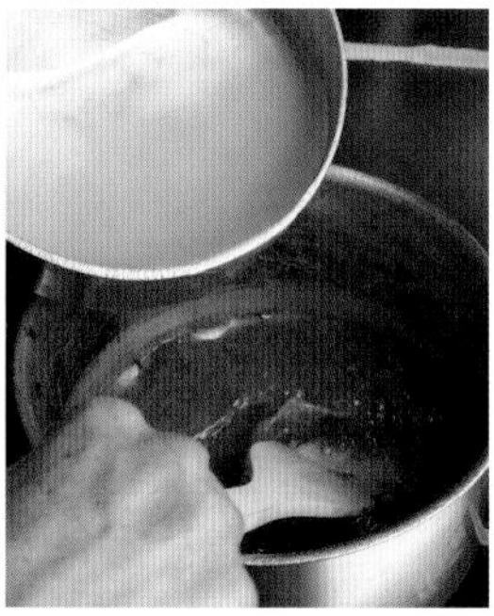

6
鶏ガラスープを加え、好みの濃度と塩味に調整する。あとで塩味の強いチーズを加えるので、塩加減は薄めにとどめる。ここでは煮込む必要はない。

7
器に注ぎ、バゲットを2～3枚のせ、グリュイエールをたっぷりかける。サラマンドルまたは高めの温度のオーブンで、スープが沸かないように短時間で焼き色をつける。

Quiche aux 4 fromages

チーズのキッシュ

フランス料理のキッシュと言えば、キッシュ・ロレーヌを思い浮かべる方も多いかと思いますが、キッシュはフランスのどの地方でも、どの家庭でも作られているもの。ですからその種類も、土地と家庭の数だけ存在します。今回ご紹介するのは、4種類のチーズを使った贅沢で大人のキッシュ。組み合わせるチーズはお好みで構いません。タルト生地は、甘い料理にも塩味の料理にも合うパータ・フォンセ。ほんのり塩気のあるサクサクの食感が持ち味です。

材料（直径18×高さ3.5cmのセルクル1台分）

パータ・フォンセ（p.189）……1台

【アパレイユ】

全卵……1個

A｜生クリーム……60ml
　｜牛乳……60ml

塩……ひとつまみ

【フィリング】※1

カチョカヴァロ……100g

シェーヴル……50g

フルム・ダンベール……50g

リコッタ・サラータ……30g

※1＝フィリングのカチョカヴァロはハードタイプ、シェーヴルは山羊乳、フルム・ダンベールは青カビタイプ、リコッタ・サラータはフレッシュタイプのリコッタを塩漬けして熟成させたチーズ。

1

アパレイユを作る。ボウルに卵を溶き、Aを加え、泡立て器で泡立てないように混ぜる。焼いたときに気泡がダマの原因になるので注意。シノワで漉し、塩を加えて混ぜる。

2

フィリングのチーズは存在感が残るようにほぐしたり、小さめの乱切りにする。チーズの種類はハード、白カビ、青カビ、シェーヴルなど、数種類のタイプを組み合わせるとよい。

3

ベーキングシートを敷いた天板にパータ・フォンセを置き、フィリングをバランスよく並べ、アパレイユを流し入れる。崩れるのを防ぐため、パータ・フォンセを焼くときに使用したセルクルをはめておく。165℃のオーブンで35分焼く。

Gougères

グジェール

グジェールはチーズ風味の小型のシューで、ブルゴーニュ地方の代表的な前菜。ヨンヌ県のフロニー・ラ・シャペルという町が発祥と言われていて、毎年「グジェール祭り」も開催されるのだとか。ワインのおつまみとして定番ですが、手でつまんで食べられる手軽さは子供たちにも人気があります。混ぜ込むチーズは、コンテやロックフォール、パルミジャーノなど、お好みで構いません。絞った生地の上にチーズをのせて焼くのも、香りが立つのでお薦めです。

材料（直径2.5cm50個分）

強力粉 …… 60g
＊強力粉はふるう。

A
- バター（1cm角）…… 47g
- 水 …… 50g
- 牛乳 …… 50g
- 塩 …… 2g
- グラニュー糖 …… 2g

全卵（溶きほぐす）…… 80g
グリュイエールチーズ（すりおろす）…… 30g

1
鍋にAを入れ、強火にかける。

2
沸騰したら強力粉を一気に加え、木べらで手早く混ぜる。生地がひとまとまりになるまで混ぜ続ける。焼いたときに膨らむように、練ってグルテンを出す。

3
絶えず底から練り混ぜ、鍋底に薄い膜が張るようになるまで火を通す。

4
ボウルに移し、50℃程度になったら卵を3回に分けて加え、そのつどよく混ぜる。生地が熱すぎると卵が固まってしまい、冷めすぎても卵が混ざりにくく焼いたときに膨らまない。

5
グリュイエールを加え、さっくり混ぜる。

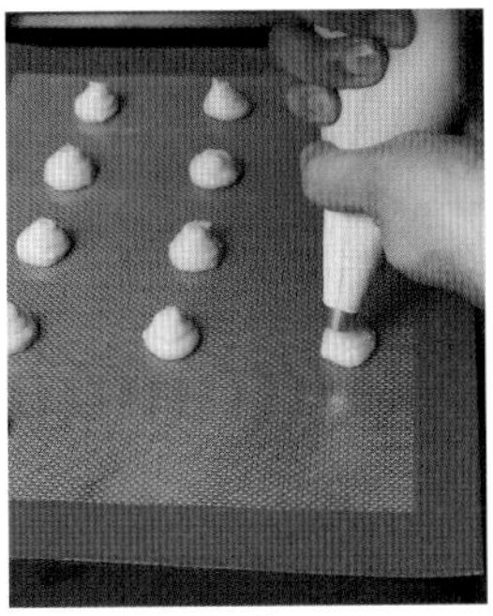

6
絞り袋に直径1cmの丸口金をつけ、生地を入れる。天板にベーキングシートを敷き、直径2.5cmに絞り出す。間隔をあけて約50個絞る。

7
濡らしたフォークで表面を軽く押さえ、丸く整える。180℃のオーブンで10分焼く。途中でオーブンを開けると生地がしぼむので、焼き上がるまで開けないこと。

Pommes Pont-Neuf

ポム・ポンヌフ

ポム・ポンヌフはじゃがいものフライ、ポム・フリットの一種です。じゃがいもの切り方で名前が変わるのがこの料理の面白いところです。
外はカリッ、中はふっくらとして、じゃがいも本来の美味しさを楽しめるのが理想の揚げ上がり。1度めの揚げは、「油でゆでる」感覚。中まで火を通すのが目的ですから、色づける必要はありません。2度めは外側を色よく香ばしく揚げるのが目的。いずれもたっぷりの揚げ油で、空気を含ませながら揚げます。

材料（作りやすい分量）

じゃがいも …… 4〜5個
揚げ油 …… 適量
塩 …… 適量

1
じゃがいもは皮をむき、太めの棒状に切る。水にさらし、でんぷん質を洗う。水の濁りがでんぷん質。揚げたときのベタつき、へたりの原因になる。

2
ざるに上げて水気をよくきる。

3
1度めの揚げ。たっぷりの揚げ油を150℃に熱し、じゃがいもを揚げる。シュワシュワという音と泡を保ち、じゃがいもの間に油が入るように混ぜながら揚げる。温度が低いとじゃがいもがくっつく。

4
じゃがいもの表面がボコボコしてきたらOK。1度めの揚げは中まで火を通すのが目的なので、色づけないようにする。ざるに上げ、油をきる。

5
2度めの揚げ。揚げ油を170〜180℃に熱し、好みの色になるまで揚げる。混ぜて空気を含ませながら揚げる。色ムラはじゃがいもの個体差なので、あっても問題ない。

6
ざるに上げて油をきり、塩をふる。

【ポム・フリットの種類】

ポム・フリットはじゃがいもの素揚げのことですが、切り方で名前が変わります。

ポム・パイユ：せん切り。パイユは「わら」の意味。
ポム・アリュメット：3mm角程度の細い棒状切り。アリュメットは「マッチ棒」の意味。
ポム・ミニョネット：アリュメットの倍ほどの太さの棒状切り。
ポム・ポンヌフ：太めの棒状切り。
ポム・ゴーフレット：網目状切り。
ポム・シップ：薄い輪切り。ポテトチップス。
ポム・スフレ：繊維に平行に輪切りにし、低温と高温の油で2度揚げ。膨らんで中が空洞になる。

Chronique
du chef

もうひとつのポム・フリット

シンプルな塩味のポム・フリットも充分美味しいですが、僕のお薦めをもうひとつご紹介。塩味をつけたあとのアレンジでも構いません。フライパンににんにくオイル（p.190）と半分に切ったにんにくを入れて熱し、香りが立ったらポム・フリットを投入。すぐに好みの香草、タイムやローズマリー、黒こしょうなどをふってひと混ぜすればでき上がり。香草はドライでもフレッシュでもOK。フレッシュの場合は先に油と一緒に熱して水分をとばしてからポム・フリットを加えます。

Seiches frites

いかのフリット

僕はいかが好きです。とくにげそが好きなのですが、素材のもつ臭みというのはどうやっても旨味に変わりません。ところが、げそを格段に変化させるのがフリットという調理法。揚げることによって、油の中に臭みが抜けていくんです。注意したいのは油の温度。レシピは170℃ですが、190℃くらいの高温でさっと揚げてもいいでしょう。生でも食べられるものですから、火の入りはあまり気にしなくて大丈夫。むしろ、低い温度は避けてください。油っぽくなってしまいます。
今回は甲いかを使いましたが、やりいかやするめいかでも美味しいです。カリカリに揚げたいかは最高ですが、ふっくらと仕上がる身の厚い甲いかもお薦めです。身の薄いいかなら切り込みを入れる必要はありませんし、リング状にして揚げてもいいですね。ちなみにフランス語で、筒いか類を「calmar カルマール」、甲いか類を「seiche セーシュ」といいます。

材料（作りやすい分量）

甲いか……2杯
強力粉……適量
卵白……適量
揚げ油……適量

【盛りつけ】

オニオンリングフライ※1
……適量
レモン……適量

※1＝玉ねぎを輪切りにし、強力粉を薄くまぶし、揚げ油で揚げる。

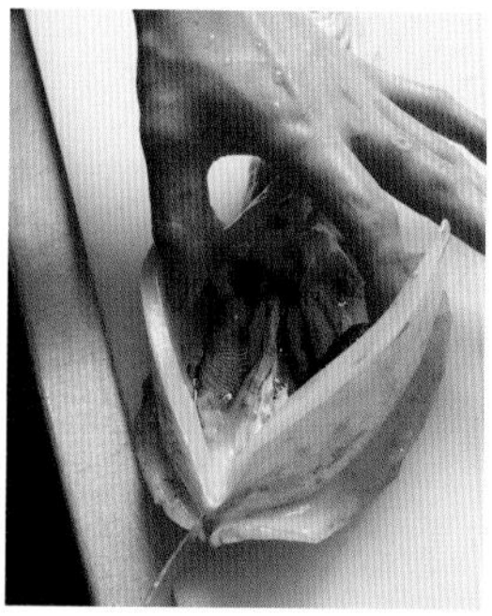

1
いかは背に切り込みを入れ、内臓、足、軟骨を取る。

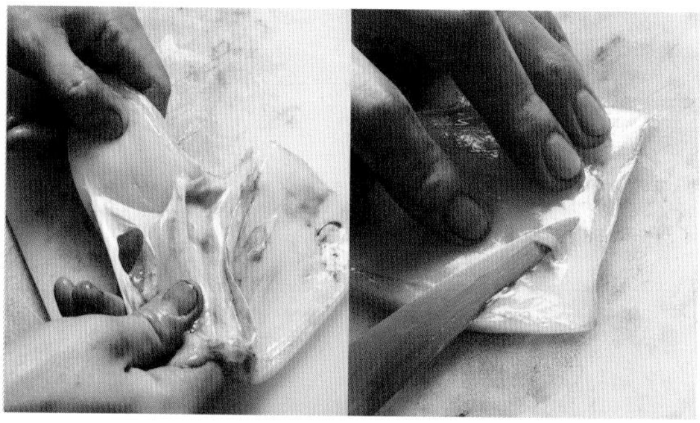

2
えんぺらと胴を外し、胴の皮を足側に向かってむき取る。硬い部分をそぎ切る。

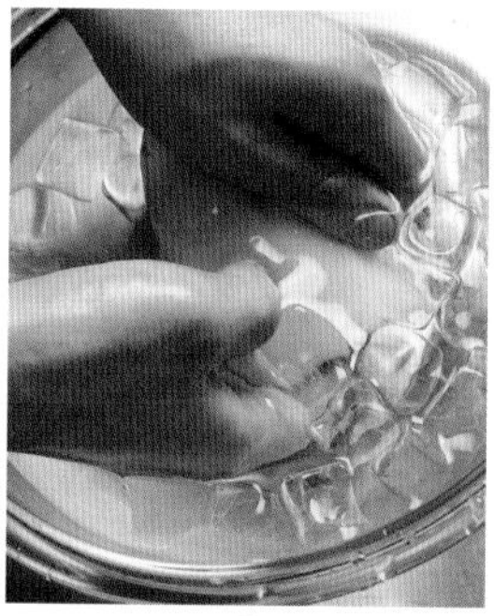

3
氷水で洗う。薄皮が残っていれば取る。いかは冷たいところに生息しているので、水がぬるいと白くなり鮮度が落ちる。

4
いかの胴と足に強力粉、卵白をもみ込み、汚れを取る。グレーになったら水で洗い、水気をしっかり拭う。水気が残っていると揚げた際にはねるので注意。

5
いかが厚い場合は丸まらないように、両面に格子に切り込みを入れ、1cm幅に切る。足は食べやすい長さに切る。

6
強力粉をまぶし、余分を落とす。粉のつけすぎは、揚げるとかたまりになり食感が悪くなる。

7
170℃に熱した揚げ油で揚げる。くっつかないように混ぜながら、表面が色づくまで揚げる。生でも食べられるので揚げすぎないこと。

Gratin d'endives au jambon

アンディーブとハムのグラタン

ベルギーチコリとも呼ばれるアンディーブは、秋から冬に出回る野菜でフランスでは主に北部で栽培されます。グラタンの具材は多種多様ですが、じゃがいもに次いでアンディーブもポピュラーな野菜のひとつ。今回ソースに選んだのは、ベシャメルにチーズを加えたソース、モルネーです。肉にも魚にも合う万能なモルネーですが、このレシピでは煮汁のような役割も果たします。モルネーは、アンディーブがすべて隠れないように流し入れます。モルネーに浸っている部分と、うっすらとかかっている部分の火の入り、焦げ具合が異なって、味のグラデーションが楽しめます。そのためにモルネーは通常のグラタン仕様よりもゆるめに仕上げるのがポイント。焼き加減は少し強め、焦げてるかな？くらいがちょうどいいです。また、アンディーブは煮すぎず中心は硬めに、食感を残すのが僕の好みです。

材料（2人分）

アンディーブ …… 2個（170g）
オリーブ油 …… 10g
バター …… 5g
鶏ガラスープ …… 200ml
生ハム …… 大1枚（20g）

【ソース・モルネー】
ソース・ベシャメル（p.188）※1 …… 250g
生クリーム …… 35g
グリュイエールチーズ（すりおろす）…… 20g

※1＝p.188を参照し、バター1：粉1：牛乳10で作る。

1

フライパンにオリーブ油、アンディーブを入れ、中火で焼く。油の量は控えたいが少ないと煙が出て酸化臭の原因となるので、焼きの手助けと風味づけのためにバターを加える。

2

表面にしっかり焼き色がついたら、鶏ガラスープを加え、蓋をして好みの柔らかさになるまで煮る。

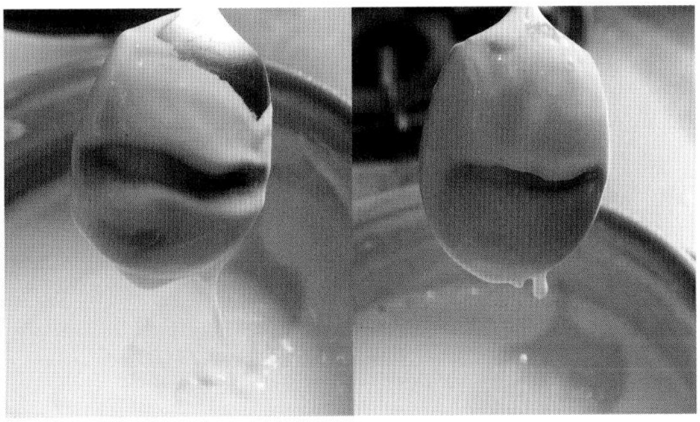

3

ソース・モルネーを作る。ベシャメルに生クリームを加え、柔らかくする。アンディーブのグラタンにはゆるめのソースが最適。ソースをすくったスプーンの背に筋を描いて、跡が残るのは硬すぎ（左）、すぐに落ちてくる濃度（右）にする。グリュイエールを加えて溶かす。

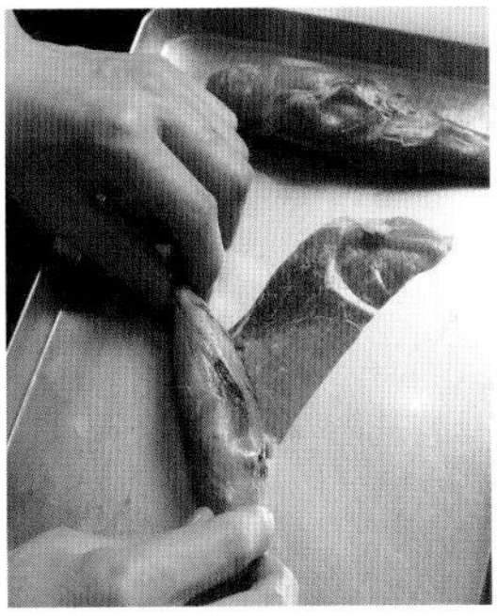

4

*2*に半分に切った生ハムを巻く。まんべんなく生ハムの風味が入るように、斜めに巻いて全体を覆うようにする。

5

耐熱皿に*4*を並べ、*3*をかける。アンディーブが少し顔を出すようにする。サラマンドルで焼き色がつくまで焼く。

ソース・ベシャメルから派生するソース

基本はソース・ベシャメル。
加える素材によってソースが変わります。

生クリームを加える ⟶ ソース・ベシャメル・グラ

チーズを加える ⟶ ソース・モルネー

チーズと卵黄 ⟶ ソース・アルマンド
（ソース・モルネーに卵黄）を加える

白く炒めた玉ねぎを加える ⟶ ソース・スービーズ

調味料のこと

塩は指3本でつまんで1g

30年近く使っているのは伯方の塩。ほどよい旨味と、塩粒が粗めなところが使い勝手がいいからです。僕はさらに鍋で煎って乾燥させます。それから目の粗いシノワで漉して、粒子の大きさを調整してから背の低いポットに入れます。そうすると、親指、人さし指、中指の指3本でつまんで1gになる。感覚で覚えているので、そのつど計ることはありません。自分の「ひとつまみ」は知っておくと便利です。

僕の辞書に「塩こしょう」はない

こしょうは香りにこそ価値がある。塩とは役割が全く違います。こしょうは使うタイミングこそが要です。例えば、ソテやポワレなど「焼き」の場合、熱することで焦げ臭がつく。煮込みは最初から入れると苦味が残る。ヴィネグレットはこしょうを入れたまま時間をおくとえぐみが出る。料理の世界に身をおく者なら当然の務めですが、必要性を考えながら最適な使い方をする。僕の使い方は各レシピを参考にしてください。

また、こしょうは香辛料です。香水と同じで、空気に触れるとどんどん香りを失ってしまうもの。こしょうは粒を用意して、そのつどひいて使います。

ヴィネガーにはコクを求める

ヴィネガーは、存在感とコクのある赤ワインヴィネガーをメインに使っています。製造の工程で葡萄の皮を使っていることが、赤のもつ強さとコクの理由でしょう。昔より量を使わなくなったので、少なくても奥深いコクが出る赤は重宝します。もちろん、すっきりとフルーティな白や、濃厚な味わいと芳香のシェリー、甘味の強いバルサミコも、用途に合わせて使い分けます。

ディジョンマスタード

ディジョンマスタードはフランス料理に欠かせない調味料のひとつ。僕がディジョンマスタードを使うのは、すっきりとした辛味とフルーティな酸味を求めるとき。本当に辛さが欲しいときは、和辛子を使うこともあります。

＊ディジョン地方伝統のレシピに則り、地元産の辛子の種子をつぶしてA.O.C.白ワインなどでのばし、塩や砂糖、油、香辛料などを加えたペースト状の調味料。ディジョンの名前を冠すが、フランス全土で作られている。本書では粒マスタードと区別し、ペースト状のフレンチマスタードをこの名で呼ぶ。

オリーブ油

愛用しているのは、「オリーブジュース」と呼ばれる『キヨエ』。オリーブの実を10％しか圧搾しないうえに、その上澄みしか使わない。無理に絞っていないからトランス脂肪酸はゼロ。純粋で上品な風味は、素材を生かします。エキストラヴァージンとピュアを使い分けず、フレッシュに加熱にと、『キヨエ』を活用しています。

調味料ボックス

こしょうやオリーブ油、ヴィネグレットなど基本の調味料をディスペンサーに入れて使っています。まとめて箱に入れて定位置にスタンバイ。ディスペンサーは先を好みの細さにカットできるので、出具合の調整ができるのが利点。分離したヴィネグレットは先を押さえてふれば、あっという間に乳化状態に戻ります。

index ◉ピンクペッパー →p.64 ◉グリーンペッパー →p.88 ◉シェリーヴィネガー →p.112

1章 ポタージュ

Potages

Potage de maïs grillé

焼きとうもろこしのスープ

材料
(7～8人分/でき上がり約800ml)

とうもろこし …… 4本

A | 玉ねぎ(薄切り) …… 小1/2個(50g)
  | バター …… 30g

B | 水 …… 500ml
  | 塩 …… 5g

バター …… 30g

【具】

C | チョリソ(みじん切り) …… 50g
  | タイムの葉 …… 1.5g
  | トルコのスパイス (p.70) …… 少量

黒こしょう …… 少量

オリーブ油 …… 5g

枝豆(塩ゆでしてさやから出す) …… 1人7～8粒

日本のとうもろこしは甘すぎる。とうもろこしに限らず、必要以上に甘すぎる野菜が多い。そう嘆いていた僕が出会ったのが、『ハイアットリージェンシー箱根リゾート&スパ』の総料理長、金山康弘氏のスープでした。それは、とうもろこしに「焼き」のエッセンスを駆使した一皿。甘いとうもろこしに焼きの香ばしさを加えることで、甘味のベクトルさえ旨味へと向かう。目から鱗が落ちるような爽快な出会いは、僕に新しいスープへの着想を与えてくれました。ここに、ル・マンジュ・トゥーの流儀を加味したとうもろこしのスープをご紹介します。金山氏への敬意を込めて。

1

とうもろこしは皮をむき、塩をすり込む。先に塩をすることで、とうもろこしの香りを引き出すことができる。

2

蒸し器に皮を敷いてとうもろこしを置き、強火で30分ほど蒸す。食べてみて美味しい硬さに蒸す。

3

とうもろこしを直火の網焼きにする。美味しそうな焼き色をつけるが、焦げすぎは仕上がりの味に影響するので注意。

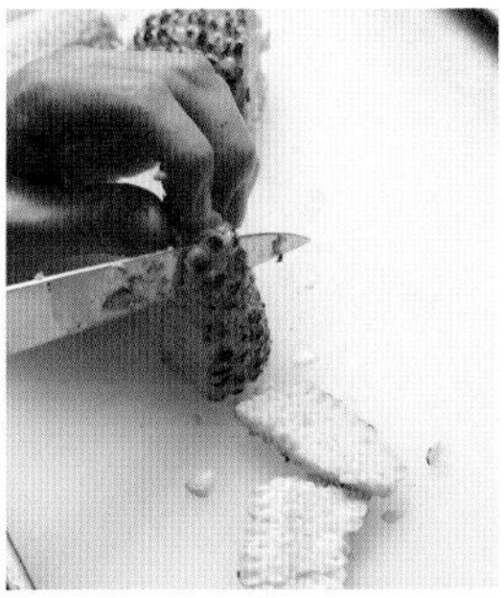

4

3等分に切る。粒の揃った中央は具用にできるだけきれいに切り、両端はスープ用に切り落とす。

5

鍋にA、水50mlを入れ、玉ねぎの甘味が出るまで炒める。スープ用のとうもろこしを加え、さっと炒め合わせる。

6

Bを加え、沸騰したら全体を馴染ませる程度に煮る。

7

バターを加え、コクを出す。

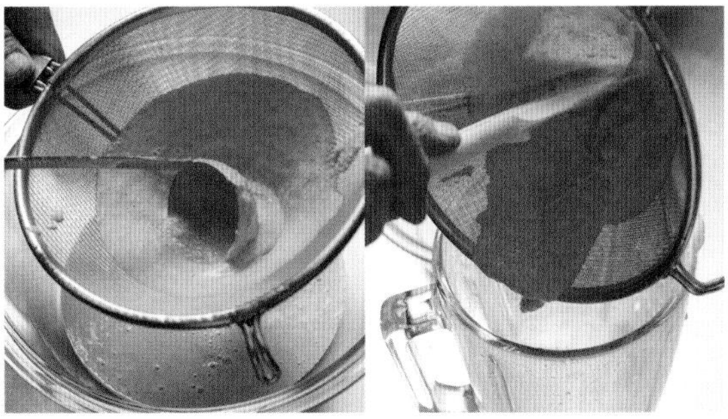

8

ミキサーに7の半量を入れて攪拌し、漉す。漉しきれなかった分は再びミキサーに入れ、残りの7と一緒に攪拌し、漉す。とうもろこしの皮が残るが、この部分も旨味なのでレードルなどで押して絞り出すように漉す。

9

漉し残りに熱湯少量を加えてミキサーで攪拌し、できる限り漉す。冷蔵庫で冷やす。でき立てはゆるいが冷やすととろみがつく。

10

具用のとうもろこし、Cを混ぜ合わせ、黒こしょう、オリーブ油で味をととのえ、具を作る。器にスープを注ぎ、具をのせ、枝豆を散らす。

Soupe de poissons

スープ・ド・ポワソン

魚のアラを使った南仏の定番スープで、魚の旨味が詰まった濃厚な味わいです。使う魚は、白身魚に限ります。なかでもハタなどのゼラチン質を多く含む魚は必須です。ゼラチン質が多いとスープが舌の上に留まっている、つまり美味しさを感じる時間が長くなるわけです。また、魚を長時間煮ると臭みも出てしまいます。だから僕は短時間で仕上げたい。そのためにゼラチン質の多い、旨味を最大限に感じることができる魚を使うんです。
本来はサフランを加えた時点でスープ・ド・ポワソンの完成なのですが、オニオングラタンスープのようにバゲットとグリュイエールをのせて焼き色をつけ、ルイユを添えます。お薦めの食べ方は絶対にこの方法！　最上の仕上げで、どうぞお楽しみください。

材料（でき上がり約3ℓ）

白身魚のアラ …… 3kg
＊ハタ、ヒラメ、鯛、ホウボウなど。

A | 玉ねぎ（薄切り）…… 250g
にんじん（薄切り）…… 250g
セロリ（薄切り）…… 120g
にんにく（横に半分に切る）…… 1株（80g）
パセリの茎 …… 10g
トマトペースト …… 80g

B | 白ワイン …… 200ml
ペルノー …… 300ml
サフラン …… ひとつまみ

バゲット（薄切りにしてトースト）…… 適量
グリュイエールチーズ（すりおろす）…… 適量
ルイユ（p.38）…… 適量

ペルノー

アブサンの商標名。ヨモギ、ウイキョウ、アニスなどを中心に複数のハーブから作る薬草系のリキュール。強烈な香りと味が特徴。カクテルに用いられることもあるが、魚料理やそのソースにも使用する。

サフラン

サフラン（アヤメ科の多年草）の花の雌しべを乾燥させたもの。赤色〜赤褐色の糸状で、エキゾチックな強い芳香と、水溶性の色素成分をもち、液体を鮮明な黄色に染める。1つの花から3本しかとれない雌しべを手で1本ずつ摘み取る作業からも価値がうなずける、世界一高価なスパイス。谷シェフはイラン産を最良と考える。

1

魚のアラは適当な大きさに切り、鍋に入れる。強火で沸かして対流を起こすので、鍋は大きめを選ぶ。この分量で、直径33cmの深鍋を使用。

2

A、材料が隠れる量の水を加え、強火にかける。ここで白ワインなどを入れるレシピもあるが個性が消えてしまうので、材料の効果を考え、あとで入れる。

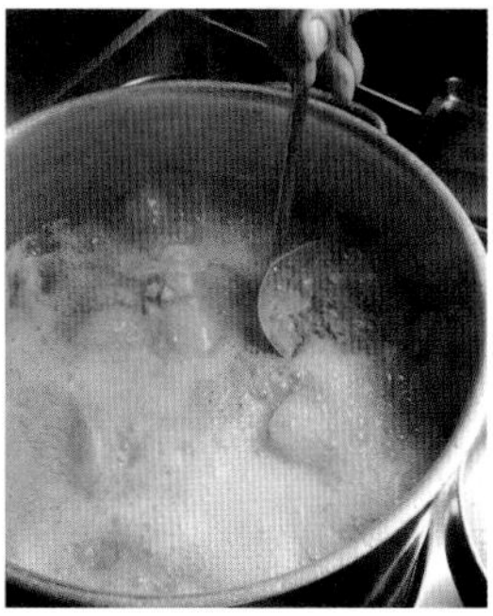

3

沸騰してアクが出たら取る。アクはアクを呼ぶので、たまるまで待ち、ガバッと取る。火加減は終始強火。弱いと魚臭い仕上がりになるので注意。

4

水が減ったら足しながら煮て、40分ほど経ったら、シノワで漉す。冷えると溶け出たゼラチンが固まってしまうので、沸騰した状態を保ちながら漉す。

Soupe de poissons

スープ・ド・ポワソン

5

麺棒などで押しつぶし、骨の髄の旨味をしっかり出す。シノワの裏について残ったのは旨味。これがとても大事なので、残さずこそげ取ってスープに加える。

6

鍋にスープを入れ、強火にかける。沸騰したらアクを取る。通常アクを一度取っておけば出てくることはないが、骨をつぶして漉したので再び出てくる。

7

目の細かいシノワで漉す。今度は麺棒で押したりせず、シノワの縁をたたいたりゆすったりする程度で、スープが自然に落ちるようにする。

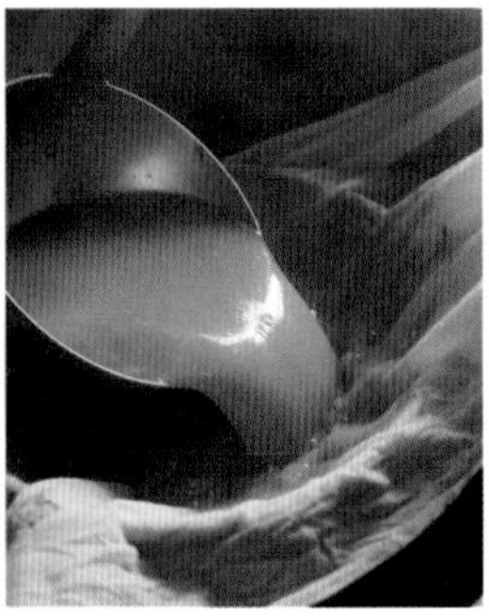

8

シノワにさらしを重ね、漉す。左右にゆすりながら、さらしの目が詰まらないように、使っていない部分を選んで漉す。ここでもスープは沸騰した状態を保つ。

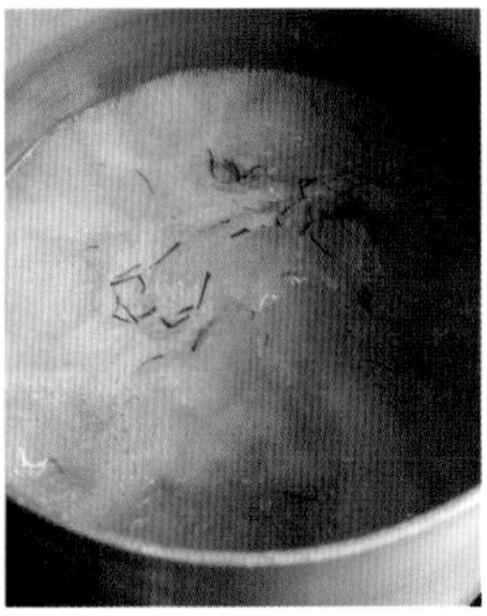

9

スープの量はここで2.7ℓ。再び沸騰させ、Bを加える。強火でひと煮立ちさせ、アルコール分をとばして完成。好みで、器に盛ってバゲット、グリュイエールをのせ、サラマンドルで焼き色をつける。ルイユを添える。

ルイユ

材料（作りやすい分量）

サフラン …… 30本

A
- 卵黄 …… 2個
- にんにく（すりおろす）…… 2かけ（10g）

B
- 塩 …… 3g
- カイエンヌペッパー※1 …… 少量（0.1g）

オリーブ油 …… 100ml

熱湯 …… 小さじ1/2

※1＝赤い唐辛子の実を乾燥させて粉末にした香辛料。フランス領ギアナの都市、カイエンヌが原産。

1 サフランは電子レンジ（600W）で1分半ほど加熱して乾燥させ、スプーンの背でつぶす。

2 ボウルにA、1を入れ、泡立て器ですり混ぜる。Bを加え、さらに混ぜる。

3 オリーブ油を少しずつ加えながら混ぜる。

4 熱湯を加え、よく混ぜる。これを「湯止め」といい、分離しにくくなる効果がある。

Consommé de poissons

魚のコンソメ

Consommé de poissons

魚のコンソメ

贅沢にもスープ・ド・ポワソンをコンソメ・サンプルとして使うのが、魚のコンソメ。本来コンソメ・サンプルは、肉のコンソメを作る際に使う言葉です。すなわち、コンソメをとるためのブイヨン。コンソメの醍醐味は澄んだスープです。澄ませるためには卵白とひき肉が必須。これらが結着して、濁りの元凶になるアクを吸い固める役割をします。コンソメは作り方すべてが「結着させる＝アクを取り澄ませる」ための道のりです。ひき肉はアクを取るアイテムでありながら、コンソメに風味もつける。ですから魚の繊細さを邪魔しない鶏を選びます。コンソメをとったあとに肉のドーナツが残りますが、これを食べようと試みてはいけません。全力で仕事をしたひき肉はカスカスで力尽き果てています。フランス語でコンソメには「完成された」という意味があるのですが、黄金色に輝く透明の液体の裏にはその名に恥じぬ仕事が隠されています。充分に美味しいスープ・ド・ポワソンを土台にしてコンソメをとる、贅を尽くしたスープです。

材料（でき上がり約3ℓ）

- スープ・ド・ポワソン（p.36）…… 3kg
- 卵白 …… 4個分（150g）
- ミルポワ
  - 玉ねぎ（薄切り）…… 300g
  - にんじん（薄切り）…… 200g
  - セロリ（薄切り）…… 100g
- 鶏胸ひき肉 …… 1.5kg
- 氷水 …… 3ℓ
- 黒こしょう …… 3g

1

スープ・ド・ポワソンは冷蔵庫で冷やし固め、浮いた脂を取り除く。取った脂は約300g。スープは温めて溶かしておく。40℃程度で、温めすぎないこと。

2

鍋に卵白を入れ、しっかり混ぜる。加熱した際、かたまりにムラが出るので、濃厚卵白（弾力があってプルプルした部分）と水溶性卵白（さらさらの部分）がしっかり混ざるように、切るように混ぜる。使用したのは直径33cmの深鍋。

3

ミルポワを加え、泡立つくらいしっかり混ぜる。

4

ひき肉を加え、息切れするほどしっかり練る。糸が引くくらい粘りが出て、持ち上げても落ちなくなるのが練り上がりの目安。

5

氷水を少しずつ加え、ほぐしながら混ぜる。ここでしっかりほぐしておかないと、ダマが固まってしまい、きれいなドーナツ状にならない。水ではなく氷水にする理由は、肉を冷やすため。温めたスープ・ド・ポワソンを加えると、肉に火が入ってしまい結着しなくなるので、その予防。スープ・ド・ポワソンも少しずつ加え、混ぜる。

二番出汁

残った肉で無駄なく二番出汁をとる。少し濁るので煮込みなどに活用するとよい。方法は、肉にかぶるくらいの水を加えて強火にかける。沸騰したら弱火で1時間ほど煮て、漉す。ただし、シノワの上に置くこしょうは必要ない。

6

強火にかける。底から焦げるので、鍋底を木べらではがすように混ぜる。沸騰するまでは必ず強火。温度が下がると結着が弱くなり、濁る原因になる。

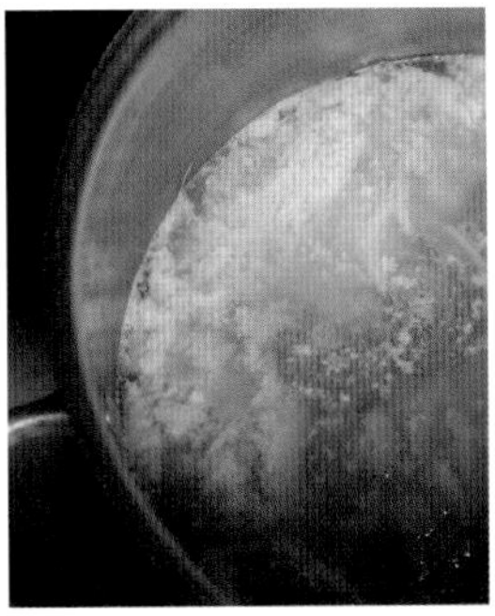

7

50℃弱でスープの縁が透明になってくるが、それは卵白と肉がアクを吸っている合図。

8

肉が結着してくるとスプーンを置いても沈まない固さになり、固まった肉が浮いてくる。浮いてきた肉の中央に木べらを入れ、外に向かって混ぜるようにし、中央に穴をあける。

9

木べらで混ぜるのはやめ、中央をレードルですくって穴をあけつつ、すくった肉をまわりにかけてドーナツ状にしていく。穴をあけることで対流が起き、肉が蓋の役目をしてスープの蒸発を防ぐ。

10

沸騰したら肉を壊さないように、肉が固まるまでは強火。レードルなどで押して壊れなければ火を弱める。鍋の中では対流が起き、表面はフツフツと沸いている火加減を保つ。ドーナツの外側のスープが肉を越えて中央に流れるのは、火が強すぎる。水が減ったら足し、量を保ちながら7～8時間煮る。

11

肉を食べて味がしなくなったら火を止め、肉が沈むのを待つ。2つのシノワの間にペーパータオルを挟み、上のシノワにこしょうを置き、漉す。こしょうを煮込むとえぐみが出るので、この方法で香りをつける。固まっている肉は壊すと濁るので、穴から静かにすくって漉す。

ポタージュの分類

フランス語では汁物を総称して「ポタージュ potage 」といいます。ポタージュの分類は大きく分けて3つ。日本で汁物全般を指すスープは英語のsoupに由来するもので、フランス語では「soupe」と綴りが異なります。

1 **スープ**：素材を水やブイヨンで煮て、漉さずにそのまま供する汁物。材料を切り揃えるなど洗練されたものは「とろみのあるポタージュ」の仲間に分類される。

2 **澄んだポタージュ（コンソメ）**：ブイヨンに肉や野菜を加えて旨味と風味をつけ、卵白などで澄ませたもの。ブイヨンは、コンソメ・サンプルとも呼ばれる。

3 **とろみのあるポタージュ**：素材をブイヨンで煮て、漉してクリーム状にし、生クリームなどで仕上げる汁物。甲殻類を素材にしたものはビスクと呼ぶ。

Potage Parmentier

ポタージュ・パルマンティエ

パルマンティエはフランスの薬剤師・農学者の名前で、じゃがいもの食用の普及に努めた人です。このパルマンティエ氏が機転が利く人物。18世紀中頃、じゃがいもの栽培が法律で禁止された際は、王にじゃがいもを献上し、ヴェルサイユ宮殿にじゃがいも畑を作って兵士に護衛させ、さながら貴重な作物であるかのように世間に関心をもたせました。そのうえで夜はわざと兵士を引き上げさせ、じゃがいもを盗ませて、民衆に栽培と食用を広めたのだとか。ですから、じゃがいもの料理にはこの偉大な策士の名がつくのです。

材料（7～8人分／でき上がり約1ℓ）

じゃがいも …… 450g

ミルポワ

- ポワロー（薄切り）…… 150g
- 玉ねぎ（薄切り）…… 100g
- セロリ（薄切り）…… 30g

バター …… 100g

A
- 鶏ガラスープ …… 700ml
- 白湯（p.129）…… 100g
- 塩 …… 1g
- 生クリーム …… 60g

イタリアンパセリ（みじん切りと素揚げ）…… 各適量

クルトン（下記）…… 適量

1

じゃがいもは適当な大きさに切り、水にさらし、水気をきる。

2

鍋にポワロー、玉ねぎ、バター、水100mlを入れ、中火で5～6分炒める。炒める際に水を加えるのは、火が通りにくく、甘味を引き出したい野菜（ミルポワ）。

3

しんなりして食べてみて甘くなっていたら、セロリを加え、さっと炒め合わせる。

4

じゃがいもを加え、炒め合わせる。ここで火を通す必要はなく、馴染めばOK。

5

Aを加え、じゃがいもが柔らかくなるまで15分ほど煮る。写真で加えているものは、冷やした白湯がゼラチン化したもの。

6

ミキサーに入れて撹拌し、漉す。でき上がりは相当なとろみがついた状態。サラサラのポタージュが好みなら、水か鶏ガラスープでのばす。器に盛り、イタリアンパセリを散らし、クルトンを添える。

クルトン

材料（作りやすい分量）

食パン（サンドウィッチ用）…… 2枚

A
- バター …… 50g
- サラダ油 …… 10g

1 食パンは7～8mm角に切る。

2 フライパンにAを入れて中火にかけ、バターが溶けたら*1*を加える（**a**）。

3 バターが泡立つ火加減を保ち（**b**）、混ぜながらまんべんなく火を通すように、泡の中で揚げる。

4 うっすら色がつき始めたら（**c**）、すぐに色づくので火から外す。スプーンで触るとカリカリで、美味しそうな揚げ色がついたら、ざるに上げて油をきる。

a

b

c

Chronique
du chef

パンはスープだった

中世のフランスでは、パンは毎日焼くものではなく日持ちさせるもので、ずっしりと重く堅いパンが主流でした。それを食べやすくするために、パンをワインや煮汁に浸したのがいわれ。スープという言葉は、もともとこのパンのことを指していました。やがて、ふやかしたパンではなく、その煮汁のほうをスープと呼ぶようになるのです。今回作ったポタージュにクルトンをのせるという習慣も、そんな歴史の名残です。

スープと同じ汁物を指す言葉にポタージュがあります。これは「pot ポ＝鍋」で煮込んだものを意味し、中世において上流階級の料理でした。それが次第に煮汁を食べる汁物に変化していき、18世紀頃に、今日私たちがイメージするポタージュになります。また宮廷料理の名残から、洗練された液体の料理をポタージュと呼んでいます。

ポタージュ・パルマンティエから派生した一皿です。ジュリアン（仏：julienne／ジュリエンヌ）は切り方の名称で、日本語ではせん切りを意味します。ジャン・ジュリアンという18世紀の名コックが、コンソメに浮き実として野菜のせん切りを添えたことが語源です。野菜のジュリエンヌはつけ合わせにも使えるので多めに作っておくと便利。冷やしても美味しいです。

Potage Julienne Darblay

ポタージュ・ジュリアン・ダルブレイ

材料（1人分）

ポタージュ・パルマンティエ（p.42）
…… 120ml

【野菜のジュリエンヌ】
（作りやすい分量／1人20g）

- ポワロー（せん切り）…… 60g
- にんじん（せん切り）…… 40g
- セロリ（せん切り）…… 10g
- バター …… 20g
- 塩 …… 1g

イタリアンパセリ（みじん切り）…… 適量

1. 野菜のジュリエンヌを作る。鍋にポワロー、バター、水50mlを入れ、中火でしんなりするまで炒める（**a**）。
2. セロリを加え、しんなりするまで炒める。にんじんを加えてさっと炒め（**b**）、塩を加えて混ぜる。
3. 温めたポタージュ・パルマンティエを加えてひと混ぜし、イタリアンパセリを加えて混ぜる。

a

b

Bisque de homard

オマール海老のビスク

Bisque de homard

オマール海老のビスク

若き料理人にはとくに習得してもらいたい、オマール海老のビスクの真っ当な作り方です。オマールの濃厚な旨味と香ばしさが魅力の絶品スープですから、食す方にはそれを思う存分堪能していただきたい。そのために大事なのは、舌に残ること。舌、口の中に残った香りは鼻腔に抜ける。これが美味しさを倍増させます。ではどうするかと言うと、とろみをつけることが必須。そこで、つなぎを務める米が登場します。臭みが立つ粉は避けたい。つなぎの役目は米に限ります。
仕上げは、今僕が一番好きなスタイルで。コニャック、カイエンヌペッパー、バターを加えてアルコール分をとばし、最後は贅沢にブール・ド・オマールを垂らしました。生クリームなども合いますから、お好みでどうぞ。

材料（でき上がり約2ℓ）

オマール海老の殻 …… 1.3kg
バター …… 80g
ミルポワ
- にんじん（薄切り） …… 100g
- 玉ねぎ（薄切り） …… 100g
- ポワロー（薄切り） …… 100g
- セロリ（薄切り） …… 50g
- にんにく（皮を取る） …… 1株（50g）

白米 …… 100g
トマトペースト …… 50g
フュメ・ド・ポワソン（p.47） …… 4ℓ
コニャック …… 300ml
塩 …… 10g

【仕上げ】
好みでコニャック、カイエンヌペッパー、バター、
ブール・ド・オマール（p.147） …… 各適量

1
殻は適当な大きさに切り、ゆでて水気をきる。天板に重ならないように並べ、150℃のオーブンで焼く。甲殻類は乾かすことで香りが出るので、せんべい状にカリカリになるまで「乾かす」感覚で焼く。焼き色がつくと苦味が出るので、上下を返しながら水分をとばし、焦がさないように焼く。

2
広口の鍋にバター、ミルポワを入れ、弱火で炒める。野菜の甘味は煮るだけでは出ないので、炒めて引き出す。広口鍋を使うのは短時間で火を入れるため。

3
野菜を食べて甘味を感じたら、殻を加えてひと混ぜする。野菜の甘味はスープのコク、旨味になる。

4
米を加え、野菜の水分を吸わせながら、色づけないように炒める。米の役割はつなぎ。スープにとろみをつける。

5
米が透き通ってきたら、トマトペーストを加え、炒めて酸味をとる。フュメ・ド・ポワソンを加え、強火にする。

6

沸騰したらアクを取り、中火にする。

7

コニャックを加え、1時間煮る。水分が減ったら水を足し、元の水量を保つ。

8

シノワで漉す。殻を麺棒などで押しつぶし、旨味をしっかり出す。シノワの裏について残ったものも旨味なので、残さず取ってスープに加える。

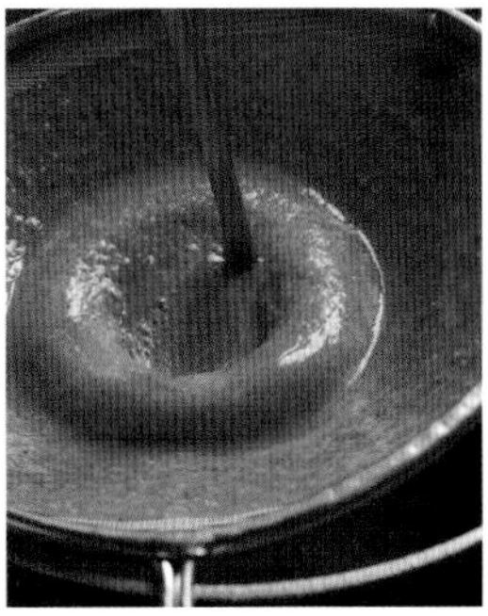

9

さらに目の細かいざるで漉す。レードルの底などで軽く押しながら漉す。

10

漉し残りは鍋に戻し、熱湯を加えて沸騰させる。漉し残りも旨味の宝庫なので、湯を加えてエキスを出す。

11

再びシノワで漉す。ゴムべらなどで押しつけ、余すところなく漉す。塩を加えて混ぜ、完成。

フュメ・ド・ポワソン

材料（でき上がり4ℓ）

白身魚の骨 …… 2.5kg

＊魚はハタ、ヒラメ、鯛、ホウボウなど。

水 …… 4.5ℓ

1 骨は適当な大きさに切り、流水で血を洗う。

2 鍋に*1*、水を加え、強火にかける。沸騰したらアクを取り、強めの中火にし、15分煮る。ゼラチン質の旨味を早く出すため火加減は強め。長時間煮ると臭みが出る。

3 2つのシノワの間にペーパータオルを挟み、漉す。冷えると溶け出たゼラチンが固まってしまうので、沸騰した状態で漉す。

Chronique
du **c**hef

ミルポワのこと

ミルポワは出汁や煮込みに使う、にんじん、玉ねぎ、セロリ、にんにく、パセリの茎などの香味野菜のことです。出汁をとるときには、野菜のもつミネラルと甘味を加えることで旨味の相乗効果が生まれます。僕は主素材の個性が薄れてしまう気がして、ミルポワの使用を控えています。ですが魚介料理は別！　魚介の臭みを消すのに野菜の甘味と旨味が力を発揮してくれるから。それでも甘味は立つので、白ワインやペルノーの苦味や酸味で補いバランスをとります。野菜の種類は好みで構いませんが、贅沢ができるなら甘味の強い玉ねぎよりポワローがお薦めです。切り方はとくに決まりはありませんが、風味の出やすい薄切りにします。

Potage Billy By

ムール貝のポタージュ、ビリー・ビー風

フランス料理店、パリの『マキシム』発祥の一皿。第二次世界大戦直後、当時のシェフがビリーという愛称の常連客のために考案した、というのが名前の由来です。
僕にとってこのスープはマリニエールからの発想です。マリニエールはカンカンに熱した鍋に貝を入れますが、このスープはミルポワと鶏のブイヨンとともに蒸し煮にして、溢れ出た旨味のエキスで仕上げます。味つけはムール貝がもつ塩分のみ。日本のムール貝は塩気が強いので、味をみて調整します。ただし、生クリームやブイヨンの入れすぎは禁物。せっかくのムール貝の風味が損なわれてしまうので、さらに塩気を薄めたい場合は水を加えてのばすようにしてください。

材料（1～2人分）

ムール貝 …… 10個
ミルポワ
- 玉ねぎ（薄切り）…… 1/2個（60g）
- セロリ（薄切り）…… 15g
- パセリの茎（2cm長さ）…… 3本分

鶏のブイヨン（p.129）…… 50g
生クリーム …… 100g

1 ムール貝は表面を金だわしなどでこすって汚れを取る。

2 鍋にミルポワ、鶏のブイヨンを入れ、強火にかける。煮立ったらムール貝を加えて蓋をし、口が開くまで1分ほど蒸し煮する（**a**）。

3 ムール貝を取り出す。 2つのシノワの間にペーパータオルを挟み、漉す（**b**）。ムール貝はアレンジ料理に使用するのでとっておく（p.50）。

4 スープを強火にかける。アクを取り（**c**）、好みの味になるまで煮詰める。生クリームを加えて混ぜる。

a

b

c

Moules farcies

ムール・ファルシ

ムール貝のポタージュ、ビリー・ビー風を作ったあとには、この一皿をぜひ。ポタージュをとって残ったムール貝は余りものというより、むしろ蒸す下処理を済ませたもの。ファルシとは、詰めものをした料理。ここでは殻を器に見立て、エスカルゴバターをたっぷり詰めて焼き上げます。エスカルゴバターはブール・コンポゼ、いわゆる合わせバターの一種。ややこしいのですが、一般的にエスカルゴバターと呼ばれる、エスカルゴにバターを詰めてオーブンで焼いたあの料理は「エスカルゴのグラタン」で、そのバターこそがエスカルゴバターです。エスカルゴバターは貝類と好相性。バゲットのトーストを添えて、バターまで残さず召し上がってください。

材料（作りやすい分量）

ムール貝（p.49-3）…… 10個
エスカルゴバター（p.166）…… 80g
パン粉 …… 適量

1 ムール貝の身を殻から外す。殻を使うと手軽で、身に傷がつかない（**a**）。
2 足糸を取る（**b**）。足糸は「ヒゲ」とも呼ばれ、貝が岩肌などにつくためのもの。
3 殻に身をのせ、エスカルゴバターをすりきり入れ、パン粉をふる（**c**）。サラマンドルでバターが溶け、美味しそうな焼き色がつくまで焼く。

a　b　c

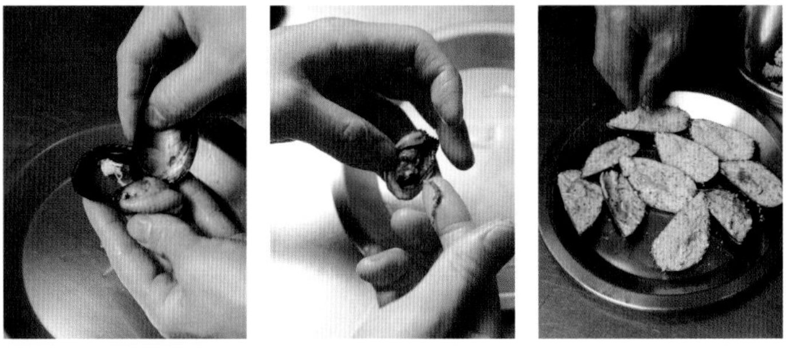

2章 サラダ

Salades

サラダのためのソース

ヴィネグレットとマヨネーズは一般的にドレッシングに分類されますが、フランス料理では「乳化のソース」。乳化は、水と油のように本来混ざり合わない液体どうしを細かく分散させて混ざり合った状態にすること。乳化作用によってソースに濃度とコクがつき、食材に纏いやすくなります。ヴィネグレットはマスタードの有無にかかわらず、正しく乳化すると濁り、時間が経つと層に分かれますが、これはよい状態。使う前に混ぜると戻ります。

【ヴィネグレット作りのコツ】

＊ボウルは泡立て器がまんべんなく当たるよう、底が丸いものを使う。
＊円を描くように一定方向に混ぜる。反転させると乳化が止まるので注意。
＊手を休めず混ぜる。ハンドミキサーなどを使ってもよい。
＊外側（ボウルの縁）を意識して混ぜる。

ソース・ヴィネグレット

しばらくおいた状態

マスタード入りヴィネグレット

しばらくおいた状態

Sauce vinaigrette

ソース・ヴィネグレット

こしょうは使わず、必要ならサラダを作る際に加えます。理由は作り置きするとえぐみが出てしまうから。ワインヴィネガーは白でも構いませんが、コクのある赤がお薦めです。

材料（作りやすい分量）

赤ワインヴィネガー …… 40ml
塩 …… 4g
オリーブ油 …… 120ml

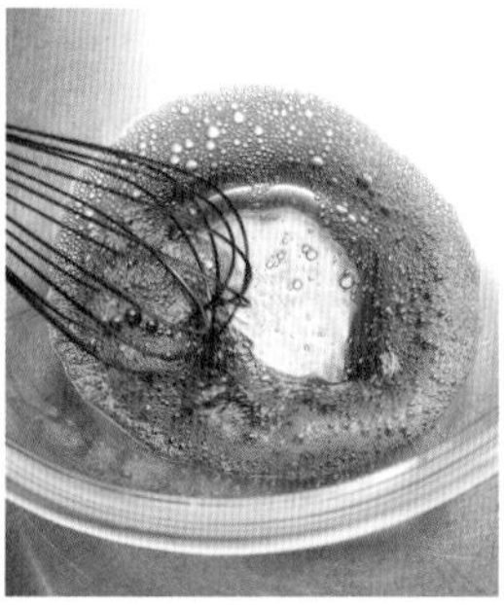

1
ボウルにヴィネガー、塩を入れ、塩が溶けるまで泡立て器で混ぜる。

2
塩が馴染んだら、オリーブ油を少しずつ垂らしながら加え、手を休めず同じ方向に混ぜる。ヴィネガーがたまり、油が浮いてきたら分離で失敗。もったりと重くなり、とろみがついたら完成。乳化すると濁るのが特徴。

Sauce vinaigrette moutardée

マスタード入りヴィネグレット

ヴィネグレットにはマスタードのあるなし、両方が存在します。ただし用いられるのは粒マスタードではなく、ペースト状のディジョンマスタード。レシピはマスタードを加える分、塩を控えます。

材料（作りやすい分量）

ディジョンマスタード …… 20g
赤ワインヴィネガー …… 40ml
塩 …… 3g
オリーブ油 …… 120ml

1
ボウルにマスタード、ヴィネガー、塩を入れ、泡立て器ですり混ぜる。

2
オリーブ油を少しずつ垂らしながら加え、手を休めず同じ方向にしっかり混ぜる。マスタードが入ると乳化しにくくなるので、よりしっかり混ぜる。油は外側に逃げていき、中央は自然に混ざるので、ボウルの縁を混ぜるように意識する。手応えが重くなり、とろみがついたら完成。

Sauce mayonnaise

ソース・マヨネーズ

マヨネーズは卵の味がしてほしい。だから僕のレシピは酸味抑えめです。卵黄1個に対して油は100ml入る。つまり乳化できます。作り方はそのままに、味や硬さはお好みで油や酢の分量を増やしてみてください。

材料（作りやすい分量）

卵黄 …… 2個
オリーブ油 …… 120ml
ディジョンマスタード …… 10g
塩 …… 3g
赤ワインヴィネガー …… 20ml

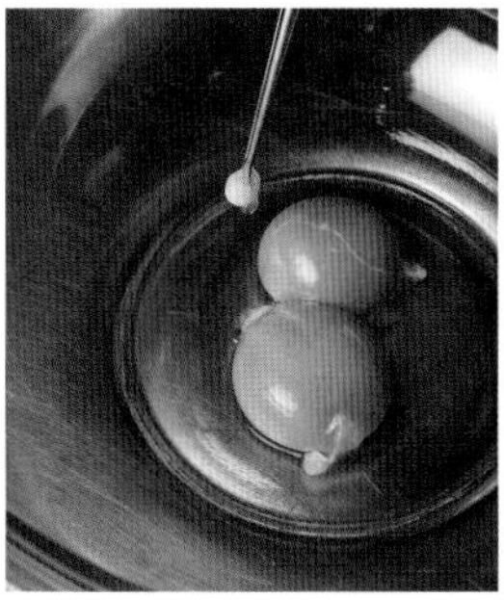

1

ボウルに卵黄を入れ、カラザを取る。ボウルは左記の分量で直径22cmを使用。泡立て器で混ぜやすいよう、ある程度のサイズがあって底が丸いものを選ぶ。カラザを取るのはなめらかさを求めるため。

2

卵黄は溶きほぐす。オリーブ油をほんの少しずつ垂らし、混ぜる。加えるのは1/4量ほど。泡立て器はボウルに沿って同じ方向に混ぜる。反転させると乳化が止まる。乳化すると手応えが重くなり、軽くなったら分離した証拠で失敗。

3

泡立て器ですくって落とし、跡がすぐ消える程度に混ざったら、塩を加えて混ぜる。

4

塩を加えると、すくって落としたときにリボン状になる。

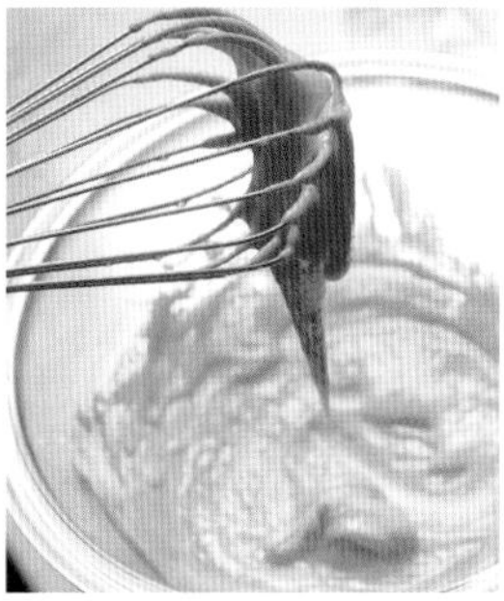

5

再びオリーブ油を少しずつ垂らしながら、手を休めずにしっかり混ぜ合わせる。写真のようにボソッとしてきたら、マスタードを加えて混ぜる。ここで加えるオリーブ油も1/4量ほど。

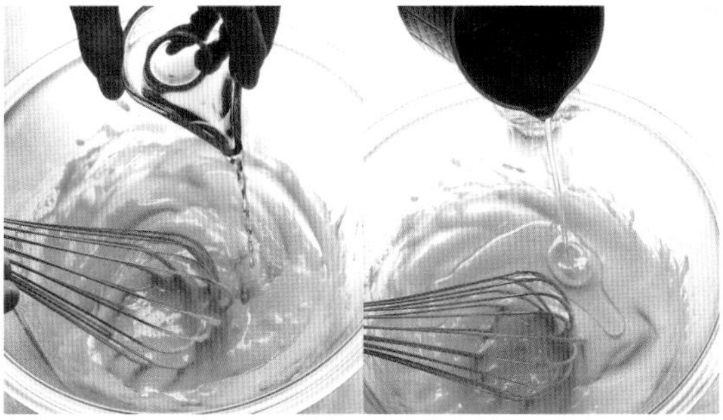

6

ヴィネガーの1/3量を加えて混ぜる。同量程度のオリーブ油を少しずつ垂らしながら混ぜる。これを3回くり返す。ヴィネガーを途中で加えるのは乳化させるため。オリーブ油を全量混ぜ合わせてしまってからでは乳化しなくなる。また、酢を加えると柔らかくなるのも特徴。

7

徐々に白く、硬くなってきたら、ボウルを傾けて端にオリーブ油20mlほどを注ぎ入れ、少しずつ溶かすように混ぜ合わせる。こうすることで分離しにくくなる。

8

すくってリボン状になれば乳化成功。オリーブ油がまだ残っていたら、ここからは多めに加えても分離はしない。

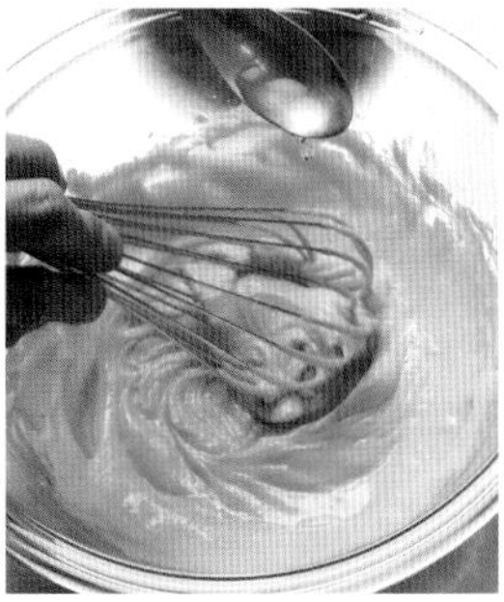

9

でき上がりはやや硬い。味は適切だが柔らかくしたい場合は、小さじ1程度の熱湯を加えて混ぜる。熱湯は衛生保存上の問題で、すぐに食べるなら水でもよい。

乳化失敗の復活法

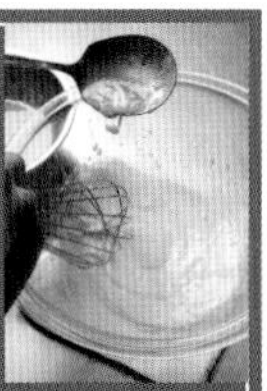

卵黄2個の場合、水15mlをボウルに入れる。失敗した卵液をよく混ぜ、卵黄だけをすくうように泡立て器の先に少量つけ、水に溶き混ぜる。オリーブ油を垂らす要領で卵液を少しずつ加え、ひたすら混ぜる。ただし復活法が使えるのは一度きり。この方法で分離したら諦める。

Salade de Crottin de Chavignol chaud

クロタン・ド・シャヴィニョルのサラダ

クロタン・ド・シャヴィニョルは山羊乳のチーズです。熟成が進むにつれて水分が蒸発し、個性が変化していくのが特徴。若いうちは白く締まっていますが、熟成が進むとカビがつき始めて砕けるようなほっくりとした食感になります。山羊が乳を出す春から初夏は、シェーヴルが美味しい季節。若いクロタン・ド・シャヴィニョルをバゲットにのせて焼いて、熱々を葉野菜にのせたサラダがビストロや食卓に登場します。フランスならではの料理とともに、ここで覚えていただきたいのはプロの料理人としての技術です。いかに葉野菜のサラダを美味しく作るかということ。葉野菜の扱いで大切なのは、畑に生えているようなシャキッとした状態に戻すこと。「ドレッシング＝dress＋ing」するということです。

材料（1人分）

ベビーリーフ（好みのフレッシュハーブ）…… 適量
ソース・ヴィネグレット（p.52）…… 適量
にんにくオイル（p.190）…… 適量
クロタン・ド・シャヴィニョル※1 …… 1個（60g）
バゲット（薄切り）…… 1枚
にんにく …… 少量
生クリーム …… 少量

※1＝ロワール河上流のサンセール近く、シャヴィニョル村が産地のシェーヴル（山羊乳で作る）チーズ。1976年にA.O.C.（原産地統制呼称）取得。直径4〜5cmの小ぶりな太鼓形。

1

ボウルに氷水を入れ、ハーブをシャキッとするまで浸ける。水を吸って生き返ると、葉先までピンと立ってくる。浸けすぎるとハーブが水分を吸いすぎ、葉先が茶色く焼けたりベチャッとするので注意。

2

サラダスピナーに入れ、やさしく回す。表面の余分な水分を取り、中の水分は保つように、回しすぎないこと。葉が偏っていればほぐし、再びやさしく回す。

3

バゲットににんにくをこすりつけ、チーズを置く。生クリームをかけ、サラマンドルで表面に焼き色がつくまで焼く。

4

ボウルに*2*を入れ、ボウルの縁から伝わせるようにヴィネグレット、にんにくオイルを回し入れる。ハーブに直接かけるのは厳禁。ハーブに負担がかかり、へたってしまう。

5

両手で底から持ち上げるようにあえ、ヴィネグレットを行き渡らせる。ハーブにドレスを着せるように、やさしく纏わせる。これが「dress＋ing」。器に盛り、*3*をのせる。

NG

ハーブを握ったりするのは絶対にダメ。

Asperges blanches grillées

ホワイトアスパラガスのグリエ

ホワイトアスパラガスがもっているシャリ感を出したい、それがこのグリエの究極であって、真っ黒になるまで焼いて火を通す理由です。ゆでるのでは、理想的なシャリシャリという食感は絶対に残せない。反して、どんなに真っ黒になっても焼く調理法であればシャリ感は残ります。そのときに注意したいのは、真っ黒に焼くのは穂先から4cmほど下まで、ということ。甘く柔らかな穂先に必要以上に火を入れる必要はありません。
ふきのとうのソースは、アスパラガスの苦味と日本独特の春先の苦味の出会いを狙ったもの。そこにいかにもフランスを彷彿とさせるトリュフのソースを合わせたのは、両者の架け橋です。

材料（1人分）

ホワイトアスパラガス …… 2本
ふきのとうソース（下記）…… 適量
トリュフソース（下記）…… 適量

1

アスパラガスは皮つきのまま直火で網焼きにする。真っ黒になるまで焼く。網からアスパラガスがはみ出す場合は、硬い根元側から焼き、細く柔らかい穂先には火が入りすぎないようにする。真っ黒になるとともに、皮が浮いてくる感じが焼き上がりの目安。

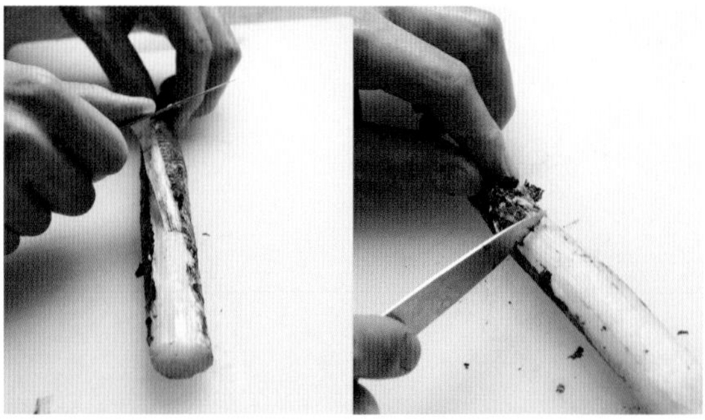

2

皮をむく。根元に包丁を入れ、皮をはがすようにむく。穂先はこそげ取るようにする。ボウルにためた水で焦げを洗い、根元の硬い部分を2cmほど切る。器にふきのとうソースを敷き、アスパラガスを盛り、トリュフソースをのせる。

トリュフソース

材料（作りやすい分量）

黒トリュフ（みじん切り）…… 50g
オリーブ油 …… 30g
トリュフオイル …… 30g
塩 …… 1.5g

1 材料を混ぜ合わせる。

ふきのとうソース

材料（作りやすい分量）

ふきのとう …… 100g
オリーブ油 …… 60g
塩 …… 1.5g

1 ふきのとうはさっと塩ゆでし、冷水で冷やして水気をきる。
2 変色を防ぐため、オリーブ油を加えながらみじん切りにする（**a**）。塩を加えて混ぜる。

a

Tartare de betterave

ビーツのタルタル

過去にビーツとオレンジを組み合わせたスープを作っていました。「ビーツとオレンジはよく合う」。その感覚がこのサラダの閃きにもつながっています。直接オレンジジュースを加えるとオレンジが立ちすぎてしまう。だからリヨネーズのクッションを経て香りを纏わせています。また、ビーツは基本的に甘い。その甘味を打ち消しつつ、際立たせるために必要な酸味は、フロマージュブランのソースで補強しました。ビーツの赤紫色に白が映えて、色彩の美も叶えます。
ビーツはゆでると色が抜けてしまうので、加熱はオーブンで焼くこの方法が最適です。これはフレンチではオーソドックスなやり方。ただし、ビーツ独特の土臭さが苦手な人はゆでてもいいでしょう。ゆでるときに注意するのは、出てくるアクをとにかくこまめに取り除くこと。そうしないと土臭さが回ってしまいます。オーブンで焼いたあとは、アルミ箔に包んだまま冷蔵庫で保存も可能です。使いかけでも問題ありません。

材料（作りやすい分量）

ビーツ …… 1個（400g）

A
- ソース・ラヴィゴット（下記）…… 50g
- リヨネーズオレンジ（下記）…… 50g
- イタリアンパセリ（みじん切り）…… 2g
- 塩 …… 1g
- 黒こしょう …… 適量

フロマージュブランソース（下記）…… 1人20g

1

ビーツは皮つきのままアルミ箔で空気が入らないように包み、180℃のオーブンで1時間10分加熱し、冷ます。ビーツとアルミ箔の間に空気があると熱伝導が悪くなり、加熱に時間がかかる。

2

ビーツは皮をむいてみじん切りにし、ボウルに入れる。Aを加え、混ぜる。直径8cmのセルクルを使って皿に盛り、フロマージュブランソースをのせる。

ソース・ラヴィゴット

材料（作りやすい分量）

玉ねぎ（みじん切り）…… 1個（150g）

A
- ケイパー（塩抜きしてみじん切り）…… 20g
- コルニッション（みじん切り）…… 100g
- イタリアンパセリ（みじん切り）…… 2g
- オリーブ油 …… 10g

黒こしょう …… 1g

1 玉ねぎは水にさらし、水気をきる。

2 *1*、Aを混ぜ、黒こしょうを加えて混ぜる。

コルニッション

コルニッションはインドが原産の小さなきゅうりで、メロン、ズッキーニなどと同じウリ科の植物。エジプトでは3000年以上前から栽培され、フランスで知られるようになったのは中世の頃。材料で用いる場合は、ハーブや香辛料の風味をつけた酢漬けを指す。

リヨネーズオレンジ

材料（でき上がり約230g）

玉ねぎ（薄切り）…… 小2個（200g）

オリーブ油 …… 30ml

塩 …… 2g

オレンジジュース …… 100ml

1 玉ねぎはオリーブ油であめ色になるまで炒める（p.20-*1*～*5*）。塩で味をととのえる。

2 オレンジジュースを加え（**a**）、強火で水分がなくなるまで煮詰め、バットに移して冷ます。

a

フロマージュブランソース

材料（作りやすい分量）

A
- エシャロット（みじん切り）…… 30g
- 白ワインヴィネガー …… 30g
- 白ワイン …… 60g

B
- 黒こしょう …… 適量
- ピマン・デスペレット（p.64）…… 適量

フロマージュブラン …… 250g

1 鍋にAを入れ、中火で水分がなくなるまで煮詰める。Bを加えて混ぜ、冷ます。

2 *1*、フロマージュブランを混ぜる（**a**）。

a

Etuvée de légumes

エチュヴェ

エチュヴェは、蓋をして野菜の水分と少量の液体で蒸し煮する、野菜の料理です。今回は和風の出汁を使って、面白みをもたせました。素材は冷めていくときに味が染み込む性質があります。その効果を発揮させるために、出汁が熱々なところに野菜を入れてスタートします。その後は火を止めて大丈夫。余熱で火を入れつつ、ゆっくりと味を含ませます。蒸し煮する際の液体には油脂を加えるのがエチュヴェのルール。バターを合わせましたがオリーブ油で代用しても構いません。バターを使う際は、冷やしていただくのは厳禁。固まってしまうので注意してください。

材料（4人分）

【出汁】

干ししいたけ …… 4枚
昆布 …… 12cm
ぬるま湯 …… 700ml
＊出汁の材料は合わせて1時間おく。

かぼちゃ …… 1/10個（40g）
にんじん …… 1/2本（50g）
なす …… 1個（60g）
ズッキーニ …… 1/2本（60g）
赤パプリカ …… 1個（60g）
ピーマン …… 小3個（40g）
玉ねぎ …… 小1/2個（50g）
オクラ …… 4本
揚げ油 …… 適量
A ｜バター …… 50g
　｜塩 …… 3g

1

かぼちゃは1cm厚さ、にんじん、なす、ズッキーニ、パプリカ、ピーマンは細長い乱切り、玉ねぎはくし形に切る。オクラはガクを取り、はね防止の穴をあける。出汁に使った干ししいたけは軸を取る。

2

160～170℃の揚げ油で野菜を素揚げする。種類別に揚げて火の通りを均一にする。蒸し煮にするので、火の通りは七分ほどでOK。

3

鍋に出汁、Aを入れて強火にかけ、沸騰させる。

4

*2*を加えてひと煮立ちさせ、蓋をして火を止める。このまま冷まし、野菜に出汁を吸わせる。

Taboulé ~Salade de couscous~

タブレ ～クスクスのサラダ～

フランスは共和国ですから、多くの民族が暮らしており、それに比例して食文化も多彩です。タブレはもともとイスラエルの料理。フランス風にアレンジされて、サラダとして定着しました。現在では国民食とも言える人気で、惣菜屋には必ずと言っていいほど並んでいます。クスクスはデュラム小麦でできた最小のパスタ。何を吸わせるかによって、美味しさが大きく左右されます。今回はもどし汁にトマトのコンソメを選んで風味満点に。限りなくフレッシュに近いラタトゥイユを合わせて、野菜の歯ごたえと風味を楽しめる一皿に仕上げました。お湯でもどしてヴィネグレットであえても美味しいです。

材料（1人分）

クスクス …… 50g

A
- トマトのコンソメ（p.67）…… 100g
- 塩 …… 2g

にんにくオイル（p.190）…… 5g

B
- 玉ねぎ …… 小1/2個（50g）
- ズッキーニ（緑・黄）…… 各1/3本（30g）
- なす …… 1/2個（50g）
- 赤パプリカ …… 1個（45g）
- ピーマン …… 小2個（12g）

トマト …… 小1個（50g）

塩 …… 2～3g

C
- 黒こしょう …… 適量
- ピマン・デスペレット（p.64）…… 適量

イタリアンパセリ（みじん切り）…… 適量

＊なすとトマトは皮を焼きむきし、ズッキーニは種を取り、野菜はすべて4mm角に切る。
＊切ったトマトはざるに上げ、水気をきる。

1

鍋にAを入れて火にかける。沸騰したら、ボウルに入れたクスクスに注ぐ。ざっくり混ぜて蓋をし、20～30分蒸す。

2

フライパンににんにくオイル、Bを入れ、強火でさっと炒める。塩を加えて混ぜる。

3

トマト、Cを加え、炒め合わせる。炒めすぎると水分が出るので、強火でさっと炒める。

4

*1*に*3*を加えて混ぜ、冷やす。直径7cmのセルクルを使って皿に盛り、イタリアンパセリをのせる。

Chronique
du **c**hef

フランス人のドレッシング

僕が出会ったフランス人シェフはこんな風。「谷、知ってるか？」と、乳化したヴィネグレットを見せては得意顔。作り方はというと、空き瓶に油以外の材料を入れてシャカシャカ、油を加えてひたすらふるだけです。いかにもフランス人らしいおおらかさですが、僕から見たら、それでも乳化できてしまうんだという驚きと落胆と。さらに「瓶は捨てればいいだろ？」と彼。ごもっとも、としか言葉が出ませんが、確かに愉快で合理的な方法だと思います。唯一のコツは、少ない量で作ること。瓶入りのマスタードが残りわずかになったときなども真似できるアイディアです。

Salade de fruits

フルーツサラダ

南国のフルーツにはスパイシーな風味が合う。これは僕の持論です。この組み合わせでしたら、お好みでカルダモンやクミンなどを加えても美味しいと思います。味の起点となるのはフルーツ。ですからマヨネーズソースのほうにバナナを加えました。ソースと馴染ませるのが目的ですから、ざっとつぶせばOK。細かくしすぎずに、具としても作用させます。

材料（2～3人分）

マンゴー …… 1個（230g）
パイナップル …… 1/4個（150g）
バナナ …… 小2本（130g）
A｜ソース・マヨネーズ（p.53）…… 50g
　｜フロマージュブラン …… 200g
B｜塩 …… 1.5g
　｜黒こしょう …… 適量
　｜ピマン・デスペレット …… 0.5g
　｜ピンクペッパー …… 2g
イタリアンパセリ（みじん切り）…… 適量

1
フルーツは小さめの一口大に切る。

2
ボウルにAを入れて混ぜ、Bも加えて混ぜる。バナナを加え、泡立て器でつぶしながら混ぜる。

3
マンゴー、パイナップルを加え、混ぜる。器に盛り、イタリアンパセリをふる。

ピマン・デスペレット

フランスとスペイン、両国にまたがるバスク地方に位置するエスペレットという小さな村で作られる、A.O.C.（原産地統制呼称）に認定された由緒正しい唐辛子。エスペレット村を中心に10の村で作られたものだけがこれを名乗ることができる特産品。辛味はマイルドでほのかな甘味とさわやかな旨味がある。

ピンクペッパー

ピンクペッパーと呼ばれるスパイスはいくつかあるが、一般的にはウルシ科のコショウボクの果実を乾燥させたもの。こしょうのような辛味はなく、すっとした甘い芳香が特長。美しいピンク色は料理を彩る。セイヨウナナカマドというバラ科の植物の実がピンクペッパーとして扱われていることもある。

Salade de tomates

トマトのサラダ

トマトのコンソメはかれこれ30年近くも作り続けている、僕の代名詞ともいえる料理です。コンソメをスープとしてコースに加えることもありますし、今回のようにジュレとエスプーマに仕立てたうえに色とりどりのフレッシュトマトを加えて、サラダとして供することも。このトマトのコンソメ、実は分離させて漉したときが素晴らしくフレッシュで、最も美味しいんです。ほかのテクスチャーに変身させる試みで、コンソメにゼラチンを加えます。そのために加熱の必要がありますから、どうしてもフレッシュさは弱くなってしまいます。とは言え、そこはプロの仕事。コンソメのフレッシュ感を楽しめるよう、ゼラチンは固まるギリギリの量に控え、ジュレとエスプーマでは濃度を変えています。ル・マンジュ・トゥーの自信作をどうぞお試しください。

材料（20人分）

【トマトのコンソメ】
トマト …… 7個（1.4kg）
水 …… 100ml
塩 …… 2g

【コンソメのジュレ】（1人50g）
トマトのコンソメ …… 1kg
板ゼラチン（水でふやかす）…… 11g（コンソメの1.1%）

【コンソメのエスプーマ】
トマトのコンソメ …… 300g
板ゼラチン（水でふやかす）…… 4.2g（コンソメの1.4%）

【フレッシュトマト】
ミニトマト各種 …… 各適量

1

トマトのコンソメを作る。トマトはヘタごと縦半分に切り、数回に分け、水とともにミキサーに入れ、撹拌する。細かすぎると分離しにくくなるので、トマトのかたまりがなくなればOK。水はミキサーの回りをよくする役目。ヘタは香りがあるので取らずに使う。

2

冷蔵庫に一晩おく。最低でも4～5時間おき、分離させる。

3

ざるにさらしを重ね、*2*を漉す。上澄みから静かにすくい、自然に漉す。下には澄んだ液体があるが、残さず静かに漉す。

4

漉したトマトは透明になる。フレッシュなトマトジュースとしてはこの状態が最高に美味しい。

5

トマトの漉し残りをさらしで包み、重しをのせ、トマトのエキスを余すところなく漉す。

6

鍋に*5*を入れ、強火にかける。最初は少し濁った状態。

7

沸騰したらアクを取る。アクがアクを呼ぶので、固まるまで少し我慢し、ガバッとすくう。トマトに含まれるリコピンの作用で、加熱すると少し赤みがかる。

8

中火にし、少し煮詰める。目安は味をみての好み。煮詰めすぎると香りがとぶので注意。アクを取ったコンソメは透明感が出る。塩を加えて混ぜる。トマトのコンソメの完成。でき上がり約1.3kg。

9

ジュレとエスプーマを作る。*8*をジュレ用、エスプーマ用に分けて温め、それぞれにふやかしたゼラチンを加え、溶かす。分量は材料表参照。ポットなどに入れ、冷蔵庫で冷やし固める。

10

ミニトマトは2～4等分に切る。ジュレとともに器に入れ、エスプーマをのせる。エスプーマはエスプーママシンを使って作る。

Chronique
du **c**hef

ミキサーの使い方のヒント

ミキサーは容量が多いと回りにくくなります。また、水分が少ない素材も回りにくくなります。例えばトマトのコンソメを作る場合、トマト1個と水からスタートするとスムーズです。トマトの形がなくなったら次のトマトを1個ずつ足して回す、をくり返します。これはスムージーなどにも応用できる方法で、回らないストレスから解放されますし、時間短縮にもなります。

Conserver les crudités

クリュディテ

クリュディテは僕にとっての漬物です。生の野菜から作るのはお約束としてあって、フランスでは前菜に用いたりもしますが、僕の使い方は常備菜、保存食の位置づけです。日本の漬物は発酵食品ですから、クリュディテとは「発酵」の有無が異なります。それでも漬物と考えるのは、発酵したヴィネガーを強制的に素材に吸わせる調理法によるもの。きゅうりのマリネのようにヴィネガーを使わないレシピもありますが、日本の一夜漬けと同じ感覚です。クリュディテはテリーヌやソーセージとも抜群に合いますし、もう一品というときの助っ人としても大活躍しますから、作り置きをしておくととても便利です。

Carottes râpées

にんじんのラペ

材料（作りやすい分量）

にんじん（せん切り）…… 200g
塩 …… 2.5g
A マスタード入りヴィネグレット（p.52）…… 15g
　白ワインヴィネガー …… 10g

1 にんじんはマンドリーヌ（または切れ味の悪いスライサー）で表面の粗いせん切りにし、ソースを吸い込みやすくする。塩をもみ込む。水分が出るが水気をきらずにAを加え、もみ込む。にんじんから出るジュースは旨味なので捨てずにマリネする。

Concombres marinés

きゅうりのマリネ

材料（作りやすい分量）

きゅうり（薄い小口切り）…… 2本（200g）
塩 …… 3g
ディル（みじん切り）…… 5g

1 きゅうりに塩をふり、やさしくもみ込む。水分が出たら軽く絞り、ディルを混ぜる。きゅうりから出る水分はアクなので、必ず取る。

Chou rouge mariné

紫キャベツのマリネ

材料（作りやすい分量）

紫キャベツ（せん切り）…… 200g
A 赤ワインヴィネガー …… 80ml
　グラニュー糖 …… 10g
　塩 …… 3g

1 鍋にAを入れて火にかける。沸騰したらキャベツにかけ、もみ込む。マリネ液を沸騰させるのは酸を和らげるため。ヴィネガーの酸が急激に素材に染み込むことで、時短と美味しさにもつながる。

Céleri rémoulade

根セロリのレムラード

材料（作りやすい分量）

根セロリ（せん切り）…… 1/2個（200g）
塩 …… 3g
A ソース・マヨネーズ（p.53）…… 40g
　レモンの絞り汁 …… 40g（1個分）
　レモンの表皮（すりおろす）…… 1個分
黒こしょう …… 適量

1 根セロリに塩をもみ込む。しんなりしたらAを加え、しっかりもみ込む。こしょうを加えて混ぜる。マヨネーズにレモンを加えることで味がクリアになり、酸の効果で保存性も高まる。根セロリは酸を使わないと変色する野菜なので、ドレッシングには必ず酸を使う。

谷昇の哲学 méthodologie du chef

スパイスなど

香辛料や香味野菜、アルコールの類い。これらは料理をふくよかに彩る側面をもちながら、雑味などの不要なものを相殺する働きもします。定石の使い方を踏まえつつ、ときには冒険があってもいいように思います。とくにスパイスは、わずかな量で一気に異国へと誘ってくれるもの。世界中を旅しているかのような楽しみをもたらす、特異な調味料です。乾燥品のスパイスは保存がきくぶん重宝するので各種取り揃え、透明な容器に入れて保存しています。

トルコのスパイス

毎年トルコを訪ねる中央アジアトルコ研究学者の友人にスパイスを頼んでいます。本書でも「トルコのスパイス」を使用していますが、実のところ正体がわからない。酸味とさわやかさは感じますが、購入時も「野菜用」「肉用」と使用範囲の指定があるだけ。だからといって、匙を投げないでください。このスパイスを使わなくても大丈夫。僕が作る料理とイコールにはなりませんが、美味しくできます。

エルブ・ド・プロヴァンス

魚や肉の臭みを抑えながら、風味をつけたいときに使います。ミックスされているので便利ですが、各種スパイスをお持ちなら、独自の配合で楽しんでもいいと思います。

＊タイム、セージ、フヌイユ、マジョラム、オレガノ、ローズマリー、ローリエなど、プロヴァンス地方で採れるハーブを組み合わせたもの。配合はブランドによってさまざま。乾燥させたハーブは味が蓄えられ、フレッシュより強さがあり、互いの特徴的な香りを消し合って深みが出る。

コニャック

コニャックには、ヘネシー、クルボアジェ、カミュ、マーテルなど有名な銘柄がありますが、僕が常備しているのは「レミーマルタンV.S.O.P.」。バニラやノワゼット、オークなど感じる芳醇な香りが魅力です。肉や魚介のソース、デザートにと汎用性も高い。煮込みや量を使う場合は、現実を考えて一般的なブランデーを使い分けます。

＊ブランデーは果実酒を蒸留させた酒の総称。コニャックはブランデーの一種だが、フランス南西部のコニャック地方で造られたものだけが名乗ることを許される高級品。

ノイリー・プラット

フレンチ・ヴェルモットで僕が愛用しているのは辛口の「ノイリー・プラット ドライ」。魚介料理でエルブ・ド・プロヴァンスを用いる際に併用することが多いです。ほかには香草系のソースを作るときにも。

＊フレンチ・ヴェルモットのトップブランド。白ワインにブランデーを加えて補強し、ニガヨモギ、ニッケイなどのハーブやスパイスを漬け込んで作られる。さわやかな苦味のあるリキュール。ハーブ風味の料理には欠かせない。

エシャロット

フランス料理の香味野菜として欠かせないのがエシャロット。僕はみじん切りにして冷蔵庫に常備しています。鱗茎の皮は玉ねぎに似ていますが、特筆すべきは香り。玉ねぎとは風味も目的も異なり、残念ながら代用できるものはありません。最も多い用途はソースのベース。バターなどと一緒に炒めて風味を凝縮させて使います。

index ◉サフラン →p.37 ◉ペルノー →p.37 ◉ミルポワ →p.47 ◉コルニッション →p.59 ◉ピマン・デスペレット →p.64

3章　シャルキュトリ

Charcuteries

Saucisse aux champignons des bois

きのこのソーセージ

この料理は僕の自信作です。奥義は2つ。きのこをしっかり炒めること。ほとんどのきのこは繊維質と水分が半々ですが、この水分をすべて抜ききります。火を入れるときのこから水分が出て、フライパンの上で濃いエッセンスとなり、きのこに戻って旨味を纏う。水分を抜くとは、きのこの旨味を凝縮させることです。味をみて、べシャべシャしているのは絶対に否。僕なりの表現では「パリパリ」です。
もうひとつは結着。結着とは、プリプリの食感を叶える手段です。ハンバーグなども同じですね。結着させるためには、肉もきのこも冷たくしておくこと。ボウルや手でさえも。タンパク質は冷たくして、空気を入れずに混ぜると結着力が増します。結着せず、豚ときのこが一体化していないソーセージは、素材ごとに凝固点が異なり、加熱するとボソボソになります。

材料（20cm長さ10～11本分／1本130～140g）

きのこ各種……合わせて1.6kg
バター……110g
塩……8g
黒こしょう……0.5g
豚肩ロースのひき肉……300g
豚腸（塩漬け）……2.5m
オリーブ油……適量

【盛りつけ】
野菜のブイヨンのソース※1
……適量

※1＝野菜のブイヨン（p.129）を好みの濃度に煮詰める。

1

きのこは好みのもので構わない。使用したのは左上から時計回りに、野生種えのき茸、ジャンボしめじ、シャンピニョン、たもぎ茸。石づきがあれば取り、適当な大きさに切る。

2

きのこはフライパンのサイズに合わせ、数回に分けて炒める。フライパンにバターを入れて中火で熱し、泡が細かくなってきたら、きのこ、塩を加え、炒める。バターの泡が細かいのは、最も香りのよい状態。このナッツ香をきのこにつける。香りをつけたいが、きのこはよく炒めたいので、バターをブール・ノワゼットにしてから加えると焦げすぎてしまう。

3

混ぜながら炒める。通常は食べたときにきのこの旨味が広がるように、水分を保って炒めるが、ソーセージに水分は不要。水分を含むと焼いたときに膨張し、破れやすくなる。きのこから出てきた水分が熱せられて弾ける音をさせながら炒める。

4

チリチリという音がしてきたら水分がなくなっている状態。焼き色がついたら、こしょうを加えて混ぜる。粗熱をとり、冷蔵庫で一晩冷やす。炒め上がりの重量は1kg。

5

きのこを粗びきにする。

Saucisse aux champignons des bois

きのこのソーセージ

6

ひき肉はしっかり冷やしておき、ボウルに入れ、手の温度が伝わらないように指先で手早く練る。粘りが出てボウルの底につくようになるまでしっかり練り、肉を結着させる。

7

きのこにひき肉の1/4量を加え、きのこの間に肉を入れ込むように混ぜる。結着したひき肉は一度には混ざらないので少しずつ加える。残りのひき肉も同様に加えて混ぜる。

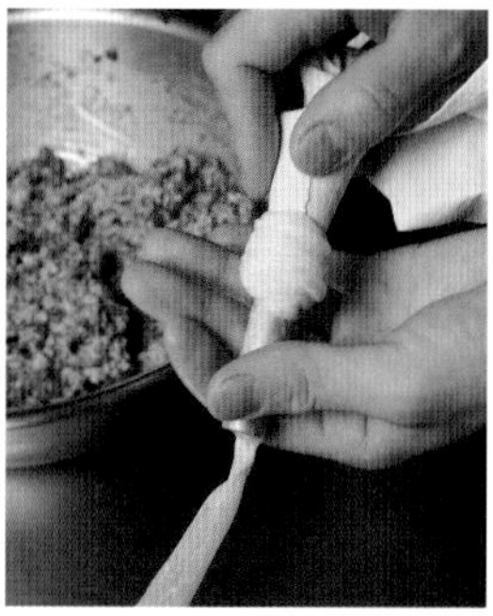

8

豚腸は軽く塩気を洗い、水気をきる。いったん空気を入れ、扱いやすくする。絞り袋にソーセージ用の口金をつけ、口金に豚腸をたぐり寄せるようにしてはめる。

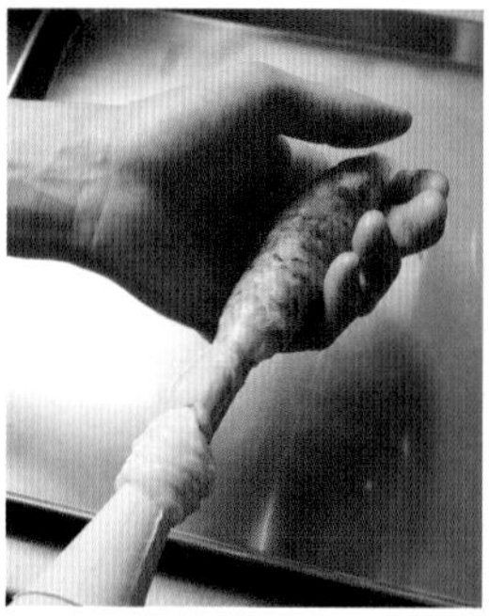

9

絞り袋に7を入れ、豚腸に詰める。空気を入れないために、豚腸の先は結ばない。ねじって小分けにするので、少し余裕をもたせながら、豚腸全部に詰める。空気も焼くときの破れの原因になる。

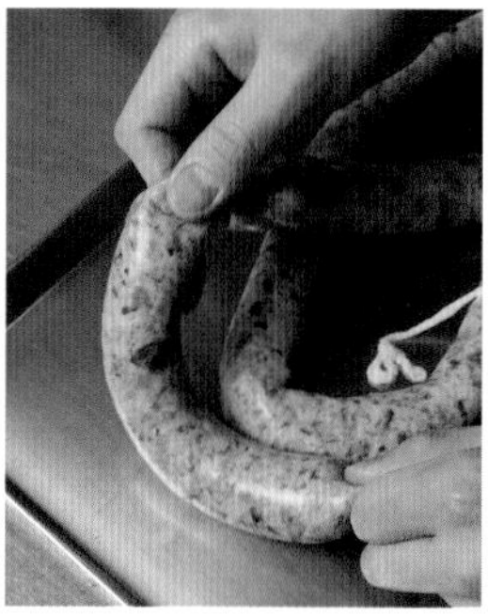

10

20cmほどの長さに分ける。ソーセージに空気が入らないようにしごき出し、3cmほど間隔をあけ、ねじる。

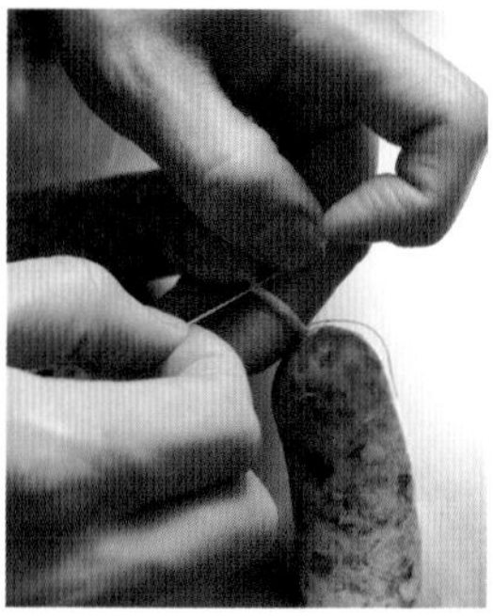

11

ソーセージの両端のキワをたこ糸で結ぶ。2回からげて結び、ほどけないようにする。たこ糸の間を切り、ソーセージを1本ずつに分ける

12

フライパンにオリーブ油少量、ソーセージを入れ、弱火にかける。ソーセージはフライパンが冷たいところに入れる。熱いと縮んで破裂するので注意。

13

うっすらと焼き色がついたら裏返し、返しながら、中まで火を通す。直接火が入るフライパンは皮が破れやすいので、バットに移し、サラマンドルで遠火で穏やかに焼く。オーブンでもよいが、天板にオーブンペーパーを敷くこと。火の入りが心配な場合は、細い針などを刺し、透明なジュースが出てくればOK。串を刺すと穴から破れるので注意。

HAM à la maison

ハム

HAM à la maison

ハム

フランスでは豚のもも1本を塩漬けにしたジャンボンクリュ、ハムが売られていています。もう40年以上も前の話ですが、フランスで食べたジャンボンクリュがとても美味しかった。ゼロから自分で作ってみたい、と模索して行き着いたのがこの「ハム」です。塩漬け、冷製、ゆでる温度と牧草を使うこと。すべての工程が成功の鍵です。牧草はいくらか贅沢かもしれませんが、最終的にこの豊かな香りを纏っているほうが魅力的です。熱燻や温燻では？というと、凝固によって素材に層ができたり、均一な断面、美しい色合いにならなかったり、タール臭が鼻をついたり。僕のハムには穏やかな冷燻がベストです。

材料（1人分）

豚ロースかたまり肉 …… 2kg

A
- 塩 …… 60g（肉の3％）
- グラニュー糖 …… 30g（肉の1.5％）
- 黒粒こしょう（つぶす） …… 6g（肉の0.3％）

桜のスモークウッド …… 6cm（50g）

牧草 …… 適量

【盛りつけ】

黒トリュフ（すりおろす） …… 適量

1

骨の間の肉についているスジを取る。ほかの余分なスジも取る。

2

Aをふり、バラの間には指を入れ、脂身側も全面にもみ込む。調味料を浸透させるとともに、雑菌の発生を防ぐ目的もあるので、隙間なくもみ込む。

燻製の種類

燻製は素材に特有の風味をつけるとともに、保存性を高める効果があります。代表的な燻製方法は3つ。ハムで使ったのは冷燻法です。

1. **熱燻法：**80～140℃の高温で、短時間で燻製をかける。表面に強烈な香りがつく。日持ちはしない。アウトドアなどに重宝される。
2. **温燻法：**30～80℃で、数時間から長い場合は1日ほど燻製をかける。素材は口当たりが柔らかく仕上がる。
3. **冷燻法：**15～30℃の低温で、長時間燻製をかける。煙だけでじっくり素材を燻すので旨味が残り、長期間の保存も可能になる燻製法。

自家製冷燻機

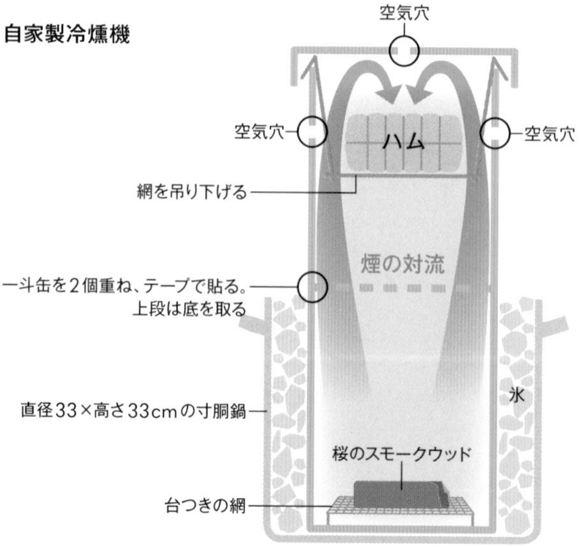

シャルキュトリの背景

シャルキュトリは、豚肉加工品を製造販売する店で扱う豚肉加工品全般の総称で、「chair＝肉」「cuite＝火を入れる」が語源です。加工品はハム、ソーセージ、パテ、テリーヌなど。現在では、ほかの家畜や家禽類などの加工品も扱います。なぜ豚肉加工品の専門店が存在したのか。背景にあるのはギルドです。ギルドの概要は、中世のヨーロッパで起こった商人、手工業者の共同・同業組合組織。起源や目的は諸説ありますが、その本質は同業者の共存共栄のための団結です。例えば、肉のロティはロティスールと呼ばれる肉の専門店でしか売ってはいけない。パティスリーでパンを売ってはいけない、というような決まり。シャルキュトリ職人が伝統的な製法で作った豚肉加工品だけがシャルキュトリとして認められ、販売する権利を得ます。この規制は1791年にギルドが廃止されるまで続き、フランスでは今なおこの風習が色濃く残っているというわけです。

保存

バットに網をのせ、ハムはさらしで巻いたまま置き、冷蔵庫で保存する。初めはさらしごと薄く切る。切る量だけさらしをはがし、可能な限りさらしを巻きなおして冷蔵庫に入れ、しっとり感を保つ。

3

もみ込む目安は、豚肉がしっとりと濡れ、中からジュースが出てくるまで。

4

保存袋に入れ、可能なら真空に、またはできるだけ空気を抜く。冷蔵庫のチルド室に1週間おき、マリネする。熟成には酸素が必要。ここでの目的は熟成ではなく、味を浸透させるためと保存のため。

5

流水で洗い、水気を拭く。保存性を高めるため塩が強いので、ため水では抜けきらない。流水でしっかり余分な塩を抜き、全体の塩気を均一にする。

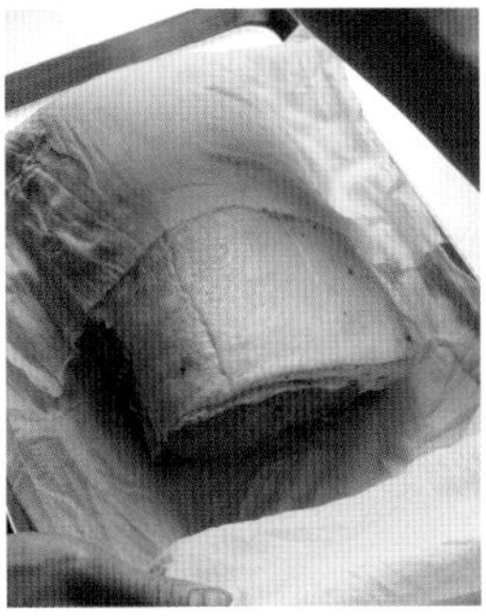

6

さらしを巻く。さらしは整形のときに身崩れを防ぐのと、しっとりゆで上げる効果がある。

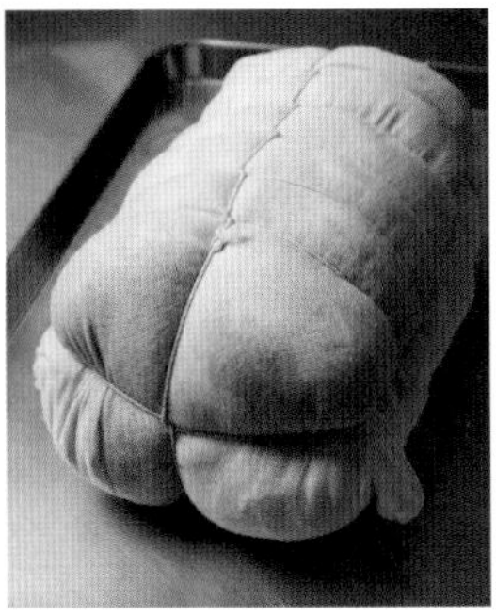

7

たこ糸で縛る。力を入れ、断面が丸くなるように形を整え、しっかり縛る。肉を整形するとともに、結着させる。さらしを巻いておくことでたこ糸が肉に食い込まず、身崩れしない。

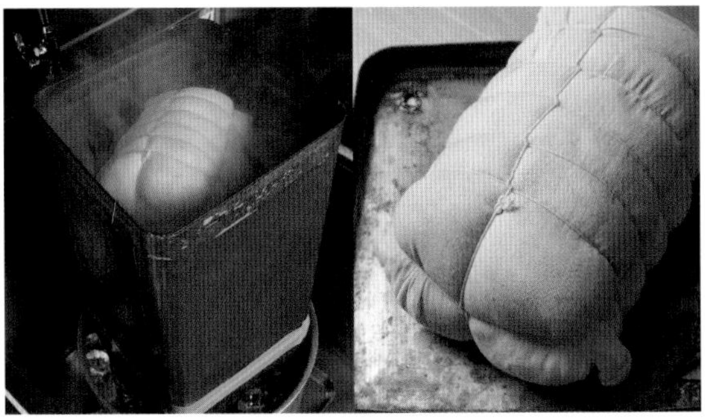

8

桜のスモークウッドは網にのせて直火でカンカンに焼き、冷燻機に入れる。煙が対流する最上部の位置に豚肉を置き、蓋をし、1時間半ほど燻製する。このとき冷燻機の中は35℃ほど。下段の一斗缶を触って熱い場合は温燻なので、冷ます。ゆでると燻香が薄れるので、深く燻製をかける。冷燻には腐敗防止＝日持ちさせる効果もある。右の写真は燻製後。煙の対流が当たる上面により色がつく。冷燻機の構造は左ページのイラスト参照。

9

大きな鍋に75℃の湯を沸かし、牧草、さらしを巻いたままの豚肉を入れる。上から牧草をかぶせ、75℃を保って2時間ゆでる。鍋の中で冷ます。

Galantine de volaille

鶏のガランティーヌ

ガランティーヌは、鶏や子牛、豚、ウサギなどの肉にファルスを詰めて巻き、ゆでてから冷まして供す、冷製の料理です。名前はゴート語のジュレを意味する「gal ガル」に由来。ジュレで覆うのが定番ですが、今回は飾り気なしに、肉の旨さを表現しました。
作り方で大切なのは油脂。油脂がないとパサついてしまうので、中のファルスには油脂分の多い豚の背脂やのど肉を使います。ただし油脂が多すぎると主素材、ここでは鶏の味が弱くなるので、メインと油脂の割合は約2対1に。また、旨味のジュースが出ないようにゆでるのも重要です。90℃を超えるとジュースが出てしまうので、80℃をキープ。60℃ほどの低い温度で時間をかける方法もありますが、保存を前提とする場合は殺菌効果が落ちるので避けます。

材料（1人分）

若鶏 …… 1羽（1.1kg）
＊若鶏は1枚に開いて700g。
塩 …… 5.6g（肉の0.8%）

フォアグラのテリーヌ（p.80）…… 200g

【豚のファルス】
豚肩ロースのひき肉 …… 200g
豚のどのひき肉 …… 100g
塩 …… 3.3g（肉の1.1%）
＊材料はすべて冷やしておく。

【盛りつけ】
じゃがいものジュリエンヌ ※1
…… 適量
黒トリュフ（細切り）…… 適量

※1＝じゃがいもはせん切りにし、さっとゆで、水気をきる。トリュフソース（p.56）であえる。

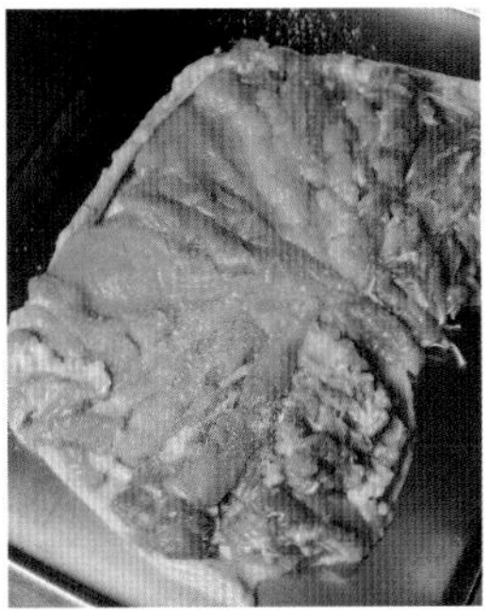

1
鶏は1枚に開き（p.80）、身側に塩をふり、身が崩れないように押し込んで馴染ませる。冷蔵庫に30分おく。

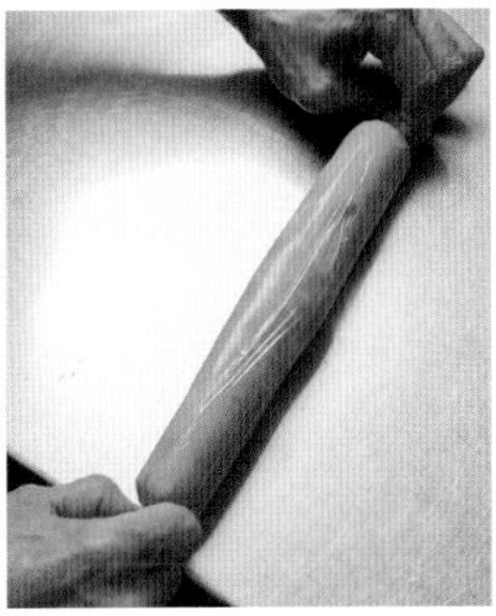

2
フォアグラは開いた鶏の幅に合わせてのばす。ラップを敷き、フォアグラを棒状に置く。ラップを巻きながら転がして整形し、両端をひねってとめる。冷凍庫で固まるまで冷やす。

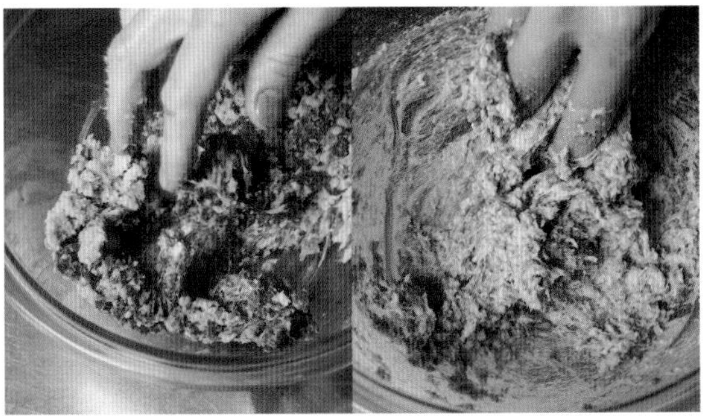

3
ボウルに豚のファルスの材料を入れ、練る。白っぽくなり、粘りが出てボウルの底につくようになるまでしっかり練り、結着させる。タンパク質は練れば練るほど結着が強くなる。結着させることで、加熱後のプリプリの食感、肉のジューシーさを生む。

4
鶏に豚のファルスを広げ、フォアグラを置く。豚のファルスは奥をあけて、フォアグラは手前寄りに置き、フォアグラが中心にある美しい断面を目指す。

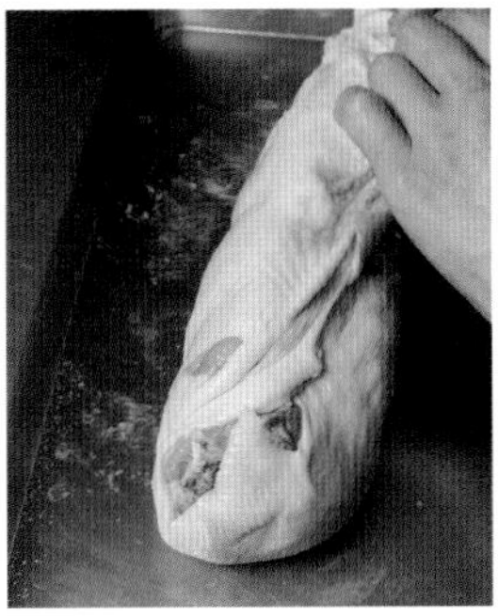

5
手前から空気が入らないように巻く。皮を引っ張って肉が出ないようにし、円筒形に整形する。

6
ラップを敷いて5を置き、空気を入れないように手前から巻き、両脇を折り込み、最後まで巻く。これをくり返し、二重に巻く。たこ糸で縛る。

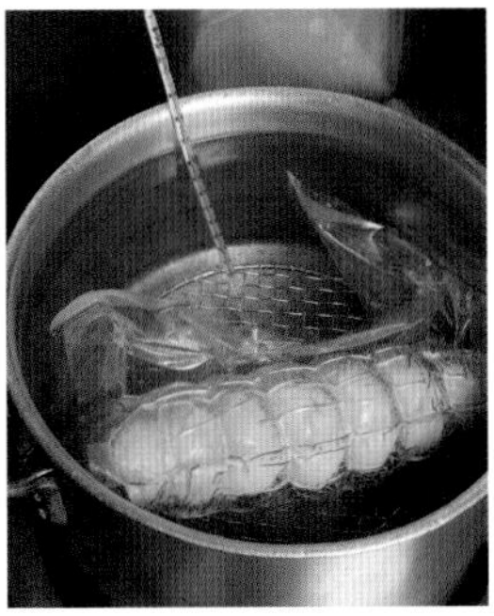

7
大きめの鍋に水を入れて火にかけ、80℃にする。6を入れ、80℃を保って2時間ゆでる。鍋底に直接つかないように、網を敷く。

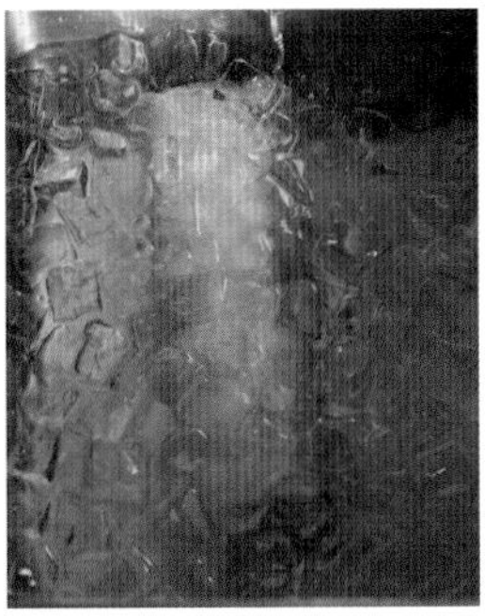

8
氷水に移し、一気に冷ます。雑菌が繁殖する温度は30～50℃。その温度帯を早く通過させる。冷蔵庫に一晩おき、肉を締め、ジュースが出ないようにする。

Galantine de volaille

鶏のガランティーヌ

フォアグラのテリーヌ

材料（作りやすい分量）

フォアグラ …… 1個（800g）

A｜塩 …… 12g（フォアグラの1.5%）
｜グラニュー糖 …… 6g
｜（フォアグラの0.75%）
｜コニャック …… 35g

1 フォアグラは室温にもどし、形を崩さないように1枚に開き、血管と膜を取る。Aを馴染ませて保存袋に入れ、冷蔵庫で一晩マリネする。

2 耐熱容器にラップを敷き、*1*を入れ、ラップで包む。真空にし、冷蔵庫で一晩馴染ませる。真空にしない場合はラップで二～三重に巻く。

3 室温にもどす。鍋に80℃の湯を沸かし、*2*を入れて火を止め、5～10分おく。氷水につけ、急速に冷ます。

パテの種類

ガランティーヌはパテの一種。パテとは、各種の肉や脂、内臓などを刻んだりペースト状にして調味し、型などに詰めて加熱したものを指します。

テリーヌ：ファルス、刻んだ肉、スパイスなどを型に詰めて加熱したもの。

パテ・アン・クルート：型にパイ生地を敷き、テリーヌと同様のファルスを詰め、オーブンで焼く。パイ包みパテ。

パテ・ド・カンパーニュ：豚の胸肉、のど肉、レバーなどを粗く刻み、型に詰めて加熱する。

レバームース：豚のレバーに豚の脂身、牛乳、卵などを加えてクリーム状にし、型に詰めて加熱する。鶏などでも作る。

ガランティーヌ：鶏や子牛などにファルスを塗り、細切りの肉やフォアグラ、野菜などを並べて巻き、ゆでる。冷めてからジュレで覆う。冷製料理。

バロティーヌ：筒状にして布で包んだガランティーヌ、円筒形に整形したフォアグラのテリーヌなどもこう呼ぶ。「ballot＝大きな包み」が語源。

鶏を1枚に開く

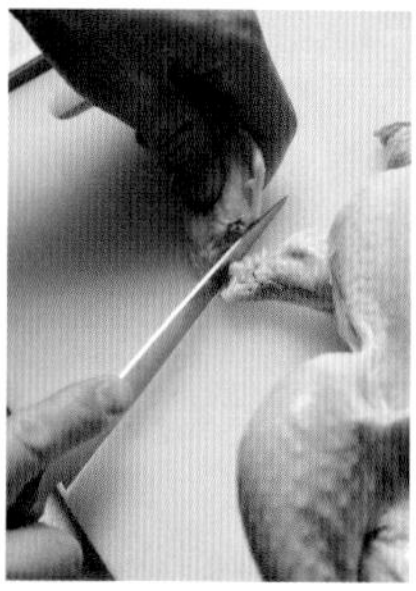

1

手羽をつけ根から切り、足首を切る。

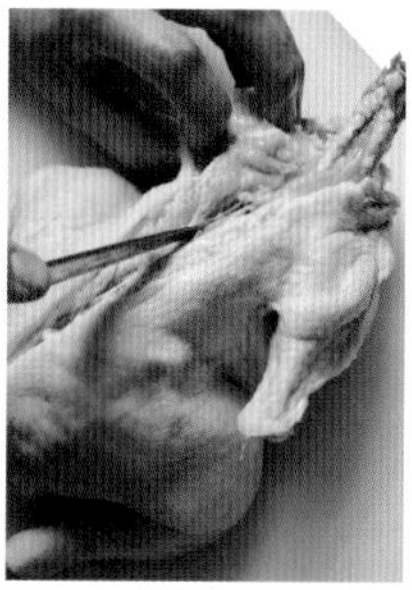

2

首づるの皮に切り込みを入れ、背骨の真上に切り込みを入れる。背骨のキワに包丁を入れ、背骨に沿って切り進める。

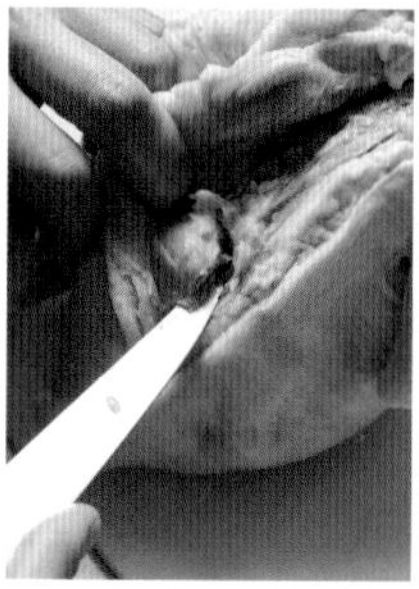

3

肋骨に沿って切り進める。もものつけ根の関節を切る。

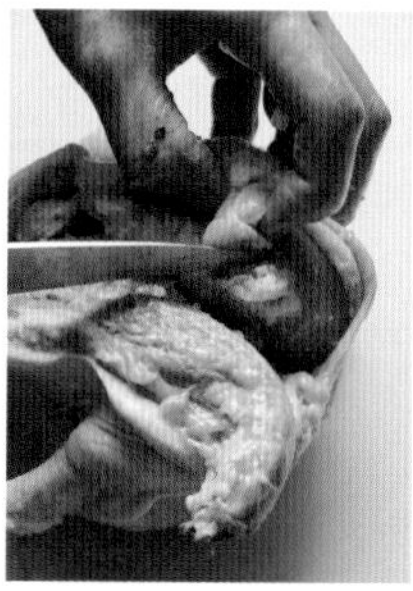

4

背骨、鎖骨、手羽をつなぐ関節を切る。

5

肋骨に沿って切り進めると、ささ身がが出てくるが、骨のほうにつけておく。

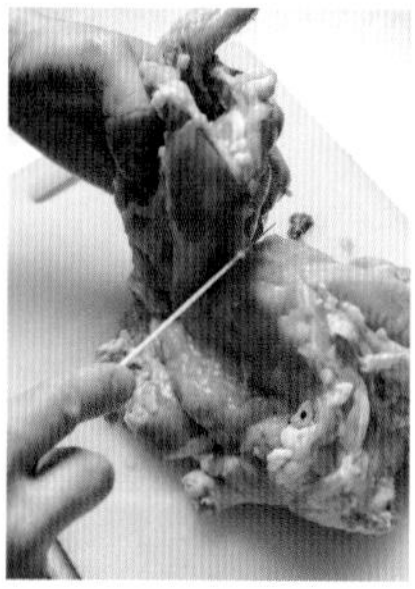

6

胸骨が見えてきたら、逆側も同様に切り進める。

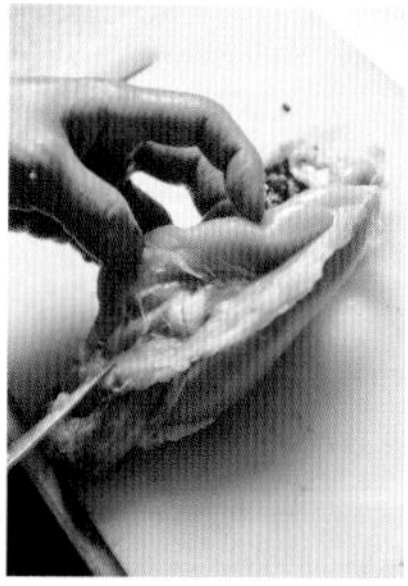

7

ささ身を切り離し、スジを取る。

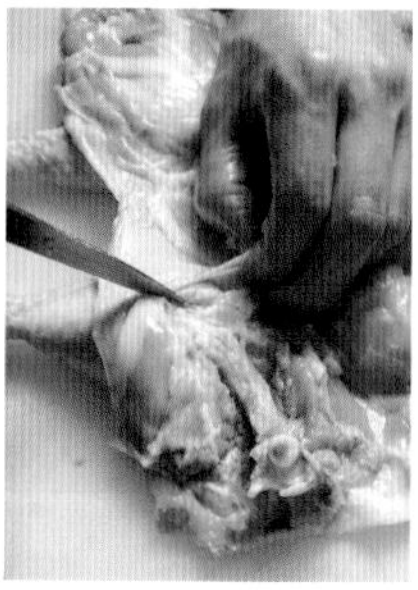

8

ももの骨を取る。L字に沿って、肉をそぎ落としながら切る。手羽の骨も同様に取る。

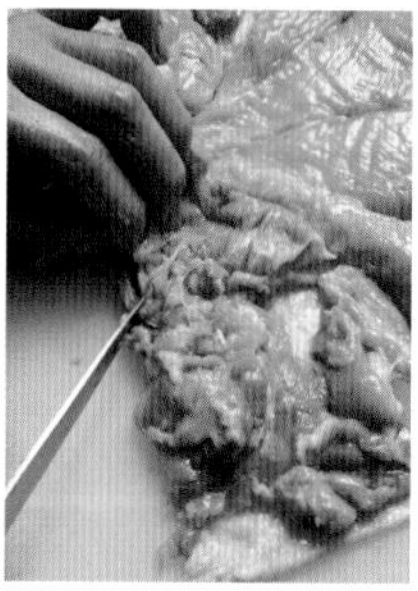

9

血合い、スジ、余分な脂を取る。アキレス腱は取りきれないので、繊維を断ち切るように切り込みを入れる。

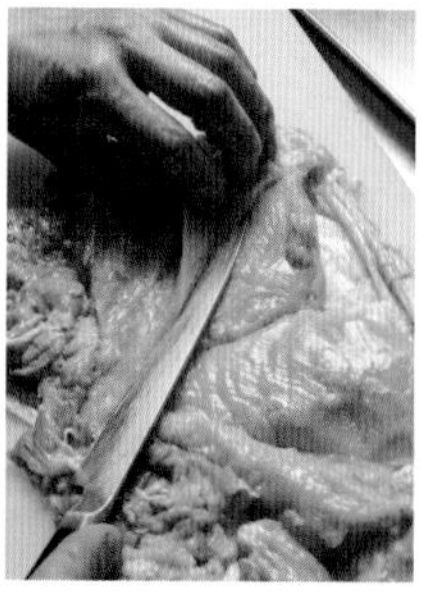

10

厚みが均一になるように、薄い部分に合わせて厚い部分をそぐ。隙間にはささ身を置く。開いて700g。

Terrine de lapereau

ウサギのテリーヌ

ウサギのテリーヌ　Terrine de lapereau

テリーヌは、正肉と脂を1対1の割合にするのが原則です。ここでいう正肉とはウサギ、脂は豚のど肉のこと。この原則は、ソーセージやパテ類すべてに当てはまります。ウサギはもともとゼラチン質が多いので、テリーヌに向いている素材です。作り方のポイントは2点。1点めは、蓋を取ってからの焼き。躊躇せずに表面に深い焼き色をつけ、カリッとした食感を作ること。柔らかくジューシーな中とのコントラストが醍醐味になります。2点めは肉汁のジュレをテリーヌに流し入れること。抜け出した旨味のジュースでテリーヌのまわりを均一に覆い、旨味を戻します。

材料（奥行25×幅8×高さ6.5cm・容量1200mlのテリーヌ型1台分）

ウサギ……1羽（1450g）
＊ウサギは前足、後ろ足、ロース、バラ、内臓（肺以外）を使用する（p.119）。正肉600g。

豚のど肉……800g（ブランシールして600g）

A
- 塩……12g（肉の1%）
- 黒こしょう……1.2g（塩の10%）
- グラニュー糖……6g（塩の50%）

フォン・ド・ラパン（p.83）……ゼラチン質200ml

白ワイン……150ml

黒粒こしょう（粗くつぶす）……4g

【盛りつけ】

セミドライフルーツ（イチジク、アプリコット、レーズン）……各適量

プルーンの赤ワイン煮※1……適量

生アーモンド……適量

※1＝耐熱容器にセミドライプルーンを入れ、沸騰させた赤ワインを注ぎ、ほぐす。粗熱がとれたら冷蔵庫に入れる。翌日から使用でき、保存は数年可能。プルーンはワインを吸って膨らむので、頭が出たら沸騰させたワインを足す。

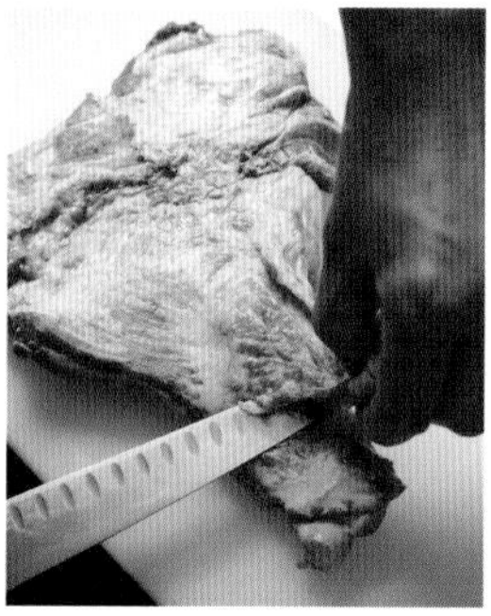

1

豚肉はリンパをそぎ取る。鍋に豚肉とたっぷりの水を入れ、強火にかける。沸騰してアクが出たら、ざるに上げて水気をきる。臭みを多くもつ素材は水からゆでこぼし、臭みやアクを取る。これをブランシールという。正味600g。

2

ウサギ、豚肉は1.5cm角に切る。ボウルに入れ、Aを加え、混ぜる。冷蔵庫に1日おき、マリネする。マリネの塩は岩塩を使用するときれいに発色するのでテリーヌに最適だが、日本では手に入りにくいので、できるだけミネラル分の多い塩を選ぶとよい。

3

フォン・ド・ラパンを作り、冷蔵庫に一晩おく。固まった上の脂の層を取り除く。下のゼラチン質200mlを鍋に入れ、強火で半量になるまで煮詰める。100mlを使用する。

4

ファルス（詰め物用に材料を細かく刻んで混ぜ合わせたもの）を作る。*2*に*3*、白ワインを加え、よくもみ込む。

5

粒こしょうを加え、混ぜる。こしょうは口に入れたときの香りを鮮烈にするために、粗くつぶす。

6

型に*5*を詰める。加熱すると沈むので、山盛りになるほどたっぷりで構わない。注意点は、型の長さに対してはギリギリまで、幅に対しては中心が高い山形になるように詰める。

7

蓋をしてバットに置き、湯または水をぎりぎりの高さまで注ぎ、オーブンで湯せんで焼く。200℃で1時間、250℃で30分、200℃で30分、計2時間、温度を調節しながら焼く。

8

高温で焼き上げるこの方法は、ゼラチン質の多いウサギだからできること。ほかの肉ではまとまらない場合がある。湯はあっという間になくなるので、減ったら足す。後半から肉汁が溢れ蓋のまわりが焦げてくるが問題ない。

9

蓋を開け、金串を刺してみて、すっと入れば火が入っている。

10

たっぷりの肉汁の中で肉を煮ている状態。これはコンフィと同じ「脂で煮る」効果がある。蓋を外したまま、再び150℃のオーブンで1時間焼く。香りと表面にカリッとした食感をつける。

11

肉汁をボウルに移す。肉汁はとっておく。

12

テリーヌにラップをして板をのせ、力一杯押す。凝縮させるとともに、形を整える。熱いうちに圧力をかけないと整形できなくなるので注意。重しをのせて固定し、粗熱がとれたら、冷蔵庫で冷やす。

13

*11*の肉汁を漉して冷やし、上に浮かんでくる脂を取り除く。肉汁のジュレを*12*のテリーヌに流し入れ、冷蔵庫で一晩冷やす。

14

テリーヌを冷やすと脂で固まる。型ごと直火にかけて軽く熱すると、出しやすくなる。

15

型から出したらバットにのせ、再び冷蔵庫で冷やす。いったん溶かしたまわりを固め、形を整える。

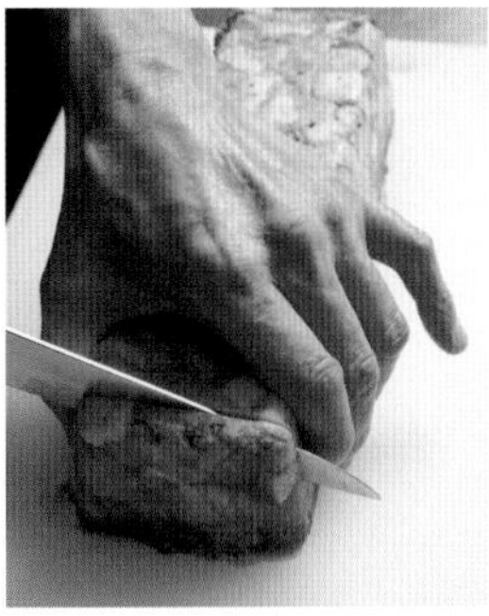

16

テリーヌは切る位置のキワをやさしく押さえ、角から包丁を入れて切る。

フォン・ド・ラパン

材料（作りやすい分量／でき上がり500ml）

ウサギの骨（下処理の残り）…… 1羽分

1

ウサギの骨は適当な大きさに切る。

2

150℃のオーブンで40分、芯までしっかり焼く。

3

鍋に*2*、かぶるくらいの水を入れ、強火にかける。沸騰したら弱火にし、3〜4時間煮る。白いアクは旨味なので取らない。水分が減ったら足す。漉して完成。

道具のこと

フライパン

フライパンは断然フッ素樹脂加工のものがお薦めです。格好いいフライパンや高級品は必要ありません。美味しい料理を作るためには、失敗しないことが大前提です。フッ素樹脂加工のフライパンは圧倒的に失敗が少ない。料理人の僕にとってもそうなのですから、初心者の方ならなおさらです。僕は加工がはげたら惜しまず新調しています。

鍋

店で使うのはアルミ製のもので、材質にとくにこだわりはありません。むしろキャスロール（側面が垂直で深さのある片手鍋）やロンドー（側面が垂直で浅い両手鍋）、寸胴鍋など、あらゆる料理に対応できるよう、口径と深さのバリエーションを揃えています。ひとつ言えるのは、フランス料理には蓋をして鍋ごとオーブンに入れる調理法があるので、数を持てない家庭ではル・クルーゼのようにオーブンでも加熱できる万能な鍋があるといいかもしれません。

シノワ

フランス料理では度々「漉す」場面が登場しますが、そこで使う道具がシノワです。シノワは円錐形をした網目の細かい金属製の漉し器。もちろん家庭ならざるで充分ですが、できるだけ細かい網目のものがいいです。店では目の粗いもの、細かいものを用途によって使い分け、しっかり漉す場合は2つのシノワの間にペーパータオルを挟みます。

サラマンドル

上部だけに熱源があり、その放射熱で下に置いた素材の表面に焼き色をつけます。扉のないオーブンのような調理機器で、素材を置く台は上下に動かすことができます。焼き色をつけるほかに、火入れの調整にも使います。家庭ではオーブンで代用します。

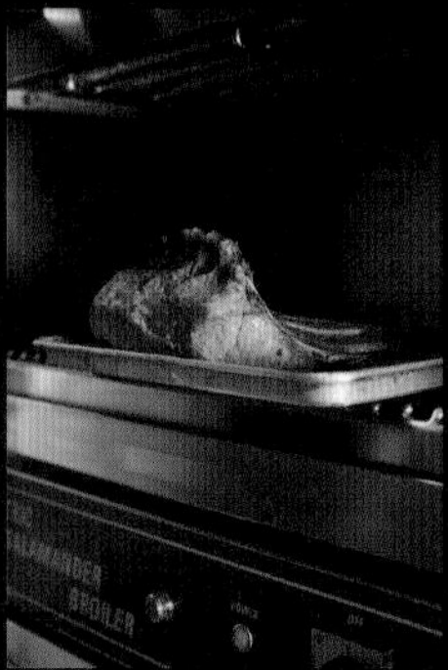

木べらとトング

最多出場の脇役は木べらです。炒めには必須。鍋底の旨味をこそげるときにも活躍します。柔軟性が必要な場合はゴムべらを使います。基本的にフランス料理では、「僕は」と言い換えてもいいですが、菜箸は使いません。素材をつかむ道具はトング。しっかりつかめるので作業がスムーズです。

バランス

計量器のことを調理場ではバランスと呼びます。これも調理には欠かせない道具。店に大さじ、小さじというものは存在しません。ですから計量の単位はgあるいはml。液体もgで出す場合があります。ほかの調味料をバランスで計っているなら、同じくバランスを使ったほうがはるかに楽だから。そういうわけもあって、レシピの分量にはさまざまな単位が混在します。

4章 肉
Viandes

Suprême de canard poêlé, sauce au poivre vert

鴨胸肉のポワレ、グリーンペッパーソース

鴨は皮下脂肪層が厚く、肉は赤身です。その持ち味を活かして焼き上げるには、スジが硬く口当たりが悪い。だから僕は徹底的にスジを取り除きます。胸肉は2つに分けられるのですが、大きい身を胸肉、小さい身を抱き身と呼んでいます。そしてこの胸肉と抱き身は厚みも肉質も異なるので、ほんの少し「焼き」の差をつけます。僕は通常、鶏ならば重量の0.8%の塩をします。でもこの鴨には控えている。塩を打つときに一番大切なのは、素材だけではない、皿の中のソース、つけ合わせとの相関関係で成り立つものだと考えているからです。受け継がれる料理には有無を言わせぬ美味の調和があります。鴨とグリーンペッパーソースは最上の組み合わせのひとつ、なおかつクラシックなスタイル。それを僕流に表現してみました。

材料（2人分）

鴨胸肉 …… 240g（下処理して190g）
塩 …… 1g
フォアグラの脂 …… 10g

【盛りつけ】

グリーンペッパーソース（p.88）
…… 1人30g
ほうれん草のバターソテ※1 …… 適量

※1＝フライパンにバター10g、にんにく1/2かけを入れ、ブール・ノワゼット（p.190）を作る。ほうれん草の葉150gを加えて強火にし、ひと混ぜし、塩1.5gをふる。半生の状態でざるに上げ、余熱で火を通し、水気をきる。

1

鴨は皮をできる限り薄くそぎ取る。カリッと焼き上げるために、脂身が表面に出るようにする。皮は極上の焼き上がりを妨げる。皮は焼くときに使うのでとっておく。

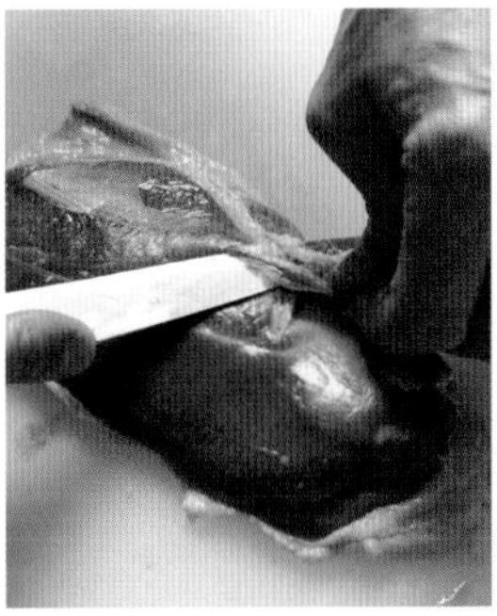

2

身の表面のスジ、血管、細かいスジを取る。

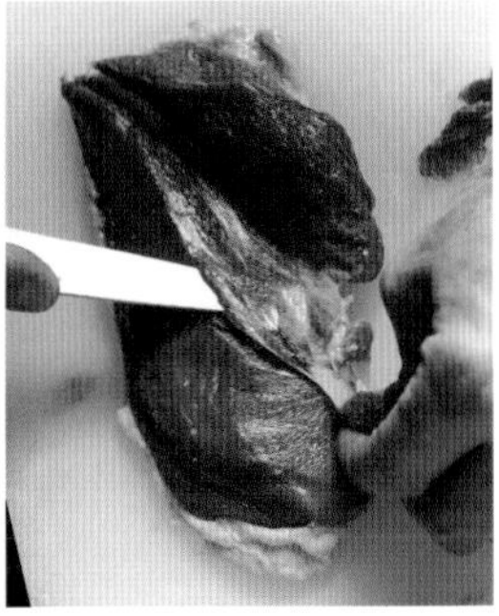

3

抱き身を開き、その下のスジを一気に下まで取る。抱き身を切り離し、胸肉と分ける。スジを取りながら、厚みの異なる部位を分ける作業。

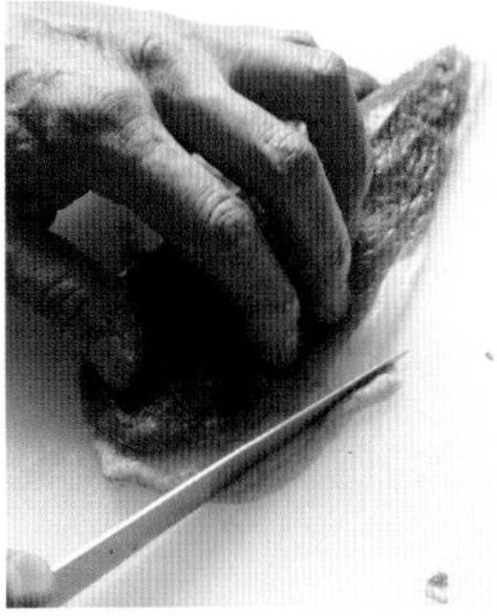

4

余分な皮を切る。ただし皮は焼くと縮むので、身よりもひと回り大きくて問題ない。胸肉脇の薄い部分は硬いので必ず取る。

5

脂身に格子に切り込みを入れる。これは焼くときに脂を出すため。肉は切らないように浅く入れること。

6

塩をふってもみ込み、室温に15～30分おく（p.101）。塩は脂身からは浸透しにくいので、身にしっかりふる。

7

フライパンに皮、フォアグラの脂を入れて弱火にかけ、ゆっくり脂を出す。「脂は脂を呼ぶ」、フォアグラの脂を加えるのは、皮の脂を最大限に出すため。

8

皮の脂が出てきたら、胸肉を皮を下にして入れる。胸肉の皮からも脂が出てきたら、抱き身を入れる。抱き身は繊維が粗く、火が入りすぎるとパサついてしまうので、時間差で焼く。

9

肉の下に油がある状態を保ちながら焼く。肉を焼くのは脂。これはすべての「焼き」に共通する鉄則。徐々に火を強め、中火で焼く。

Suprême de canard poêlé, sauce au poivre vert

鴨胸肉のポワレ、グリーンペッパーソース

10

鴨の脂が出てきたら、皮を取り出す。このあとも鴨から脂が出てくるので、焼くためには最低限の脂があればいい。

11

出てきた脂をかけながら焼き、身からも火を入れる。これをアロゼという。フライパンを傾け、肉が脂に浸らないようにしながらアロゼする。肉が脂に浸っていると、揚がった状態になってしまう。

12

皮に美味しそうな焼き色がついたら、抱き身を取り出す。皮を上にしてバットに移す。焼き時間の目安は6～7分。肉を押してみて、弾力があり、赤く透明な肉汁が出てくれば焼き上がり。

13

フライパンの脂を捨て、火を止めた状態で胸肉を裏返して入れる。余熱で2～3分火を入れる。胸肉だけ裏返して火を入れるのは、身が厚いため。抱き身とともに、温かい場所で2～3分休ませる。加熱した肉は内部でジュースが膨張して沸き立っている状態。休ませてジュースを肉の中に戻す。これをルポゼという。

グリーンペッパーソース

材料（でき上がり約100ml）

A｜エシャロット（みじん切り）……10g
　｜バター……10g

白ワイン……50ml

鳩のフォン（p.130）……35g

B｜コニャック……10g
　｜生クリーム……80g
　｜塩……1g

バター（またはブール・ノワゼット：p.190）……15g

グリーンペッパー……1g

グリーンペッパー

こしょうの未熟な青い果実を乾燥させたもの。緑色の直径5～6mmの球形状で、フレッシュ感のあるさわやかな香りと辛味が特徴。こしょうの果実を原料とし、収穫時期や製法の違いにより、ブラックペッパー、ホワイトペッパー、グリーンペッパーの3種の風味の異なるこしょうが作られる。塩漬けにしたものもあるが、ここで使うのはドライのホール。

1

鍋にAを入れて弱火にかけ、水分がなくなるまで炒める。色がつかないようにじっくり汗をかかせながら炒めることをスュエといい、素材の風味を引き出す。

2

白ワインを加え、強火で煮詰め、酸をとばす。例えば赤ワインは強火だとタンニンが出てザラつくのでゆっくり煮詰めるが、白ワインは強火で煮詰めるのがお約束。

3

煮詰まったら鳩のフォンを加える。

4

混ざったらBを加え、好みの濃度になるまで煮る。

5

バターを加えて混ぜる。ソースの風味をより高めてスペシャル感を出すならブール・ノワゼットを使う。ソースは沸騰させておき、ブール・ノワゼットを一気に加え、泡立て器で混ぜて乳化させる。シノワで漉す。

6

グリーンペッパーは鍋底で粗くつぶす。ソースに加えて時間が経つとえぐみが出るので、盛りつける直前に加えて混ぜる。

Poulet sauté Marengo

プーレ・ソテ、マレンゴ風

Poulet sauté Marengo

プーレ・ソテ、マレンゴ風

この賑やかな料理は、1800年、ナポレオン・ボナパルトがオーストリア軍を破ったマレンゴの戦いに由来します。勝利の夜の混乱のさなか、料理人のデュナンがナポレオンのために、その場にあった材料をかき集めて作ったと言われています。鶏肉を焼いて、そのフライパンに白ワイン、トマトを加えてソースを作り、エクルヴィス（ザリガニ）、揚げ卵、クルトンを添えた雑多さには、冷や汗をかいたデュナンの顔が浮かぶよう。フランス史の1ページを垣間見る愉快な一皿です。また、プーレ・ソテ（チキンソテー）のアレンジですから、シンプルなプーレ・ソテとマレンゴ風と、2つの作り方が学べます。

材料（2人分）

鶏もも肉 …… 2枚（540g）
塩 …… 4g
オリーブ油 …… 15ml
白ワイン …… 200ml
トマト（皮を焼きむきして2cm角）…… 4個（400g）
ジュ・ド・ヴォー（p.130）…… 100g
シャンピニョン（7mm幅）…… 6個（110g）
ザリガニ …… 6匹
全卵 …… 2個
揚げ油 …… 適量
ハート形クルトン※1 …… 2個
黒トリュフ（薄切り）…… 適量

※1＝食パンを細長いハート形に切り、バターで揚げる（p.43）。先端を水で濡らし、イタリアンパセリ（みじん切り）をつける。

谷昇の仕事

身を先にさっと焼く

鶏もも肉を身から先に焼く目的は、身ではなくスジに火を入れること。皮側から焼くとスジが縮むので、皮が引っ張られて反り返り、皮に焼きムラができる。それを防ぐため、先に身側から焼く。ただし、焼くのは数十秒。身が白っぽくなる程度でよい。また、焼きムラを防ぐために押さえつけるのは厳禁。肉から旨味の肉汁が出てしまい、ジューシーさがなくなる。

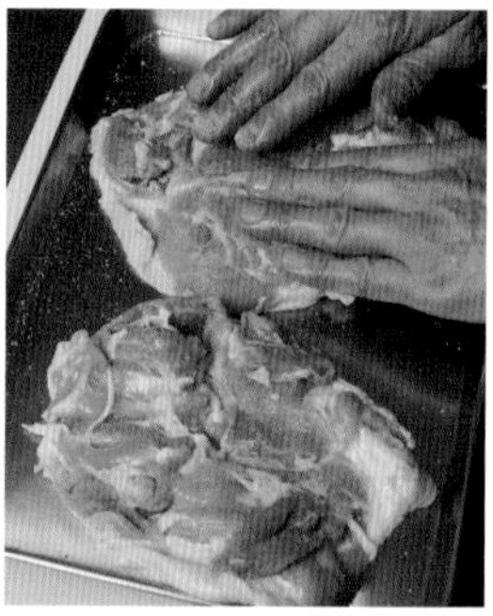

1

プーレ・ソテを作る。鶏肉に塩をしてもみ込み、30分おく（p.101）。塩は皮からは浸透しにくいので、身にしっかりふる。

2

フライパンにオリーブ油、鶏肉は身を下にして入れ、弱めの中火でさっと焼く（左記）。身が白っぽくなったら裏返す。

3

焼きの本番。皮側から中火で焼く。火が弱いと肉から水分が出すぎるので注意。肉の下に油がある状態で、出てきた脂をかけながら焼き、身からも火を入れる。脂が多すぎるときは捨てる。

4

表面から透明な肉汁が出て、皮に美味しそうな焼き色がついたら火を止める。火の入り具合は、身を指で押して確かめる。弾力が出ていれば火が入っている。

5

フライパンの脂を捨て、鶏肉を裏返し、余熱で2～3分身を焼く。身を焼きすぎると硬くなるので、火を入れるのは皮側からだけで充分。

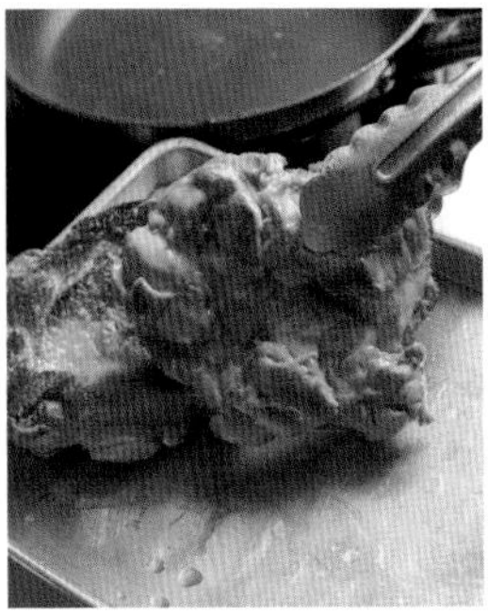

6

バットに移し、温かい場所で10分ほど休ませてルポゼし、ジュースを肉の中に戻す。身は凹凸があるので、焼きムラがあるのは当然。プーレ・ソテの完成。

7

フライパンに白ワインを入れ、強火で半量になるまで煮詰める。トマトを加え、柔らかくなるまで煮る。トマトの形は残っていてOK。

8

ジュ・ド・ヴォーを加え、ひと混ぜし、シャンピニョンを加える。

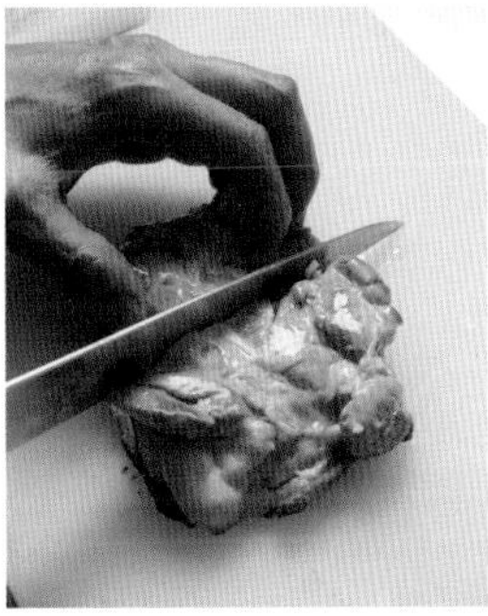

9

*6*の鶏肉を4等分に切る。このとき皮は下。上にするとずれて身から離れてしまう。

10

鶏肉は皮を上にして*8*に加え、中火で軽く煮込む。

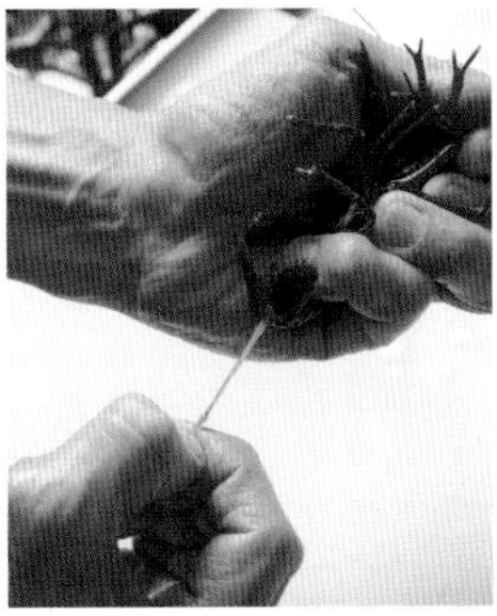

11

ザリガニは爪を押さえて尾を伸ばす。3枚の尾の真ん中を持って引き、腸を抜く。

12

鍋にザリガニとたっぷりの水を入れ、強火でゆでる。沸騰したら1分ほどゆで、中まで火を通す。海老類は水からゆでると形よくゆでられる。沸騰したところに入れると腕が取れたりするので注意。

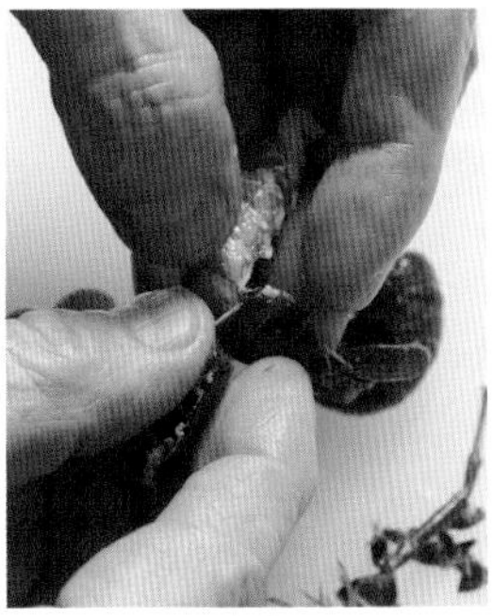

13

ザリガニ4匹は、頭と胴に分け、胴の両側にハサミで切り込みを入れ、身を出す。2匹は飾りに使う。

14

卵はカップに割り入れ、200℃以上の揚げ油で素揚げする。油の温度が低いと散ってしまうので、高温で一気に固める。器に*10*を盛り、ザリガニ、揚げ卵、クルトン、トリュフを添える。

Steak au poivre

ステーク・オ・ポアブル

僕にとってのステーク・オ・ポアブルは、「情景」の一言に尽きます。当時師事していたアンドレ・パッション氏が鍋底で黒こしょうをガリッとつぶす姿が格好よく、爆ぜる香りもたまらなく、料理人として尊敬の念を抱かずにはいられませんでした。今の僕が求めるのは、噛んだときに口の中に広がる牛肉の旨味。そして、こしょうの香り。牛肉を上手に焼くということは、難しいことではありません。目指す形が明確ならば、アプローチの方法も自ずと見えてきます。塩をする意味、油の状態、火加減、ルポゼ。それらをどうコントロールするか。気をつけるのは、こしょうの量です。香りを際立たせるためにはたっぷり使うべき。食べるときに辛いというのなら、落とせばいいんです。

材料（2人分）

牛もも肉
……280g（1枚140g）
塩……5g
黒粒こしょう……10g
サラダ油……20g
バター……20g

【盛りつけ】
ソース・ヴァン・ルージュ
（下記）……100ml

1
こしょうは鍋底で粗くつぶす。つぶさなくては香りが立たないが、細かすぎると肉に香りがつきすぎるうえ、最終的に取りにくくなる。

2
肉に塩をふって馴染ませ、室温に30分ほどおく（p.101）。表面がうっすら濡れてくるのが、塩が中まで浸透した合図。

3
肉の両面にこしょうをまぶし、まんべんなく香りがつくようにする。

4
フライパンにサラダ油、肉を入れ、弱火で焼く。フッ素樹脂加工のフライパンは熱しておく必要はない。高温で表面を焼き固める必要もない。旨味のジュースを逃さず火を入れるために、弱めの火加減を保つ。

5
肉を焼くのは油！　フライパンではなく、油が肉を焼くのだと肝に銘じ、肉の下に油がある状態を保ちながら焼く。もも肉は脂が少なく油を吸いやすいので、油がなくなったら足す。

6
出てきた脂をかけながら焼き、上側からもムラなく火を通す。焼ける音にも注意を払う。パチパチとこしょうが爆ぜる音が最適。温度が高すぎると音も激しくなり、肉汁が一気に蒸発して旨味も逃げる。

7
加熱されすぎた油は酸化して臭い。また油の濁りは雑味や塩の焦げ。その臭いを肉につけないように、拭いて新しい油を足す。

8
美味しそうな焼き色がついたら裏返す。ここまでの焼き時間の目安は3cm厚さの肉で4～5分。指で押して焼き加減を確かめ、レアの状態でバターを加える。押して1カ所から血が出るのがレア。全体から出るとミディアム。火が入っていると押してはね返される感覚がある。

9
レアの状態でバターを加えたら、バターの泡を肉にかけながら焼く。泡はあっという間に消えるので素早くかける。肉の柔らかさを保ちながら火を入れ、風味を加える。

10
バットに移し、温かい場所で10分ほど休ませる。加熱した肉は内部でジュースが膨張して沸き立っている状態。休ませてジュースを肉の中に戻す。これをルポゼという。焼き立てを切ると旨味の肉汁が出てしまうので必ずルポゼする。こしょうをある程度落とし、皿に盛る。

ソース・ヴァン・ルージュ

材料（でき上がり約400ml）

鹿のフォン（p.130）……2ℓ
板ゼラチン……3.5g
コニャック……50ml

1 鹿のフォンは漉し、鍋に入れる。板ゼラチン（水でふやかさない）、コニャックを加え、1/5量になるまで煮詰める。

Poulet rôti

プレ・ロティ

鶏は異なる身質の集合体。率直に言って、オーブンで丸鶏すべての部位を完璧に焼き上げるのは不可能です。火の入りにくい部位をきちんと焼こうと思ったら、そうでない部位には火が入りすぎる。それでも1羽で焼きたいという思いを掻き立てられるのは、余りある美点。切り身にはない、旨味たっぷりのジューシーさ。内臓があった部分の空洞は、中からじんわりと火を通す効果があり、ふわっと柔らかな肉に仕上げます。そして何より、丸ごと1羽の豪勢なこと！　家庭で楽しむに相応しい魅力だと思います。

材料（作りやすい分量）

若鶏 …… 1羽（1.1kg）
オリーブ油 …… 適量
バター …… 30g
塩 …… 2g

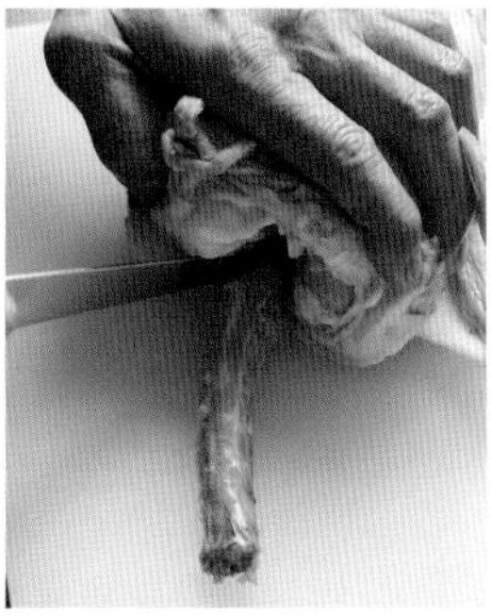

1

首の背側の皮に切り込みを入れてめくり、首づるを出して切り取る。

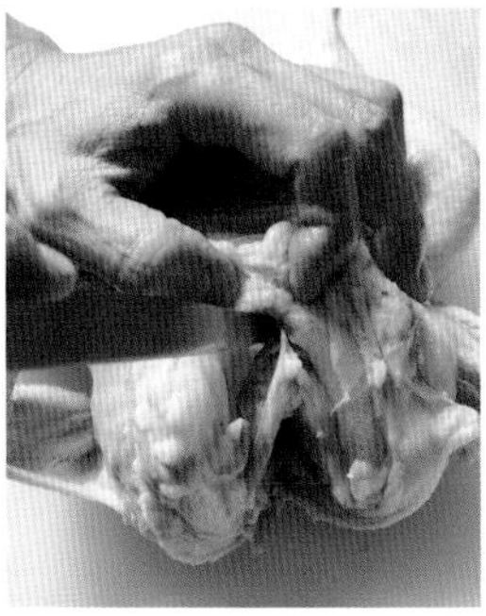

2

首の皮を広げて鎖骨（V字骨）の外側のキワに切り込みを入れる。V字を逆さにした頂点が軟骨につながっているので、切り離し、鎖骨を取る。鎖骨のまわりの脂を取る。

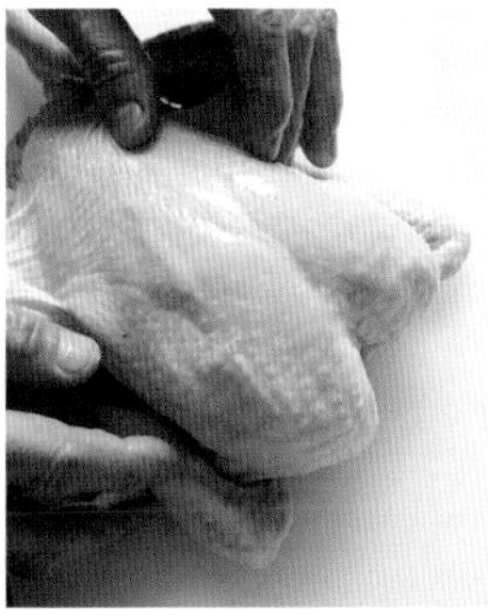

3

整形する。たこ糸50～60cmは針に通しておく。鶏は胸を上にして置く。手羽をいったん伸ばし、背側に収めるようにたたむ。

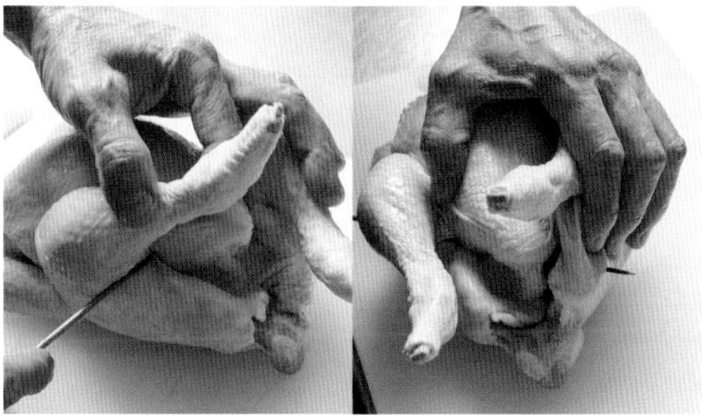

4

頭を左に向け、足をたたむ。右足の関節に針を沿え、骨盤の上ギリギリを刺し、左足のももまで刺し、針を抜き、たこ糸を通す。

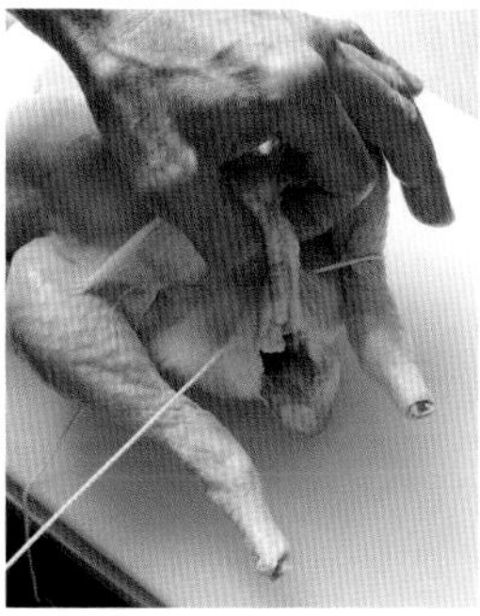

5

たこ糸を左足首に下からかける。おしりの肉をつまんで針を平行に刺し、針を抜き、たこ糸を通す。

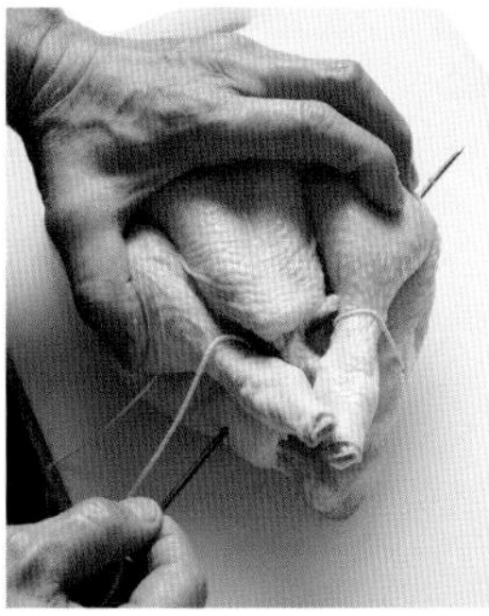

6

たこ糸を引き締め、右足首に上からかける。ももの外側から針を刺し、骨盤の上を刺し、左足の関節に刺し、針を抜き、たこ糸を通す。

7

左右均等にたこ糸が通った状態。

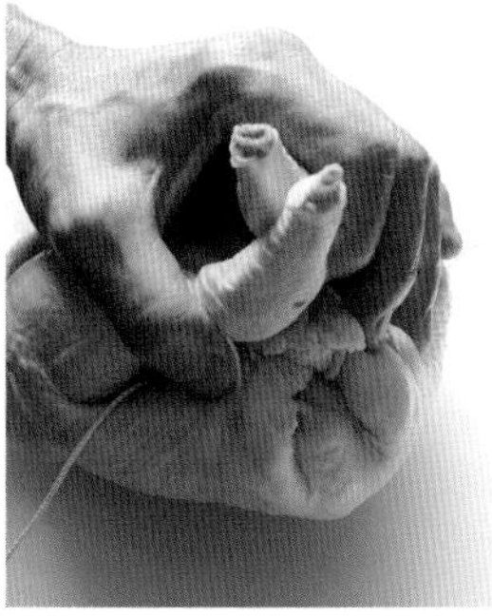

8

おしりの皮を中に詰め込む。焼いたときに旨味のジュースが出ないようにする。

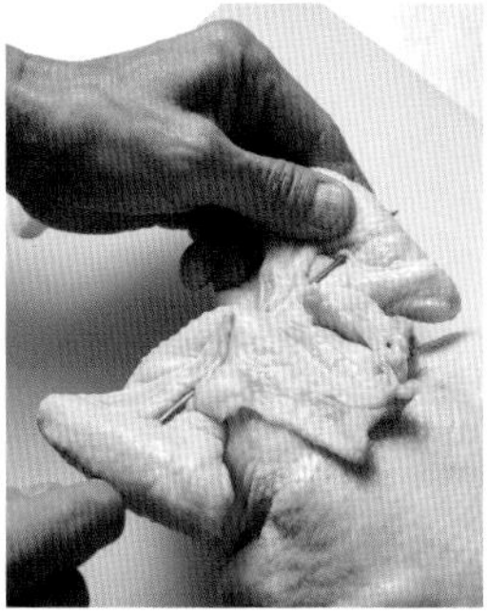

9

裏返し、左手羽に針を刺し、手羽先、首の皮と背の皮を一緒に、右手羽先、手羽と刺し、針を抜く。たこ糸の残っている長さにより、逆側から刺してもよい。

Poulet rôti

プレ・ロティ

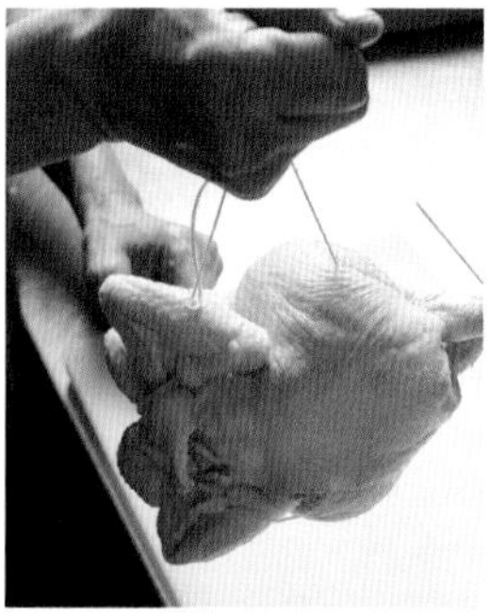

10

足、手から出ているたこ糸を持ち、自重で締める。無理に締めると破れるので注意。

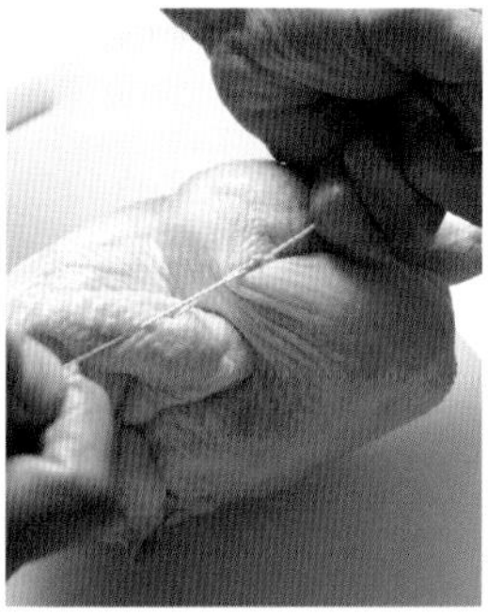

11

たこ糸は2回からげて結び、ほどけないようにする。結び目は肉の上にくるようにする。空間で結ぶと緩む。

12

鶏は全面に湯をかけ、バットに置いて自然に乾かす。湯をかけるのは皮を張らせ、焼きムラをなくすため。通常はここで塩をするが、塩も焼きムラの原因になるのでしない。

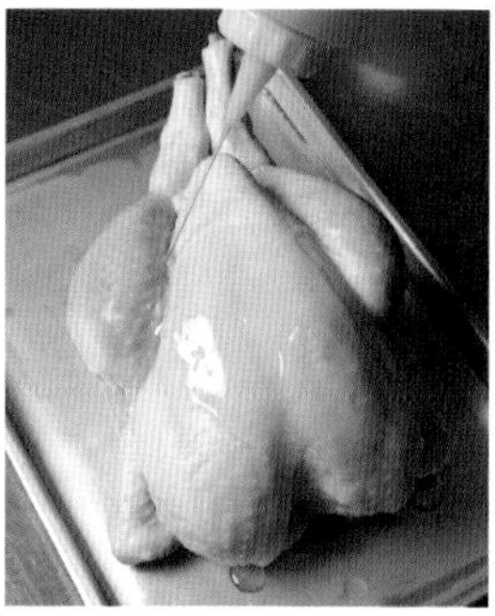

13

オリーブ油をかけ、全体に塗り広げて馴染ませる。オーブンペーパーを敷いた天板に鶏をのせ、230℃のオーブンで10分焼く。焼き始めの温度が低いとジュースが出てしまうので、200℃以上は必須。

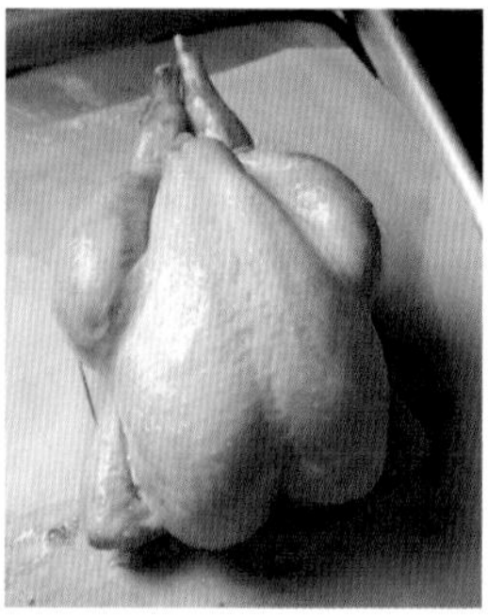

14

10分焼いたら向きを変え、200℃で35分焼く。鶏から出たジュースをかけながら焼く方法もあるが、表面にムラができ、汚くなるのでしない。表面が乾いたら油を塗る。

15

鶏が焼けたら、ソースを作る。天板に水少量を入れて火にかけ、旨味をこそげ取る。これをデグラッセという。鍋に移す。

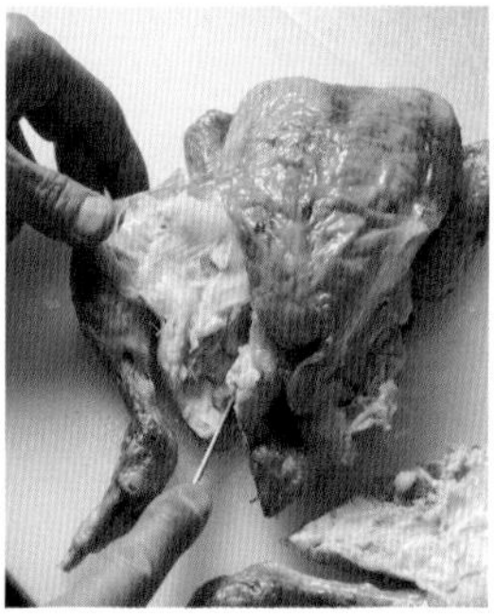

16

鶏を切り分ける。たこ糸を取る。ももの内側に包丁を入れて開き、骨盤の横からまっすぐ包丁を下ろし、足を切る。

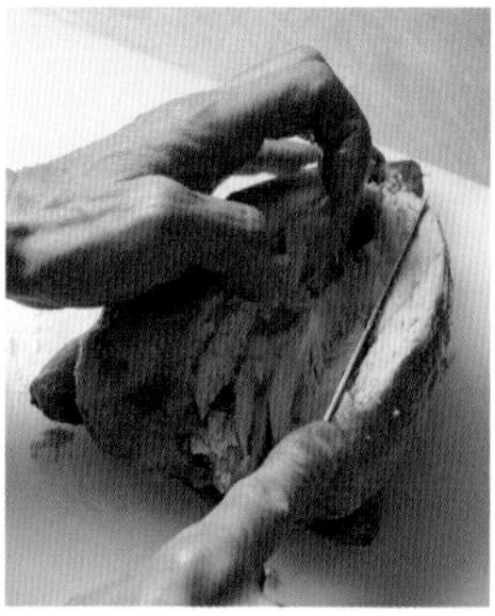

17

胸骨の両側に切り込みを入れ、手羽先の上にも側面から切り込みを入れておき、胸肉をささ身ごと切る。

18

肩から包丁を入れ、手羽を切る。足、胸肉、手羽はプレ・ロティとしていただく身。残りはソースに使う。

19

鶏を切り分けた残りはざっとほぐし、骨ごと*15*に加える。水200mlを加え、中火で10 ～ 15分煮る。

20

沸騰しているところにバターを加え、乳化させる。濁るのは乳化した証拠。塩を加えて混ぜる。鶏に塩をしていないので、塩加減は強め。

21

2つのシノワの間にペーパータオルを挟み、漉す。好みのとろみがつくまで煮詰める。

Pigeon rôti

丸鳩のロースト

丸鳩のロースト　Pigeon rôti

僕はどんな料理でも、皿に盛りつけた状態を想像します。鳩ならば身は同じ色であってほしい。そして皮を色濃く仕上げたい。そのために、まず表面の皮のみを焼きます。肉に火を入れず、深い焼き色をつけるためには強火を使いますが、煙が立って燻し臭がついてしまう。それを取り除くのがバターです。うっすらとノワゼットにして鳩を泳がせ、バターの泡で洗う。すると鳩にはナッツ香がつきます。肉には穏やかに火が入る。このときでさえ僕の感覚では肉に火を通す目的ではありません。もちろんフライパンの中でも火の入り具合を確かめます。手羽の上を押さえます。一番身の厚い部分ですから、基準にするのは理の当然。そこを押して弾力があれば火が入っている証拠です。最終的にどこで火を入れるかというと、ルポゼ。焼いた鳩を落ち着かせる段階でゆっくりと完成させます。切り分けてみての判断で、あるいは焼いてから供するまでの時間の配分で、サラマンドルで熱を加える場合もあります。

材料（作りやすい分量／２人分）

丸鳩 …… 1羽（300g）
サラダ油 …… 適量
バター …… 30g

【盛りつけ】

鳩用の赤ワインソース（p.99）…… 1羽50ml
黒トリュフ（薄切り）…… 適量
ポム・スフレ※1 …… 適量

※1＝じゃがいもはすべて3mm厚さの楕円形に切り揃え、水にさらさずでんぷん質を残す。160℃の油で鍋をゆすりながら揚げ、膨らんだら取り出し、180℃の油で２度揚げし、膨らみを固定する。

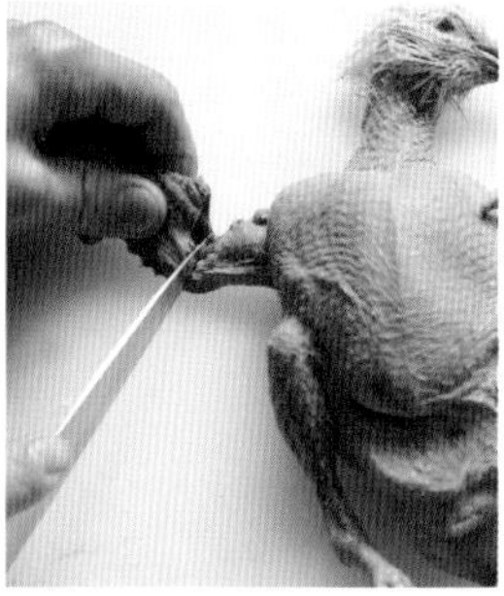

1

鳩は頭、手羽を切り落とし、鶏の要領で首づるを取る（p.95）。

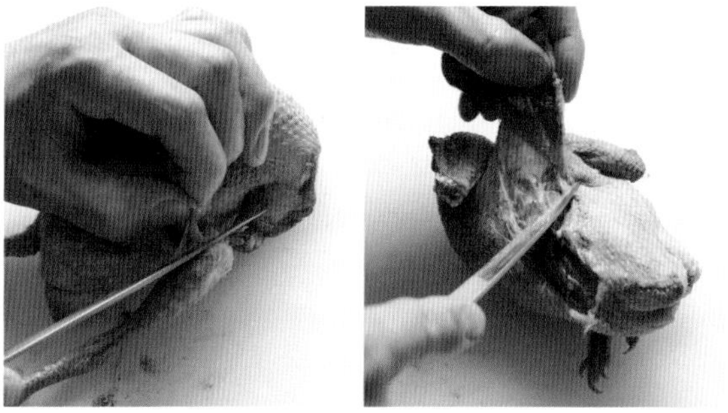

2

ももを外す。胸肉に皮を残したいので、ももの皮を胴側に引っ張って関節に包丁を入れる。背骨に沿って切り、ももを外す。

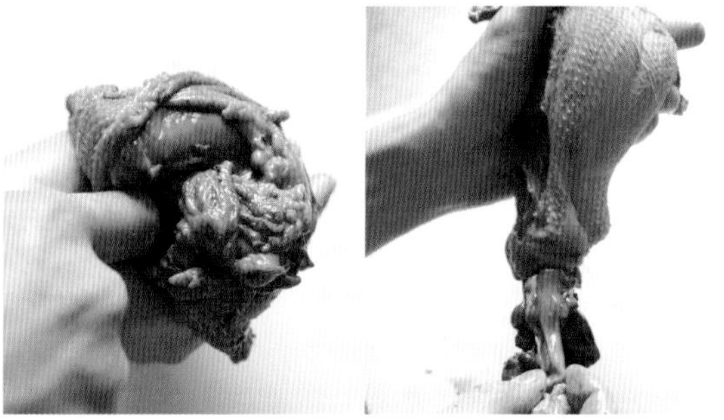

3

肛門に切り込みを入れる。首の皮をめくり、食道と首のまわりの膜を切り、内臓の首側を離す。首から背骨に沿って指を入れ、内臓のまわりのスジを外す。肛門から内臓を引っ張り出す。

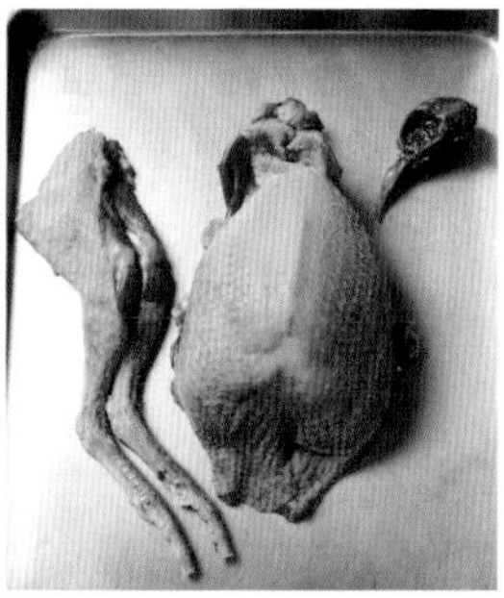

4

足は中指を残して指を切り、中指の爪を切る。胴は鶏の要領で鎖骨を取る（p.95）。頭は皮と目を取り、脳みそは残す。

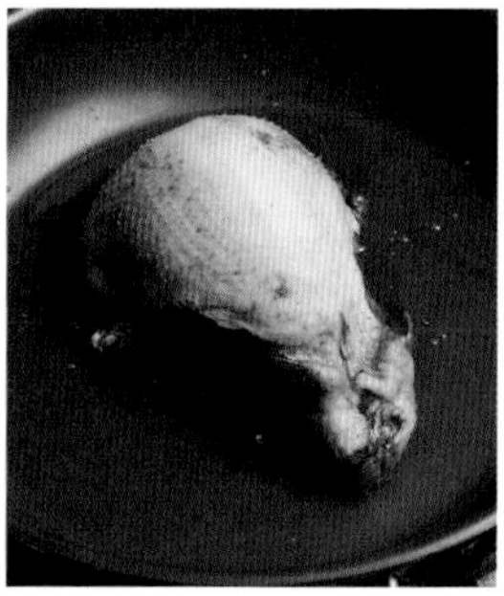

5

フライパンにサラダ油15ml、胴を胸を上にして入れ、中火で背骨側を焼く。湯をかけると皮が縮んで背骨が曲がってしまうので、まっすぐに仕上げるために背骨側だけ先に焼いておく。

6

肉の下に常に油がある状態で、油が汚れたら捨て、新しい油を足して焼く。深い焼き色がつき、押して弾力が出るまで焼く。

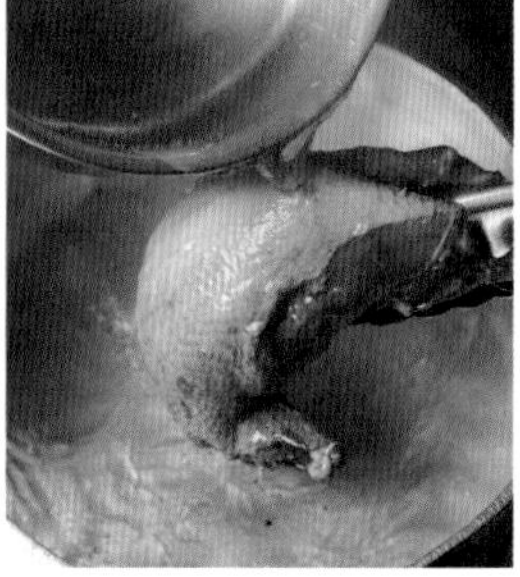

7

胴に湯をかけ、バットに置いて自然に乾かす。湯をかけるのは皮を張らせ、焼きムラをなくすため。

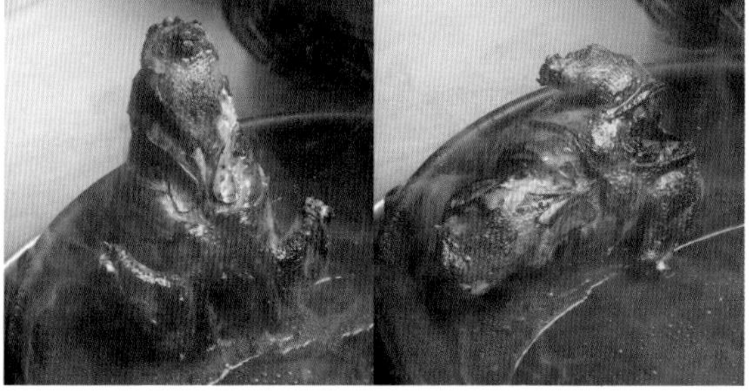

8

フライパンにサラダ油15ml、7をおしりを下にして入れ、強火でおしり、両脇、首元、胸の順に焼く。ここは焼き色をつけるのが目的（リソレ）。肉の下に油がある状態を保ち、フライパンの側面を利用し、高温で焼く。油が少ないと鳩との接点が少なくなり焼きムラができるので、油は多めにする。深く焼き色をつけたいときも、油は多めにする。油が汚れたら捨て、新しい油を足す。押して弾力が出ていたら、次の面を焼く。

9

全面にがっつり焼き色がついたら、いったん取り出す。

10

フライパンをきれいにし、バター15gを加え、ブール・ノワゼットを作る(p.190)。鳩を入れて弱火にし、全面を「バターで洗う」。ムース状のバターで洗うことで肉が硬くならず、穏やかに火が入る。また、油で焼いた燻し臭を洗い、バターの風味がつく。バットに移し、温かい場所で20分ほど休ませる（ルポゼ）。加熱した肉は内部でジュースが膨張して沸き立っている状態。休ませてジュースを肉の中に戻す。フライパンにサラダ油10ml、足を身を下にして入れ、弱めの中火で焼く。身から焼くのは皮の縮み、焼きムラを防ぐため。油は常に肉の下にある状態。薄い焼き色がついたら裏返す。

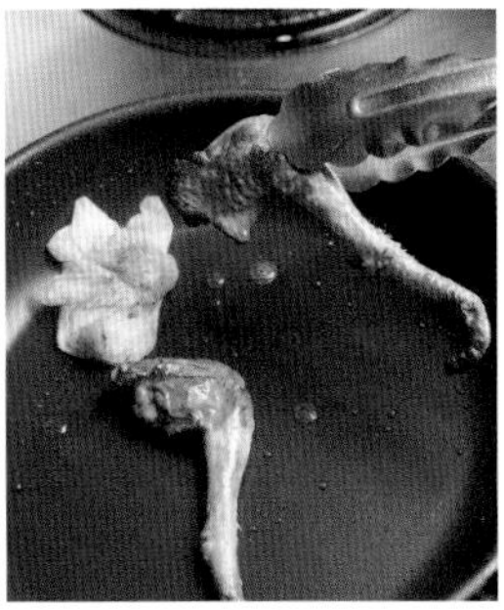

11

鳩のももはレアで食べることはないので、しっかり火を入れる。汚れた油は拭き、新しい油を足す。美味しそうな焼き色がつくまで焼く。

12

フライパンをきれいにし、バター15gを加え、ブール・ノワゼットを作り、足をバターで洗う。頭を加え、穏やかに火を入れながら、バターの風味をつける。頭は首の骨が盛り上がってきたら、火が入った証拠。

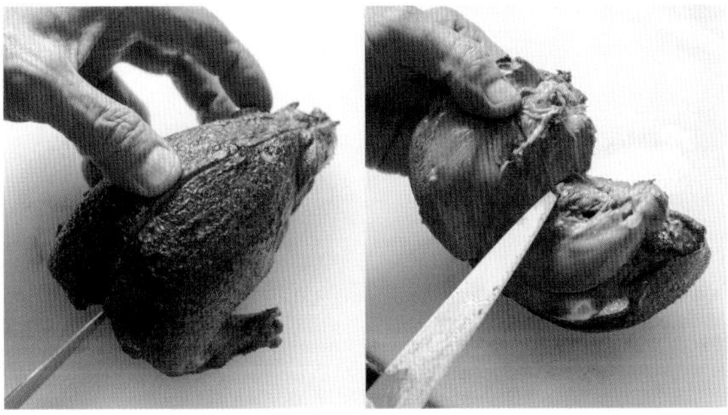

13

鳩を切り分ける。胸骨の両側に切り込みを入れ、ささ身をつけたまま胸肉を開き、手羽の関節に包丁を入れ、そのまま肩甲骨に沿って筋膜を切り、胸肉を切り分ける。

14

ささ身は手側に向かって包丁を入れ、胸骨のスジを切って、外す。胸肉は手のつけ根に包丁を入れ、少しずつ切り、手羽を取り除く。

15

胸肉は薄い皮、スジを取る。抱き身のキワに切り込みを入れ、スジを取り、抱き身を戻す。ささ身に包丁を沿わせてしごき、スジを取る。

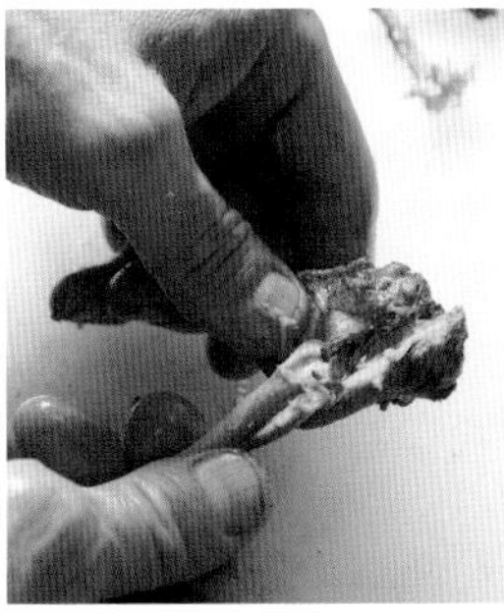

16

足はももの肉がついている部分の骨を取る。骨の両脇に切り込みを入れ、骨を関節から取る。

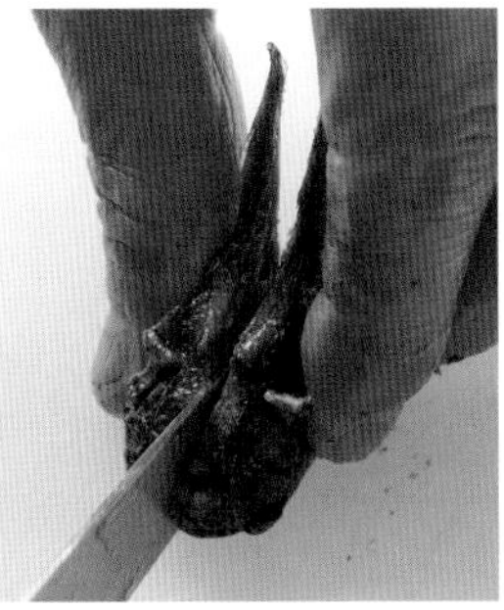

17

頭は口ばしを左右に半分に切り、その延長線上で頭も半分に切る。

鳩用の赤ワインソース

材料（1羽分／約50ml）

赤ワイン …… 30ml
コニャック …… 15ml
鳩のフォン（p.130）
…… 300ml

1 鍋に赤ワインを入れて強火にかけ、ミロワールにする（ツヤととろみが出るまで煮詰める）。コニャック、鳩のフォンを加え、1/6量になるまで充分に煮詰めて濃度をつける。

Carré d'agneau rôti

キャレ・ダニョーのロティ

脂をいかに深く焼けるかが、キャレ・ダニョーの焼きの要。生っぽい脂、焼きの甘い脂ほど残念なものはありませんよね？　脂にどれだけ火を入れられるかは、脂をどれだけ出せるか、と同義です。ですから、作り方のほとんどの工程がポイントになります。まずは脂を焼くことに集中してください。骨はアロゼ、肉は脂を出しきってから焼く。それだけ守っていただければ、必ず美味しいキャレ・ダニョーが待っています。並行して作るソースも絶品ですが、実はソースのありなし、どちらも美味しい。追ってソースを使ってみてください。また、心躍るプレゼンテーションも提案していますので、余裕があればぜひ！

Chronique
du **c**hef

プレゼンテーション

鍋に牧草を入れて火をつけたところに、焼き上げたキャレ・ダニョーを入れます。焼けた牧草の香りを纏ったキャレ・ダニョーはなんとも魅惑的！　牧草はあっという間に燃え尽きますから、肉が焼けすぎることはありません。ほんのり焦げる部分ができる程度ですが、そこもまた美味しい。鍋のまま供してもいいですし、環境が許すなら、テーブルで炎の演出をするのも素敵です。その後は骨と骨の間から切り分けて、銘々の皿へ。

材料（作りやすい分量）

子羊骨つきかたまり肉 …… 800g
塩 …… 4g
鶏ガラスープの素
（顆粒）…… 1g
ブール・ノワゼット
（p.190）…… 10g

【盛りつけ】
グラタン・ドゥフィノワ
（p.102）…… 適量

1
羊は焼くときに肉汁が出ないように、背骨を先に切る。背骨とロースの間に包丁を入れ、あばら骨の凹凸に沿って背骨を取る。背骨はソースに使うので適当な大きさに切り、残しておく。

2
太いスジ、あばら骨の間の薄膜、スジを取る。

3
外側のピンク色の薄皮を取る。この薄皮はスジなので、取り除くことで脂身が表面に出て、焼きやすくなる。

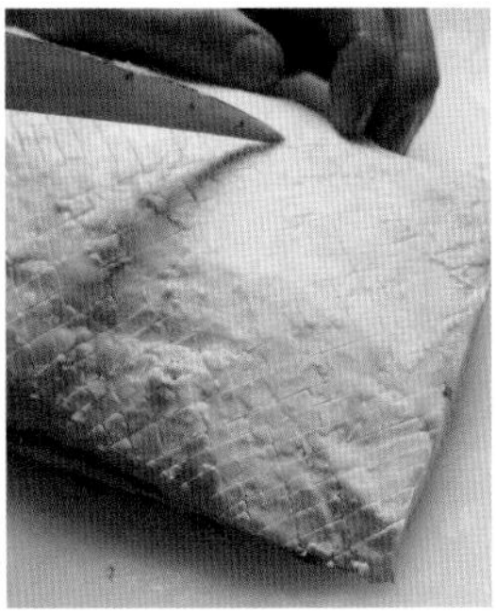

4
余分な脂を切り落として脂の厚みを均等にし、焼くときに脂を出やすくするために格子に切り込みを入れる。

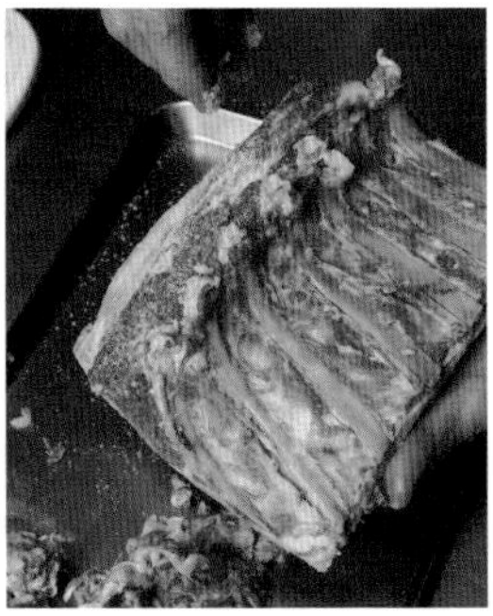

5
塩をふる。皮からは浸透しにくいので、身とあばら骨の間にしっかりふる。表面が濡れてくるまで1時間ほどおく（右記）。

谷昇の仕事

塩をして時間をおく

塩をして時間をおくことで肉のジュースが出てくるが、味に影響するほどの差はない。それよりも塩を中まで浸透させ、肉に味をつけることが重要。焼く直前に塩をふると焼く際に塩が落ちて焦げ、その焦げ臭を肉が纏うことになる。塩を浸透させると同時に、肉の中心と表面の温度差をなくすことも重要。焼きムラなどの失敗を防ぐことができる。表面がうっすら濡れてくるのが塩が中まで浸透した合図。暑い時期なら冷蔵庫に入れるが、焼く前には室温にもどしておく。種類の異なる肉でも理由は同じ。

キャレ・ダニョーのロティ

6

フライパンに羊を脂を下にして入れ、弱めの中火で焼く。脂が出てきたらかけながら焼く。羊の曲線部分はフライパンの側面を利用して焼く。

7

突起や凹凸はフライパンでは焼けないので、サラマンドルで火入れの補足をするが、厚みのある部分は重点的に脂をかけて火を入れる。

8

美味しそうな焼き色がついたら、いったん脂を取り除く。脂の上澄みを使うので捨てない。

9

フライパンに脂の上澄み、羊、*1*の背骨を入れ、弱めの中火で焼く。背骨はソースを作るための下準備。

10

肉はロゼに仕上げたいので、押して血が出る焼き加減で問題ない。焼けていると弾力がある。へこむのは火の入りが足りない証拠。

11

フライパンをきれいにし、中火で表面に見える肉の部分をさっと焼く。フライパンの側面を利用してできる限り曲線部分も焼く。脂が多すぎると揚げ焼きになってしまい、肉が硬くなる。少しの脂で柔らかく焼き上げる。

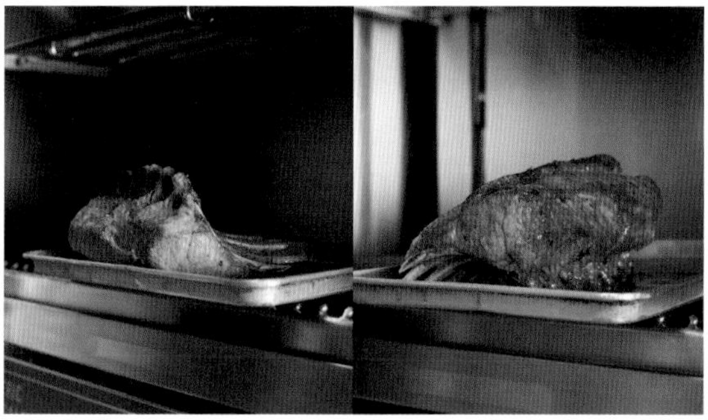

12

羊をバットに移し、サラマンドルであばら骨側を焼く。あばら骨の間にも火を入れるのが目的。焼き色がついたら、裏返し、厚みのあるほうを奥に、上火が当たるようにして焼く。サラマンドルは焼き色をつけるための上火だけのオーブン。火を入れたい面を上にする。

13

ソースを作る。背骨にかぶるくらいの水を加え、強めの中火で1時間ほどグツグツ煮る。水が減ったら足す。鶏ガラスープの素を加え、溶かす。ブール・ノワゼットを加え、混ぜる。2つのシノワの間にペーパータオルを挟み、漉す。

グラタン・ドゥフィノワ

材料（作りやすい分量）

じゃがいも（5mm厚さ）…… 500g
にんにく …… 1かけ
バター …… 10g
塩 …… 5g
生クリーム …… 100ml
牛乳 …… 100ml

1 にんにくは半分に切り、グラタン皿全体にこすりつける。バターも全体に塗る。

2 じゃがいもを少しずつずらしながら並べ、塩をふり、生クリームと牛乳を注ぐ。これを3回くり返し、じゃがいもが出ないように液体の量を調整する。

3 150℃のオーブンで1時間焼く。途中、水分がなくなったら生クリームと牛乳を注ぐ。

Gratin de suprême de volaille

鶏胸肉のグラタン

Gratin de suprême de volaille

鶏胸肉のグラタン

グラタンとは焼き色。ソースも含めて、皿の上でもグラタン皿の中でも、焼き色がついていること、表面を焦がすように調理することを、フランス料理ではグラタンと呼びます。ひとつ約束ごとは、焼き色は上火でつけたもの。サラマンドルがない場合はオーブンを使います。ですから僕のこの料理も一見、どのジャンルだろうか？と思われるかもしれませんが、明快にグラタンです。ソースの「シュプレーム」は、「最高の」「崇高な」の意味。手を加えた上等なソースを指します。レシピは「バターと小麦粉で作ったルーに生クリームを加え煮詰め、バター、レモン汁を加えたとろみのあるソース」など諸説ありますが、なるほど上等なことに間違いありません。つけ合わせはご飯のほかに、パスタやバゲットもよく合います。

材料（1人分）

鶏胸肉 …… 1枚（250g）
塩 …… 2g
オリーブ油 …… 5ml
黒こしょう …… 適量

【ソース・シュプレーム】

A | 白湯（p.129）…… 120g
　| 生クリーム …… 40g
　| 黒トリュフ（みじん切り）…… 10g

ソース・オランデーズ（p.105）…… 30ml

【盛りつけ】

炊いた白米 …… 適量
黒こしょう …… 適量

1

鶏肉は身に塩をふって軽く馴染ませ、室温に30分おく（p.101）。フライパンにオリーブ油、鶏肉は皮を下にして入れ、弱火で焼く。肉の下に油がある状態を保つ。表面が乾くのを防ぐ程度に油をかける。

2

美味しそうな焼き色がついたら、火を強め、皮をより香ばしく焼く。アロゼ（表面に油をかけながら焼くこと）はせず、皮をカリッと焼くことに徹する。

3

香ばしく焼けたら、フライパンを火から外し、余分な油を拭く。

4

鶏肉を裏返し、余熱で身を2～3分焼く。皮にこしょうをふり、火を強めて裏返し、こしょうの香りを立たせるために皮側を焼く。身に火を入れすぎないように、強い火加減でごく一瞬焼く。

5

ソース・シュプレームを作る。鍋にAを入れ、中火にかける。2/3量になるまで煮詰めたら、鍋を火から外し、オランデーズを加え、泡立て器でよく混ぜる。加える液体が温かくないとオランデーズがきれいに混ざらないが、火を入れると卵の作用で固まってしまうのでタイミングに注意する。

6

鶏肉は皮を下にして1.5cm幅のそぎ切りにし、皿に並べる。ソース・シュプレームをかけ、サラマンドルで焼き色がつくまで焼く。

ソース・オランデーズ

材料
(作りやすい分量／
でき上がり約100g)

バター …… 80g
卵黄 …… 2個
水 …… 15g
レモンの絞り汁 …… 3ml

1

鍋にバターを入れて強火にかけ、鍋を回しながらバターを溶かす。ブール・ノワゼットを使うオランデーズもあるが、白く仕上げるので焦がさない。

2

ステンレス製のボウルに卵黄、水を入れ、泡立て器で混ぜる。8の字を書くように泡立て器を動かし、空気を含ませ、細かい泡を立てる。

3

*2*を70℃の湯せんにかけ、弱火で絶えず混ぜ続ける。ボウルの底が湯につくとそこから固まるので、蒸気で温める。熱すぎると分離してしまう。泡がキメ細かくなったら少しだけ火を強める。

4

泡立て器の跡がうっすら残るくらいのとろみがつくまで混ぜる。

5

溶かしたバターを少しずつ加え、空気を含ませながら混ぜる。バターの乳しょうはコクが出て味のポイントになるので、残さず加える。

6

とろりとしてきたらシノワで漉す。すくって落としたとき、リボン状に跡が残るくらいだと硬すぎ。

7

レモンの絞り汁を加え、混ぜる。本来はここで塩をするが、ほかの素材と合わせるので、このレシピで塩はなし。

谷昇の哲学

méthodologie du chef

～受け継ぐもの～ フランス料理のソース

フランス料理はソースのない時代になってきている。このことを僕たち世代の料理人は訝しく感じています。時代の嗜好に合わせて変化、革命することも必至です。僕たちにとっての古典、「料理の王にして王の料理人」と謳われたオーギュスト・エスコフィエでさえ、「19世紀の偉大な改革者」と呼ばれているほどですから。ソースに関して言えば、エスコフィエはカレームによって確立された画一的な風味を、主素材の個性を生かす方向へと転換させています。以降も新時代の料理人たちによってソースは進化を遂げていきます。80年代、濃厚なソースは量を控えられ、90年代後半にはエキュム（泡）へと変化。時を経ても揺るがないのは、ソースはフランス料理の骨格であるということ。そして伝承すべきものであるということ。ソースがどういう風味なのかは、自分の舌に植えつけた人にしかわからない。一度断ち切られたソース、感覚は再生不可になる。次世代へのバトンタッチができない、と僕は考えます。僕には自分に定めた誓いがあります。「必ずすべての皿にソースをつけること」。伝統回帰とは言いません。独創性も大切ですし、まだまだ新しいことにも挑戦したいですから！　それでもフランス料理、ソースという文化を受け継ぐことは、僕たち料理人が重きをおくことだと銘じています。

Steak tartare

ステーク・タルタル

この料理は、モンゴル帝国の遊牧民、タタール人に由来します。乗用だけでなく食用としても利用されていた馬は、スジが多く食べにくい。それを細かく切って柔らかくしてから食べたという方法が現代に残りました。牛肉を用い、香味材料を加えるようになったのはヨーロッパ人の才知です。

ステーク・タルタルは、フランス人が唯一生卵を食べる料理です。日本で生の牛肉を提供するのは難しくなりましたが、生食は習慣として根づいています。それはフランスでも同様ですが、卵だけは否。生卵を避ける人々、だけれどもタルタルは文化的に馴染み深い一皿であるという稀有な存在です。

今回は賑やかなプレゼンテーションを試みました。好みの香味材料を皿の中で自由に混ぜて食べる。美味しさは食べ手の裁量に委ねられるわけです。挑戦的で気ままなこのスタイルを、どうぞお楽しみください。

牛ロース肉の断面

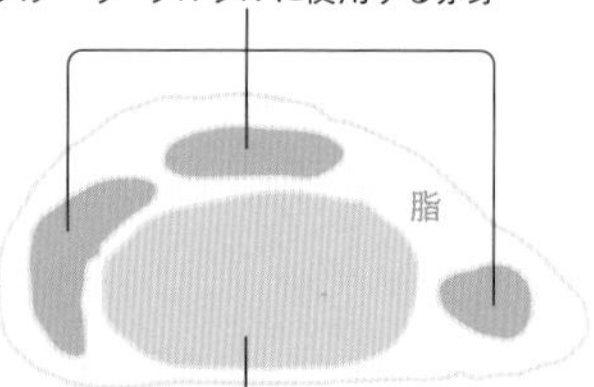

a

b

材料（2人分）

牛ロース肉 …… 230g

A | 醤油 …… 2g
  | 塩 …… 1g
  | 黒こしょう …… 適量

卵黄 …… 1人1個

【香味材料】

コルニッション（みじん切り）…… 6g
ケイパー（塩抜きしてみじん切り）…… 6g
イタリアンパセリ（みじん切り）…… 4g
玉ねぎ（みじん切りにして水にさらす）…… 6g
にんにく（みじん切り）…… 2g
ディジョンマスタード …… 適量
タバスコ …… 適量
オリーブ油 …… 適量

1 牛肉はイラストのように赤身と脂に分け、使用する小さな赤身部分のまわりのスジを取り、冷凍する。冷凍するのは切りやすさのほかに、脂の旨味と食感を保つ目的がある。脂は旨味なので、溶けると肉の旨味が落ちてしまうことになる。

2 牛肉は2〜3mm角に切る。最初は繊維を断つように薄切りにすると（**a**）、角切りにした肉がくっつきにくくなる。

3 ボウルに*2*を入れ、**A**を加えて混ぜる（**b**）。練ると肉が結着してしまうので、切るように混ぜる。

4 直径9cmのセルクルを使って皿に盛り、卵の殻を置いて溶いた卵黄を入れる。香味材料を添える。

Steak tartare en bitok

ビトック風、焼きステーク・タルタル

ステーク・タルタルのアレンジ料理です。ビトックはフランス料理のハンバーグのこと。通常、僕のハンバーグの作り方はパン粉などのつなぎを使わず、ひき肉の粘りを出すことで「つなぐ」のですが、香味材料を混ぜ込んだステーク・タルタルにそれは望めません。ゆるめのタネは整形もままならないので、フライパンの中で形を整えながら焼きます。でも、だからこそいつものハンバーグとは異なる、ほろりと崩れる柔らかな美味しさが楽しめます。味つけもされているわけですから、風味も抜群です。ただし、味つけのバランスはタルタル同様、食べ手のセンス次第です。

材料（1人分）

ステーク・タルタル（p.106）…… 1人分
オリーブ油 …… 適量
黒こしょう …… 適量

1 ステーク・タルタルは好みの香味材料を混ぜ、ひとまとまりになるまで混ぜる（**a**）。

2 フライパンを熱してオリーブ油を入れ、*1* を落とす（**b**）。形を整え（**c**）、強火で焼き色がつくまで焼く。裏返し、同様に焼く。器に盛り、こしょうをふる。

a

b

c

Croustades

クリュスタッド

Croustades

クリュスタッド

クリュスタッドは、フランス全土における家庭料理でありながら、日本ではあまり知られていない料理です。どんなものか僕なりに説明すると、中央に穴のあいたパイ生地（フィユタージュ）にソースをからめた具を詰めたヴォロヴァンがありますが、そこに蓋をしたようなもの。あるいは、パイ生地にテリーヌと同様のものを詰めて焼いたパテ・アン・クルートの、その中身にあらかじめ火を通したもの。クリュスタッドの定義は唯一、「パイ生地の中に入れる具に火が通っていること」です。中身は肉でも野菜でもいいんです。例えばアルザスの家庭では、シュークルートを詰めて焼いていました。今回は中身に、鶏と豚と野菜の煮込みを選びました。これは煮込み料理としても立派に美味しい一品ですから、煮込みとクリュスタッドと両方をお楽しみください。

材料（直径15cmのボウル1台分）

【煮込み】

鶏もも肉 …… 400g
豚肩ロース肉 …… 600g
塩 …… 6g（鶏2g、豚4g）
セップ茸 …… 130g
シャンピニョン …… 130g
にんにく …… 4かけ（36g）
玉ねぎ …… 1個（200g）
じゃがいも …… 2個（230g）
オリーブ（緑・黒）…… 各20粒
サラダ油 …… 65ml
黒こしょう …… 適量

フィユタージュ（p.191）
…… 500g
溶き卵（卵黄）…… 適量
ブール・ノワゼット（p.190）
…… 適量

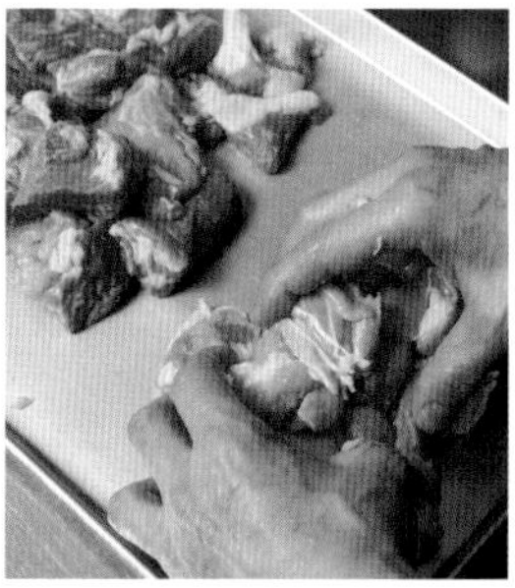

1

煮込みを作る。鶏肉、豚肉はぶつ切りにする。それぞれに塩をふり、別々にもみ込み、室温に20～30分おく（p.101）。肉質に合わせてもみ込む力加減を調整する。鶏肉は皮がはがれるので軽め、豚肉は強めに。

2

セップ茸は汚れを取り（p.121）、小さめの一口大、シャンピニョン、にんにくは4等分、玉ねぎはくし形、じゃがいもは皮つきのまま小さめの乱切りにする。

3

フライパンにサラダ油15ml、豚肉を入れ、中火で焼く。上下を返しながら、全面を色づけるように焼く。

4

別のフライパンにサラダ油50ml、じゃがいもを入れ、中火にかける。上下を返しながら、揚げ焼きにする。多めの油で揚げ焼きにするのは表面を固めるため。

5

豚肉に美味しそうな焼き色がついたら、鶏肉を皮を下にして加える。皮にうっすらと焼き色がついたら、にんにくを加える。

6

じゃがいもが美味しそうに色づき、表面が固くなったら、ざるに上げて油をきる。しっかり色づけ固く焼くのは、煮込むときに煮崩れしないように。

7

鶏肉にも深く焼き色がついたら、ざるに上げて油をきる。この油はきのこ類を炒めるのに使うので、とっておく。肉はざるに上げたままだと、旨味まで落ちていくので、鍋に戻す。

8

フライパンに7の油5mlを入れて中火で熱し、セップ茸、シャンピニョンを加え、炒め合わせる。あっという間に油を吸うので、途中で油5mlを2回ほど足す。深い焼き色がついたら、肉の鍋に加える。

9

フライパンに7の油20ml、玉ねぎを入れ、中火で炒める。しんなりしたら肉の鍋に加える。

10

水1ℓ、2種のオリーブを加え、強火にかける。沸騰したらアクを取り、弱火にして蓋をし、1時間煮込む。蓋をしたまま冷まし、余熱でやさしく火を入れる。

11

1時間煮込んだ状態。指で押すとグスッと崩れる柔らかさが理想。これは煮込みでありながら、パイ料理の具でもあるので、柔らかくなければいけない。

12

冷めたらざるで漉す。煮汁はフライパンで1/4量になるまで煮詰める。

13

具を加え、強火で煮汁をからめる。じゃがいも、こしょうを加え、炒め合わせる。

14

パイ料理に水分は不向き。水気がなくなるまで、フライパンをあおって炒め合わせる。バットに移して冷ます。

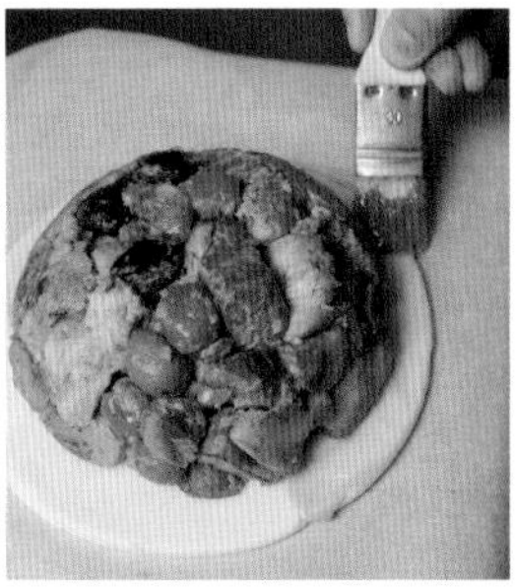

15

台になるフィユタージュは6mm厚さにのばし、直径18cmに切る。直径15cmのボウルに煮込みを入れて形作り、裏返してフィユタージュにのせ、縁に接着用の溶き卵を塗る。煮込みは約500g。

16

かぶせるフィユタージュは4mm厚さで、台よりひとまわり大きく、具の高さ分も考慮し、のばす。*15*にかぶせ、直径15cmのセルクルで具のまわりを押さえて密着させ、直径18cmのセルクルで台と同じサイズに抜く。

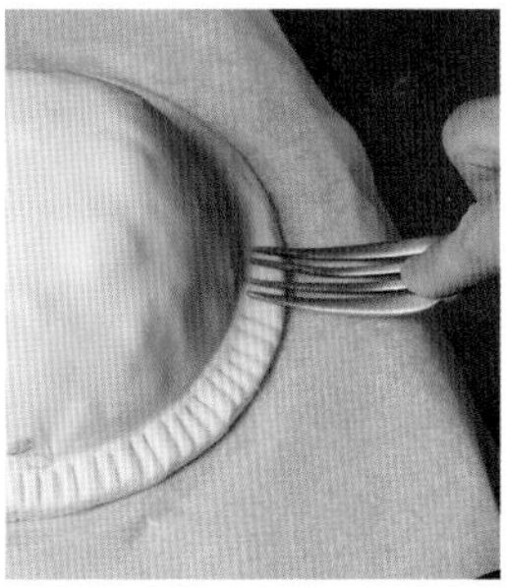

17

フォークの背で縁を押さえ、密着させる。

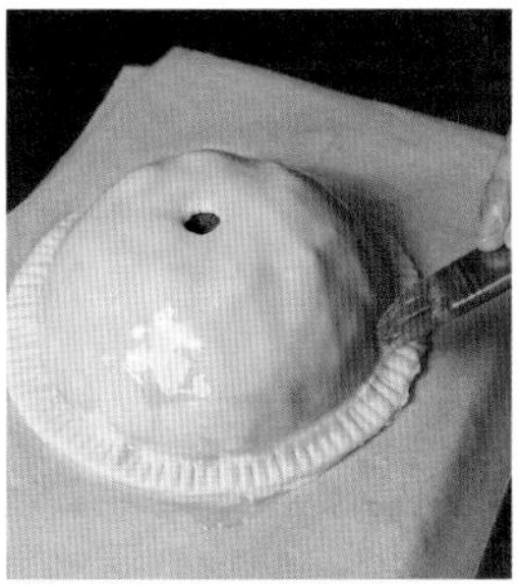

18

てっぺんに直径1cmの穴をあけ、全面に溶き卵を塗る。穴は空気を抜くため。火を入れると中身が膨張するので、生地が破れるのを防ぐ。穴が小さすぎると意味がないので注意。冷蔵庫で30分ほど休ませ、生地を締め、乾燥させる。

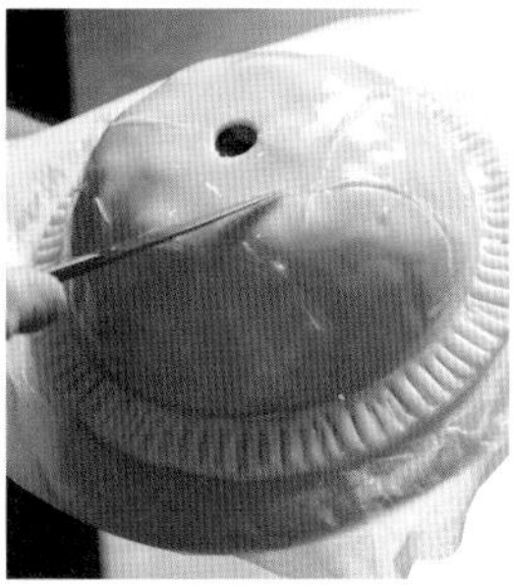

19

溶き卵を2度塗りする。2度塗ることで焼き上がりが色濃く美しくなる。表面にナイフで模様をつける。生地の表面のみ、具までナイフを入れないようにする。

20

フィユタージュは直径3cmに切り、中心に直径1cmの穴をあけ、てっぺんにのせる。アルミ箔で直径1×高さ3〜4cmの円柱を作り、穴に挿す。フィユタージュは飾り、アルミ箔は空気を抜きやすくするため。200℃のオーブンで6分、反転させ、180℃で30分、さらに220℃で6分焼く。

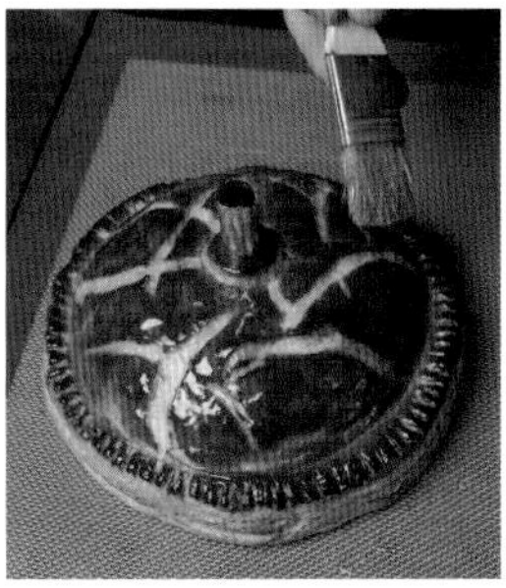

21

熱いうちにブール・ノワゼットを全面に塗り、ツヤと香りをつける。アルミ箔を取る。

Bœuf au vinaigre de xérès

牛肉のシェリーヴィネガー煮込み

師匠のアンドレ・パッション氏の好物で、僕がパッション氏のためによく作った一品です。
フランス料理で煮込みはラグーですが、ソテが煮込みのジャンルに入る場合があります。焼きと煮込みの中間。煮汁はないけれど、煮込み特有のコクがある。そのイメージでこの料理を作りました。短時間の調理でコクを実現させるのは、シェリーヴィネガー。素材を焼いて熱したところに、じゃっと加えて瞬間的に酸味を除く。ヴィネガーはアミノ酸が多いので、さっとでも煮込むことで主素材にコクももたせます。
肉はほかにも、薄切りなら全般に応用できます。ヴィネガーも好みで構いませんが、白ワインは酸っぱいだけに仕上がるのでいただけません。ポリフェノールの効果で濃い深みが出る赤ワインがお薦め。でも僕ならば断然、独特の熟成香と旨味、甘味を兼ね備えたシェリーです。

シェリーヴィネガー

シェリー酒を樽の中で熟成させて造った酢。濃い褐色で、濃厚な味わいと芳香がある。シェリー酒とは白ワインの一種で、ブランデーなどを加えてアルコール度数を高めた酒精強化ワインのこと。

材料（1人分）

牛切り落とし肉 …… 350g
塩 …… 3g
オリーブ油 …… 20g
玉ねぎ（細めのくし形切り）
…… 1個（130g）
にんにく（薄切り）
…… 2かけ（10g）
黒こしょう …… 適量
シェリーヴィネガー …… 50ml
イタリアンパセリ
（みじん切り）…… 適量

1
牛肉は食べやすい長さに切り、ボウルに入れる。塩を加え、ほぐしながら馴染ませる。

2
オリーブ油10gを加え、1枚1枚にオリーブ油を染み込ませるようにもみ込みつつ、ほぐす。

3
フライパンにオリーブ油10g、玉ねぎ、にんにくを入れ、強火で焦がさないように炒める。

4
にんにくの香りが立ち、玉ねぎを食べてみて好みのシャリ感になったら、牛肉を加える。

5
牛肉をほぐしながら焼きつけ、上下を返して混ぜる、をくり返す。混ぜすぎずに、止まって焼き色をつける。牛肉の色が変わるまで火を入れる必要はない。

6
牛肉は生のピンク色が残っている段階で、こしょうをふる。

7
シェリーヴィネガーを一気に加え、水分をとばし、イタリアンパセリを加えひと混ぜする。

Baeckeoffe

ベッコフ

アルザス地方では「月曜日の料理」といわれています。日曜日の主婦は忙しいので、月曜は決まってベッコフ。主婦たちは鍋に肉とじゃがいもと玉ねぎを詰めてパン屋へ持って行き、パン生地の残りで蓋をして、火を落としたあとの竈の余熱で煮てもらっていました。フランス北東部に位置するアルザス地方にはフランス語、ドイツ語、アルザス語の3つの言語があり、ベッコフはアルザス語で「パン屋の竈」を意味します。

材料（作りやすい分量）

豚すね肉 …… 700g
塩（豚すね肉用）…… 70g
豚肩ロース肉 …… 1kg
羊肩ロース肉 …… 400g
A ポワロー（薄切り）…… 100g
　玉ねぎ（薄切り）…… 100g
　にんにく（薄切り）…… 20g
　ローリエ …… 4枚
白ワイン …… 800ml

塩 …… 適量
黒こしょう …… 適量
じゃがいも（5mm厚さ）…… 1kg
玉ねぎ（薄切り）…… 2個（400g）

パン生地※1 …… 160g

※1＝強力粉・薄力粉各75g、水90g、塩1gを合わせて練る。

1
豚すね肉は塩をもみ込み、冷蔵庫で1週間マリネする。

2
豚肩ロース、羊肩ロースは3cm角に切ってボウルに入れ、Aを加え、もみ込む。白ワインをかぶるくらい加え、冷蔵庫に一晩おく。

3
*1*を流水で1時間ほど洗い、塩抜きする。鍋に入れてたっぷりの水を加え、強火にかける。沸騰したらアクを取り、中～強火で3時間半煮る。水分が減ったら足す。

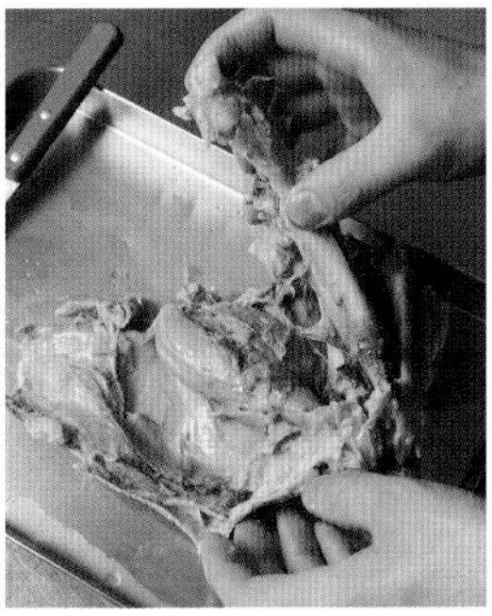

4
豚すね肉の骨を取り、一口大にほぐす。肉の量は550g。

5
じゃがいもに塩10gをふり、ざるに上げて水気をきる。塩は下味とアク抜きのため。

6
*2*をざるに上げ、肉とマリネ液に分ける。野菜はざっくり取り分けておく。鍋にマリネ液を入れて強火にかけ、沸騰したらアクを取り、2つのシノワの間にペーパータオルを挟み、漉す。

7
豚すね肉、マリネした肉を合わせ、塩19g（重量1.9kgの1%）、こしょう1.9g（塩の10%）をふる。

8
オーブン用の鍋にじゃがいも、玉ねぎ、*7*を順に重ね、これを2層にする。一番上にマリネの野菜をのせ、*6*を素材がかぶる量注ぐ。足りなければ水を足す。

9
蓋をし、パン生地をのばして蓋のまわりに貼りつけ、密閉する。150℃のオーブンで3時間煮込む。

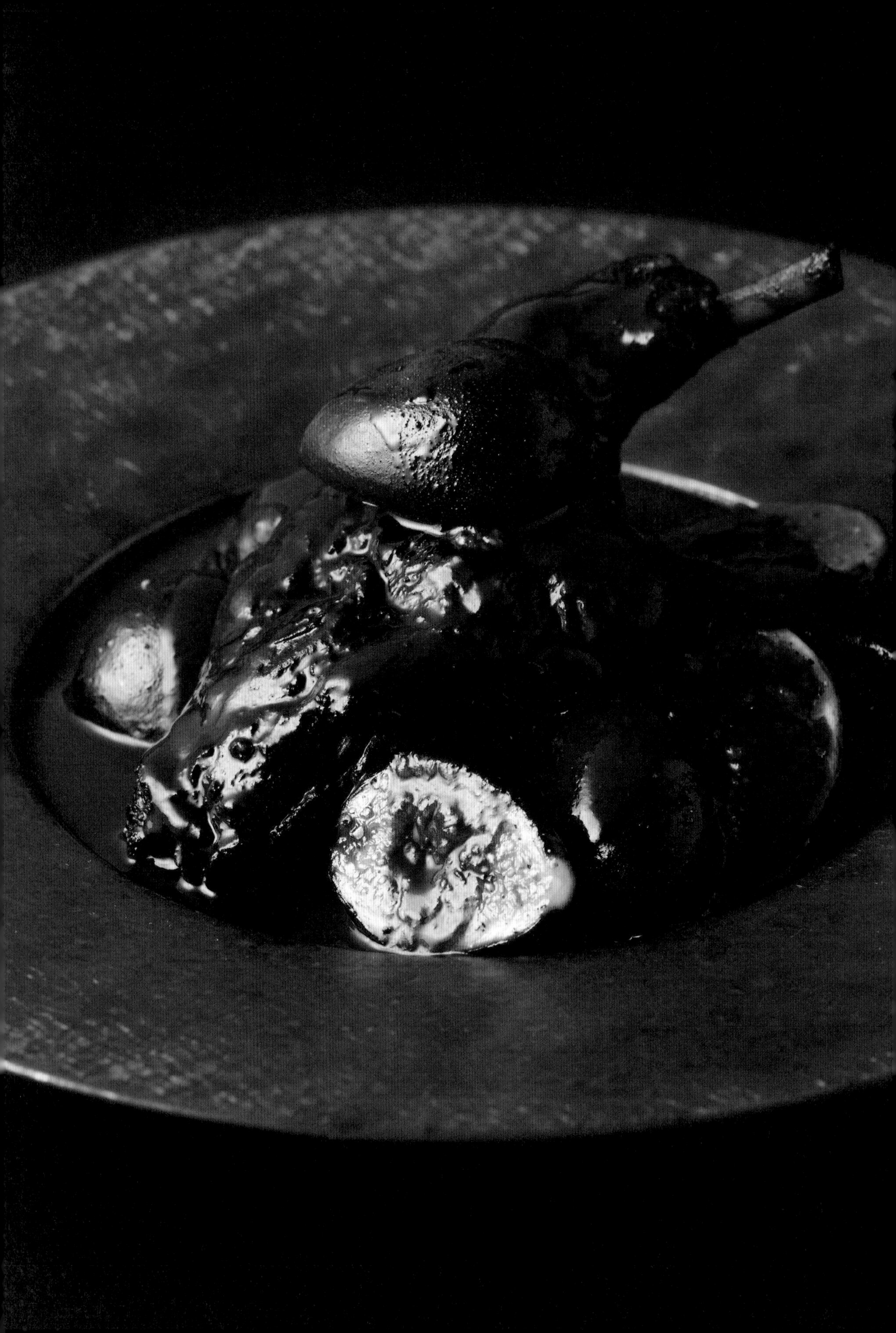

Civet de lapin

シヴェ・ド・ラパン

シヴェとは猟獣肉をマリネして煮込み、血でつないで仕上げるスタイル。そこに至るまでは単純な煮込みです。「血でつなぐ」というのは、煮汁に血を入れていくことで、温度帯が非常に重要です。血の凝固点は80℃くらい、沸点に達した煮汁に血を流し込むとヘモグロビンで固まり、ソースがザラザラになる。煮汁の温度が低いと血が入っていかず、サラサラのままとろみがつかない。僕は、いったん沸騰させてから80℃に落として、木べらで混ぜながら血を入れます。血には少し水を加えておきますが、これは煮汁の温度が落ちるように。そうして70℃の煮汁にさーっと流し込み、凝固しないようにゆっくり沸点までもっていきます。このときにとろみがつくのが前提です。とろみがないのは分離した失敗状態。シノワで漉すとひどい色になっています。シヴェスタイルを成功させるには、温度帯を認識すること。なめらかでダマのないソースに仕上げるのがプロの仕事です。

材料（2人分）

ウサギ（前足、後ろ足）…… 1羽分（400g）

A
- 赤ワイン …… 150ml
- にんにく（半分に切る）…… 3かけ（25g）

塩 …… 4g

サラダ油 …… 5ml

強力粉 …… 5g

B
- 赤ワイン …… 1ℓ
- ブランデー …… 100ml
- フォン・ド・ラパン（p.83）または鹿のフォン（p.130）…… 500ml

にんにく（みじん切り）…… 15g

豚の血 …… 80g

ブール・ノワゼット（p.190）…… 15g

C
- バター …… 15g
- ブランデー …… 20 ～ 30ml

【盛りつけ】

イチジクのソテ※1 …… 適量

スパイスのコンフィチュール※2 …… 適量

※1＝イチジクは縦半分に切り、オリーブ油で断面を焼く。バターを加え、風味をつける。塩をふり、仕上げに黒こしょうをふる。

※2＝鍋に赤ワイン1ℓ、ホールスパイス（ジュニパーベリー15g、オールスパイス6g、黒粒こしょう3g、クローブ3g）、トンカ豆2粒、シナモン1本、バニラビーンズ1本を入れて弱火にかけ、半量になるまで煮詰める。水飴50gを加えてとろみをつけ、漉す。

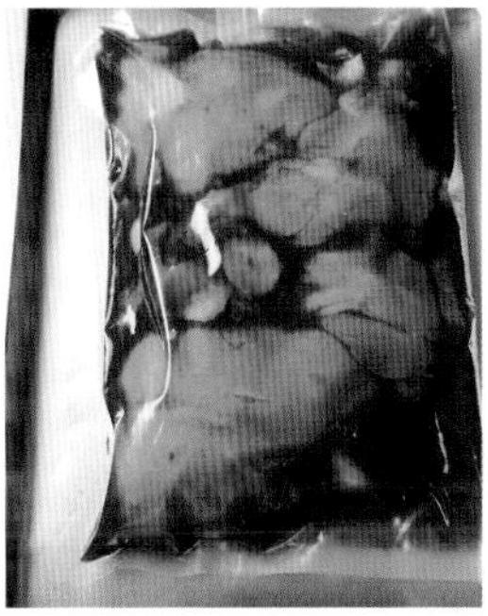

1

保存袋にウサギ、Aを入れ、可能なら真空にし、冷蔵庫で1週間マリネする。

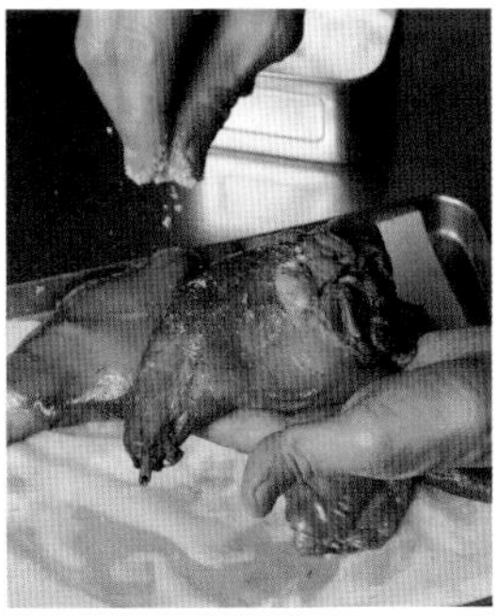

2

ざるに上げ、ウサギとマリネ液に分ける。にんにくもとっておく。ウサギは水気を拭き、塩をふってよくすり込む。

3

煮込みのソースを作る。鍋にマリネ液、その1/4量の水を入れ、強火にかける。沸騰したらアクを取り、2つのシノワの間にペーパータオルを挟み、漉す。熱を加えることでウサギから出たタンパク質が凝固し、マリネ液が澄む。

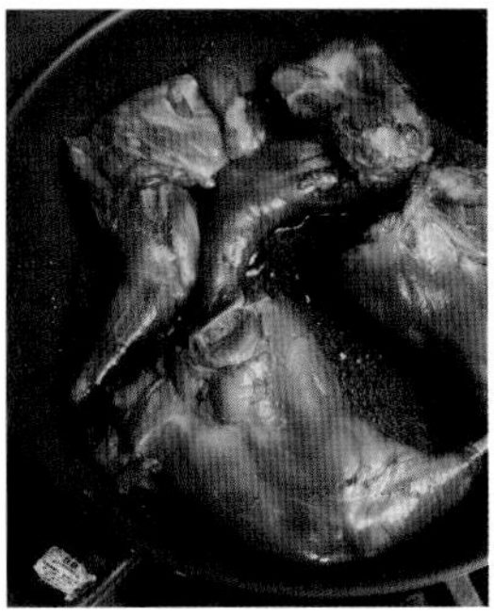

4

フライパンにサラダ油、ウサギを入れ、強めの中火で焼く。前足、後ろ足ともに外側を下にして焼く。盛りつけで見せたい面を先に焼くこと、肉の下に油がある状態で焼くことは鉄則。

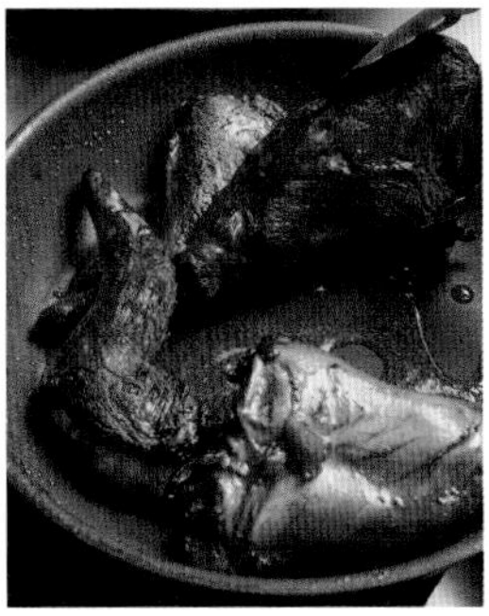

5

中までしっかり火を通すように10分ほど焼き、しっかりした焼き色がついたら裏返す。火が弱いとジュースが出てしまうので注意。チーと水分が蒸発する音がする火加減がよい。

シヴェ・ド・ラパン　Civet de lapin

6

裏返したら、油をかけながら焼く。火加減は同じく、チーという音が鳴り続ける状態。

7

両面しっかり焼き色がついたら、マリネ液のにんにくを加え、軽く焼く。

8

鍋に移し、サンジェする。強力粉をふり入れ、上下を返して混ぜる。中火にかけ、焦がさないように粉に火を入れ、粉臭さをとる。鍋底に焼けた粉が張りつくようになるまで火を入れる。素材に粉をふって火を入れる作業がサンジェ。煮汁にとろみを出す効果、素材の旨味を流れ出しにくくする目的がある。

9

B、*3*の澄ませたマリネ液を加え、強火にかける。

10

沸騰したら、アクがアクを呼んで固まるのを待ち、ガバッと取る。弱火にし、2時間半ほど煮る。水分が減ったら水を足し、ウサギが水面から出ないようにする。

11

ウサギの身の厚い部分に金串を刺し、すっと通る柔らかさになるまで煮る。蓋をして涼しい場所に置き、ゆっくり冷ます。冷める過程で肉が再び煮汁を吸ってジューシーになり、味が染みる。

12

ソースを作る。肉を取り出し、煮汁を強火で1/3 ~ 1/4量になるまで煮詰める。

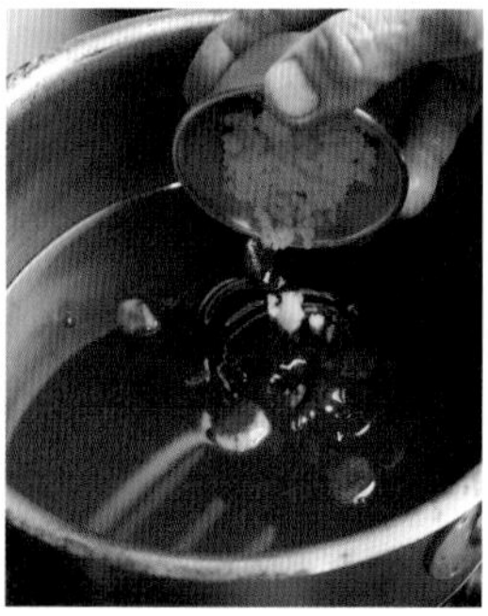

13

強火にし、にんにくを加え、ソースに香りとコクをつける。にんにくの風味はこのソースの決め手となるので必須。いったん沸騰させ、70℃にする。

14

豚の血に水（血の1/10弱の量）を加え、泡立て器で混ぜながら、少しずつ加える。一気に加えると血が凝固してしまうので、少しずつ垂らす。血を加えるとソースが濁る。

15

木べらに替えて絶えず混ぜながら、弱火でゆっくり沸騰直前まで加熱する。好みの濃度になるまでゆっくり煮詰める。

16

混ぜる手応えに抵抗が出て、好みの濃度になったら、ブール・ノワゼットを加える。沸騰しているところに一気に加え、対流を利用してソースを乳化させる。

17

シノワで漉し、Cを加えて混ぜる。とろみがついていないと、漉したソースが無残な色に。ソースはダマがなく、なめらかであることが重要で最上。

18

ウサギを戻し、温める。

ウサギのさばき方

材料

ウサギ …… 1羽（1450g）

谷昇の仕事　ウサギの後ろ足の切り分け

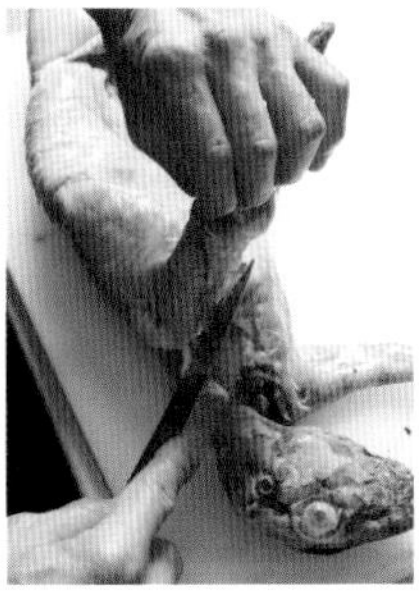

1

四つ足の家禽は関節がない。前足のつけ根の内側に包丁を入れ、切り離す。逆側も同様に切り離す。

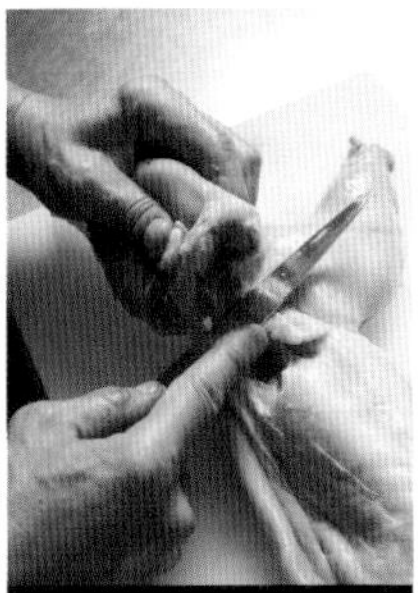

2

後ろ足の切り方：シヴェ（p.116）用。骨盤に沿ってつけ根に包丁を入れ、切り離す。後ろ足に骨盤をつけて切ることで、加熱したときに縮むのを防ぐ。また、仕上がりも格好いい。

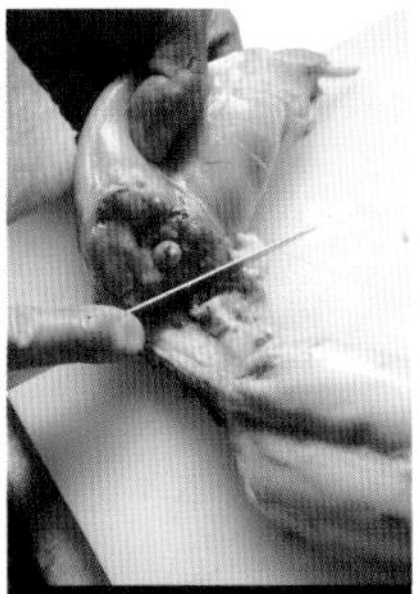

3

後ろ足の切り方：テリーヌ（p.81）用。骨盤の内側に包丁を入れ、切り離す。胴に骨盤をつけ、正肉にするときに後ろ足から骨盤を取る手間を省く。

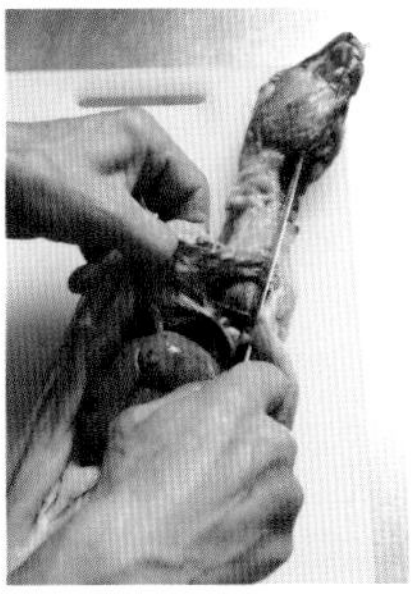

4

仰向けにし、胸骨を切り開く。薄膜を外し、レバー、心臓、肺、腎臓を取る。肺以外はテリーヌに使う。

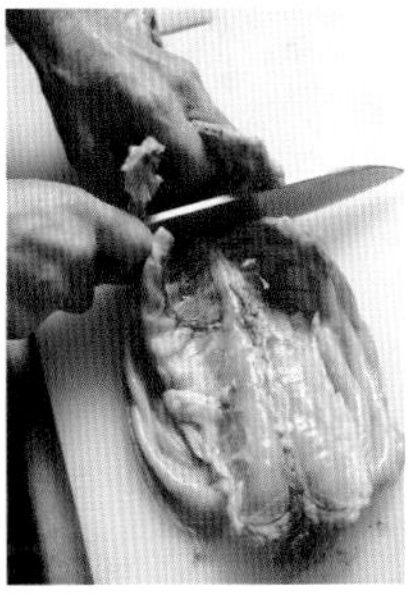

5

尾を切り取り、あばら骨の上から5本めあたりに包丁を入れ、首から上を切り落とす。これで内臓を除き、頭、胴（ロース、バラ含む）、尾、前足、後ろ足に分かれた。

テリーヌのための下処理

＊テリーヌには、前足、後ろ足、ロース、バラ、内臓（肺以外）を使用する。すべて骨、スジは取る。

1

胴の両側についているバラを切り離す。バラの上部のあばら骨を切り取る。写真はあばら骨が手前。

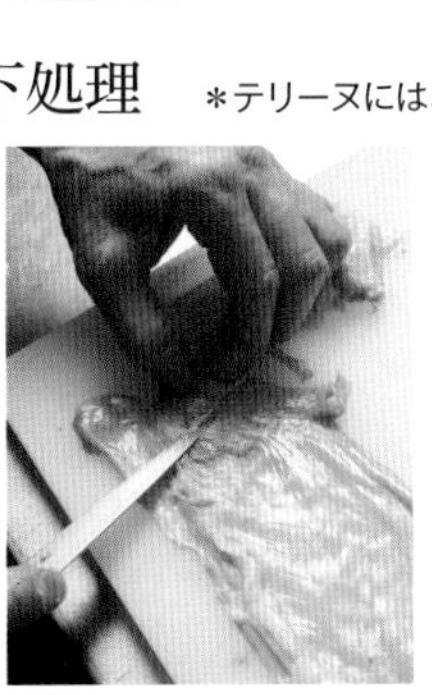

2

バラについている軟骨を取る。

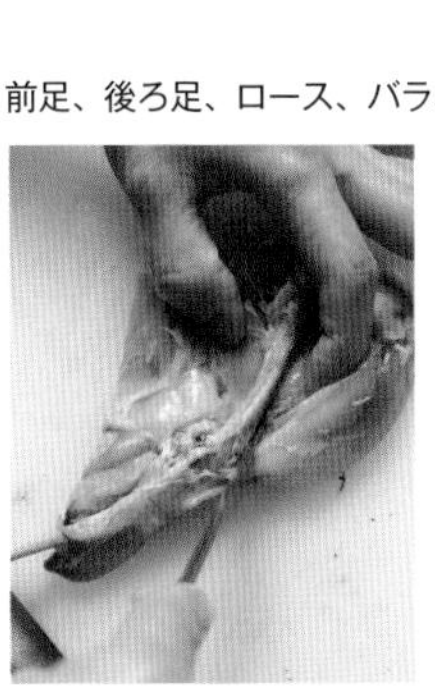

3

後ろ足の骨を取る。骨の両側に包丁を入れ、外す。前足も同様。

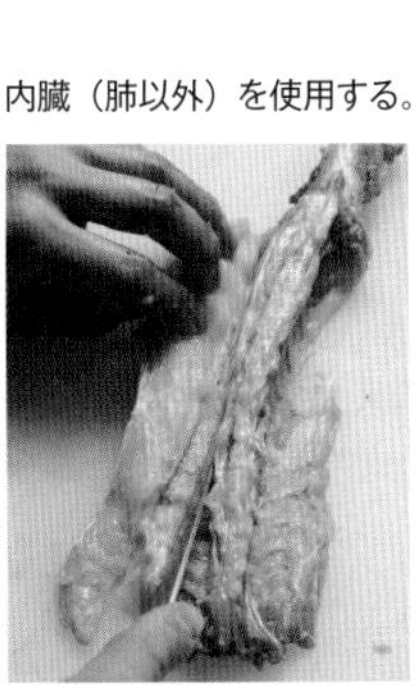

4

胴からロースを外す。背骨の両側に包丁を入れ、左右のロースを切り離す。背骨の奥側が骨盤。

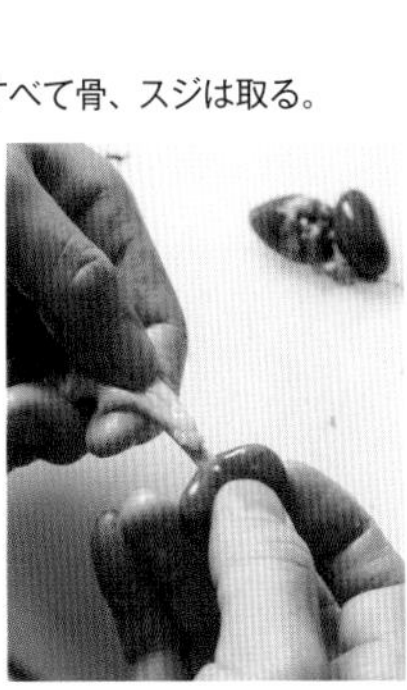

5

肺以外の内臓（心臓、肝臓、腎臓）のスジや膜を取る。心臓は開いて中の血管も取る。写真は腎臓。

Blanquette de veau

ブランケット・ド・ヴォー

ブランケットは、白い肉を白いソースで煮込むもの。煮込む前に焼いて色づけたり、鳩などの赤い肉を使うことはありません。もも肉で作るのが一般的ですが、僕はフィレを使います。ところがフィレは火を入れると割れてしまう、最難関の部位。そのフィレを選ぶ理由は、ソースとよくからみ、ももに勝るバランスの妙が生まれるためです。子牛はミディアムに火を入れるのが美味。火を入れてこそ旨味の出る肉なんです。ですから加熱は強火、そしてすぐ蓋をして余熱で火を通します。粉のつけすぎは、はがれ落ちて煮汁がドロドロになるので厳禁。薄いとろみがついた煮汁でやさしく仕上げます。

材料（2～3人分）

子牛フィレ肉 …… 200g
牛乳 …… 適量
塩（子牛用）…… 2g
強力粉 …… 適量
鶏のブイヨン（p.129）…… 160ml
A | 生クリーム …… 60g
　| バター …… 30g
　| 塩 …… 0.5g

【盛りつけ】

セップ茸のソテー※1 …… 適量
アスパラガスの穂先（塩ゆで）…… 適量
小玉ねぎ（塩ゆで）…… 適量
にんにくのコンフィ（p.157）…… 適量
黒トリュフ（薄切り）…… 適量

※1＝セップ茸は掃除して縦半分に切り（下記）、オリーブ油で断面から焼き、裏返してバターを加え、塩をふる。

1

子牛は牛乳に漬け、冷蔵庫に30分ほどおき、臭みを取る。フィレ肉は内臓に面した部位なので臭みがある。牛乳は水を20～30%混ぜてもよい。子牛ができるだけ浸るようにする。

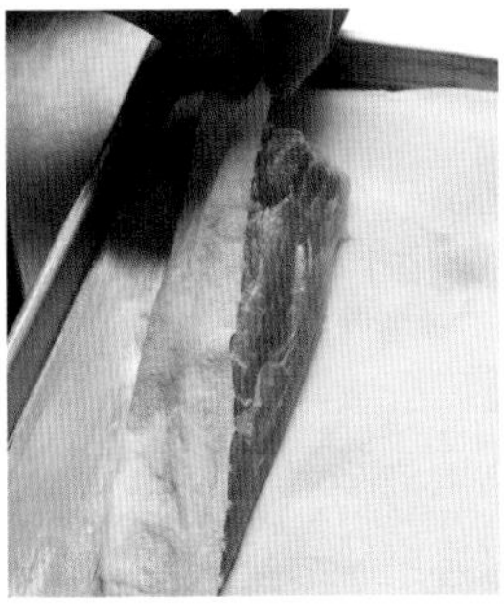

2

水気をしっかりと拭き、臭みを取る。

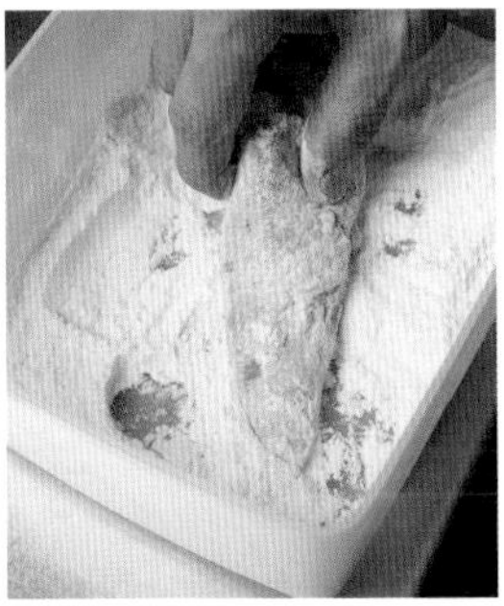

3

半分に切って塩をふり、強力粉をまぶす。余分は落とし、5～10分おく。子牛の水分で粉が馴染み、しっとり仕上がる。

4

鍋に鶏のブイヨンを入れ、強火にかける。沸騰したらAを加え、バターを溶かす。鶏のブイヨンは白湯（p.129）と水半量ずつで代用してもよい。

5

子牛を加え、煮汁をかけながら強火で煮る。子牛にまぶした粉が煮汁に溶け出し、ソースにとろみがつく。

6

1分ほど煮たら裏返し、さらに1分ほど煮て表面が固まったら、火を止める。蓋をし、余熱で火を入れる。

7

指で押して柔らかすぎるのは火の入りが甘いが、うっすらと血が出るくらいはミディアムよりやや火の入った状態なので、ベストな仕上がり。

谷昇の仕事

セップ茸の扱い

濡らした布で拭くだけでは汚れは取りきれない。水にざっと浸けてから歯ブラシで傘の裏の汚れをやさしく取る。傘は盛りつけに重要なので丁寧に扱う。底の硬い部分を取り、形を整える。取ったところはブイヨンなどに使う。必ず縦半分に切り、虫がいないか確認する。肌色の細かな点々が虫。スプーンなどで削り取る。

＊セップ茸は傘裏に多数の細かい穴があり、スポンジ状になっているイグチ科イグチ属のきのこの総称。傘も柄も肉厚で香りもよく、珍重されている。

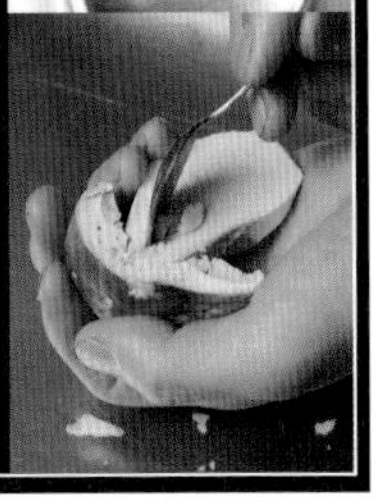

Marcassin braisé

イノシシのブレゼ

辞書には「ブレゼは蒸し煮」とあるようだけれども、僕は少し違うように感じます。日本語に訳すと、しっくりこない。ブレゼは、素材を少ない煮汁の中で煮ながら、煮汁から出ている部分はオーブンの火で焼く。素材の表面が乾く前に、濃縮した旨味の煮汁をかけることをオーブンの中でくり返す、という加熱調理法。訳すなら「焼き煮込み」が相応しいと思います。ゼラチン質が溶け出した、旨味たっぷりの煮汁をのせ続けるのですから、肉が濃厚で奥行きある妙味に変貌していくのは言わずもがな。素晴らしいツヤも生み出します。ブレゼはイノシシのほかに、焼いても食べられる、牛、豚、鹿、羊、ウサギなどゼラチン質の多いかたまり肉が適しています。
ところで、煮汁をかけてできた層をカードと呼ぶのですが、フランス人シェフたちはカードを何層作るかで論争を戦わせます。またブレゼがフランス料理の伝統的な調理法だと感じるのが、専用鍋の存在。近頃では見かけませんが、ブレジエールといって、蓋つきの両手鍋で深い箱型をしています。

材料（4人分）

イノシシ …… 730g
A｜塩 …… 6.5g（肉の0.9%）
 ｜黒こしょう …… 約0.7g（塩の10%）
白ワイン …… 500ml
ジュ・ド・ヴォー（p.130）…… 400ml

【盛りつけ】
トランペット茸のソテ※1 …… 適量

※1＝トランペット茸は石づきを取り、縦半分に切る。水でよく洗い、ざるに上げて水気をきる。フライパンにブール・ノワゼットを作り、塩少量、トランペット茸を入れる。強火で上下を返しながら焼く。ジュースが出たらざるに上げる。ジュースを煮詰め、トランペット茸を戻してからめる。

1
イノシシはAをもみ込み、保存袋に入れ、可能なら真空にし、冷蔵庫で2～3日マリネする。写真はマリネしたもの。

2
フライパンにイノシシを脂を下にして入れ、弱めの中火にかける。脂が出るように、ゆっくり焼く。

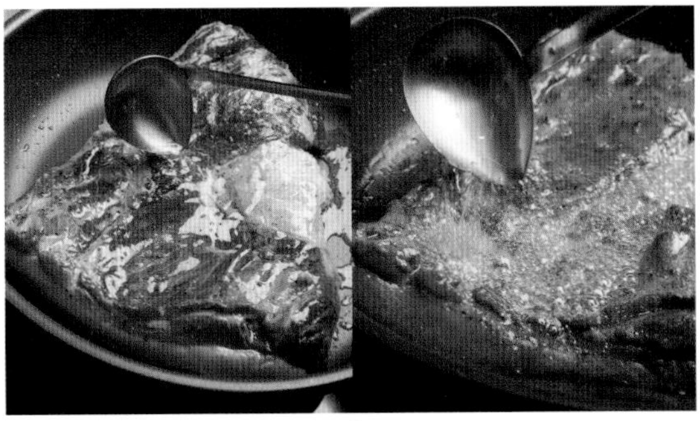

3
脂が出てきたら、身にかけながら焼く（アロゼ）。肉の下に脂がある状態を保つ。いかなる料理でも、肉を焼くときの鉄則。煮込みだからといって焼きをおろそかにするのは厳禁。ポワレやソテとしても成立するように仕上げる。

Marcassin braisé

イノシシのブレゼ

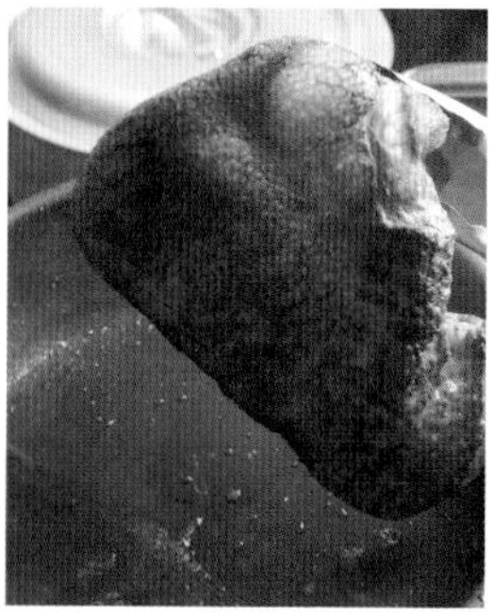

4

濃いめのしっかりした焼き色がついたら、出てきた脂を捨て、裏返して焼く。ここまでの焼き時間は目安だが10分ほど。

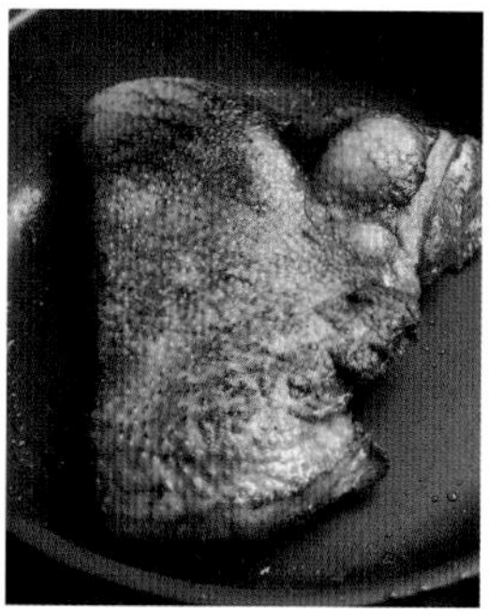

5

アロゼして火は入っているが、身側も少し焼き固めるために中火で軽く焼く。身側は凹凸があり、きれいに焼けないが問題ない。

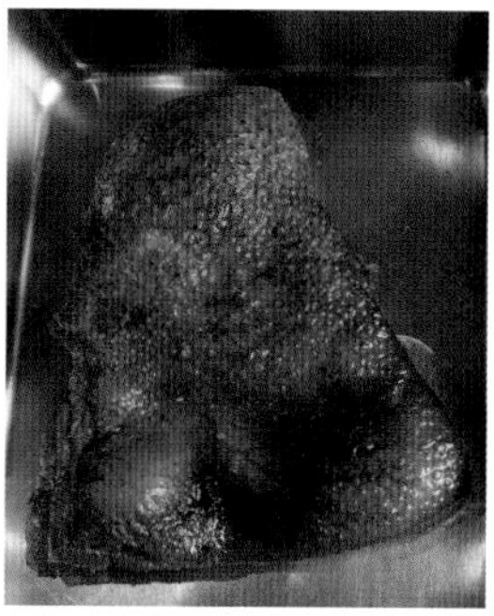

6

バットに脂を上にして置く。バットが鍋代わりになり、煮汁を加えて浸すので、余白の少ないサイズを選ぶ。

7

イノシシを焼いたフライパンに白ワインを入れ、強火で半量になるまで煮詰める。肉のバットに注ぎ、ジュ・ド・ヴォーを加える。ひたひたにするために水を加えて量を調節する。

8

160℃のオーブンで3時間焼く。煮汁はフツフツする温度を保ち、表面が乾いてきたら、煮汁をかけながら焼く。

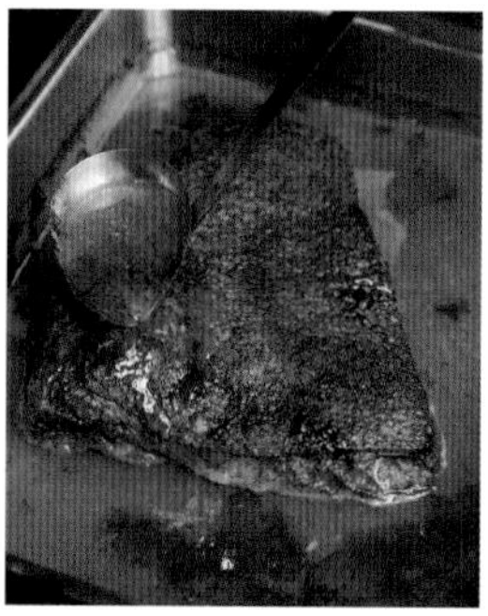

9

途中で煮汁に膜が張ってくるが、これは旨味の宝庫なので、膜ごとかけ、イノシシに旨味を戻す。

10

仕上がりの様子。焼き煮込んだ深い色と、見事なツヤが出る。

11

煮汁を漉して冷やし、浮いてきた脂を取り除く。これがソースになる。温めなおして使う。

Chronique
du chef

トランペット茸

トランペット茸はフランスではポピュラーなきのこ。夏から秋に採れ、灰色がかった黒から茶色をしています。クロラッパ茸ともいい、アンズ茸と同じく、傘が反り返っているのが特徴。まさにトランペットの形状です。だからその中に砂がたまる！　僕は必ず縦半分に切って、念入りに洗って調理します。洗っている途中に水の底を触ると、砂がザラザラとあるので、それほど砂を抱えているのかと思います。

Cuisse de canard confite

鴨のコンフィ

鴨のコンフィ　Cuisse de canard confite

コンフィは煮込みです。鳥の脂を使って、塩漬けにした肉を低温の脂でじっくりと煮る、フランス料理の調理法です。歴史を辿ると、冷蔵庫のなかった時代は秋口に仕込んだコンフィを冬の間の食料としていたそうです。いわゆる保存食で、それは現代でも同じです。その背景を考えれば、肉に脂を染み込ませて代わりに水分を出し、脂の中で空気に触れさせず保存する。水分と空気、腐敗する要素を徹底的に省く理由に納得がいきます。
しっとり煮込んだコンフィですが、脂から出した姿で皿にのることはありません。カリッと焼いて仕上げます。僕は鴨のテリーヌにコク出しのために入れたりもしますが、フランスでは焼いてじゃがいもを添えるのがコンフィの王道でしょう。

材料（作りやすい分量）

鴨もも肉 …… 4本（1.5kg）
塩 …… 15g（肉の1%）
黒粒こしょう（つぶす）
…… 1.5g（塩の10%）
ラード …… 100g
オリーブ油 …… 250g

【盛りつけ】
ポム・プロヴァンサル※1 …… 適量

※1＝じゃがいもは5mm厚さに切り、コンフィの脂を160～170℃にしてカリッとするまで揚げる。フライパンににんにく（みじん切り）、コンフィの脂を入れて焼き、じゃがいもを加えて炒め合わせる。塩を強めにふり、イタリアンパセリ（みじん切り）を加える。

1

鴨は関節に包丁を入れ、ももとすねに分ける。ももとすねは身質が違い火の入りも異なるので、煮る時間を変えるために分けておく。

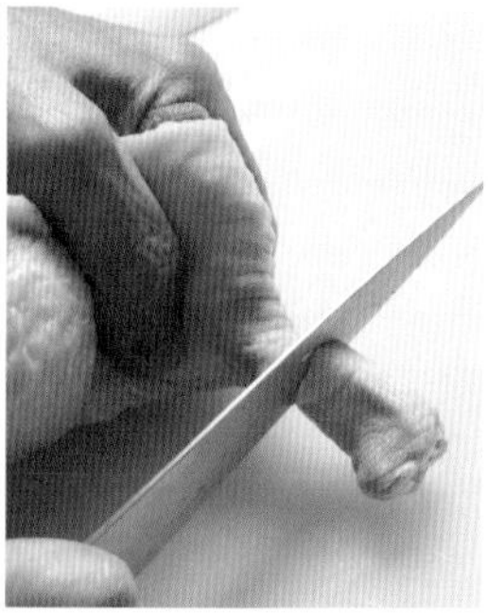

2

すねの足首のアキレス腱に、ぐるりと1周切り込みを入れ、肉をはがして骨だけにする。煮ると皮が縮むので、美しく仕上げるための処理。

3

もも、すねは全体に塩、こしょうをすり込む。ももは塩が浸透しやすい身側を中心に。表面が崩れるのでもみ込まず、すり込むようにする。ラップをかけ、冷蔵庫で一晩マリネする。

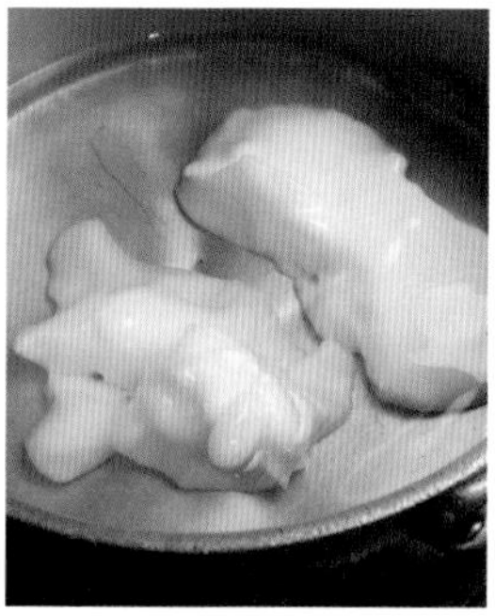

4

広口の浅鍋にラード、オリーブ油を入れ、80℃まで温める。オリーブ油の割合が多いと軽く仕上がるが、ラードと半々でもよい。オリーブ油はサラダ油で代用可能。

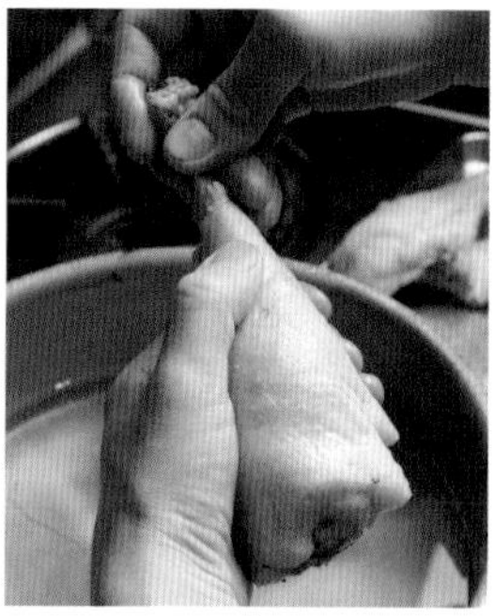

5

80℃になったら、すねの皮をのばして形を整え、鍋に入れる。コンフィは鍋に入れたその形のまま火が入っていくので、最初に形を整えることが肝心。

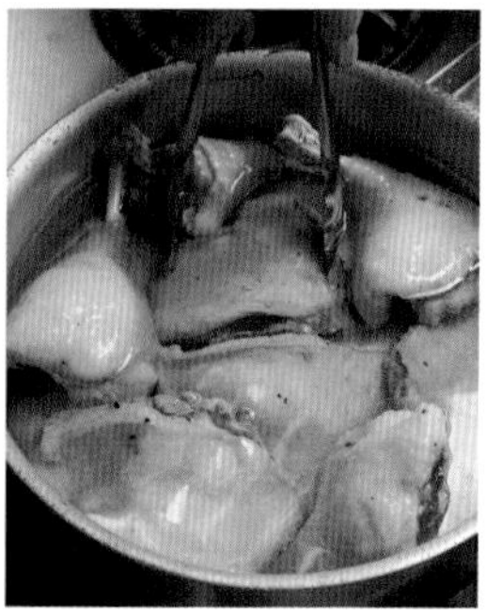

6

ももも加え、重ならないようにきれいに並べる。皮はとくに縮むので、肉に沿わせて丸めておく。

7

油はひたひたにし、足りなければ足す。ごく弱火にし、80℃を保って4時間煮る。表面に皮膜、アクが出たら取る。加熱されると縮んでいくので、肉を離し、肉と肉の間に油があるようにする。肉の繊維に油を染み込ませるイメージ。仕上がりはふたまわりほど小ぶりになる（右）。コンフィの完成。脂は焼きやリエットに使うのでとっておく。

8

焼いて仕上げる。フライパンに鴨のコンフィ、7の油30mlを入れ、弱火でカリカリになるまで両面を焼く。または160～170℃のオーブンで美味しそうな焼き色がつくまで焼く。

Rillettes de canard

鴨のリエット

リエットは本来、クズ肉を利用する手段として発達しました。ですから鴨もも肉から作るこのレシピはとっても贅沢。豚や鴨の硬い部分の肉を使うのが正統で、低温の脂で肉の繊維がほぐれるまで弱火で長時間煮て、つまりコンフィを作って、煮込んだ脂で練って固めたもの。柔らかな口当たりと濃厚な味わいが特長で、フランスの伝統的な保存食です。

材料（作りやすい分量）

鴨のコンフィ（p.125）…… もも・すね各2本
コンフィの脂（p.125）…… 120 ～ 180g
黒こしょう …… 適量

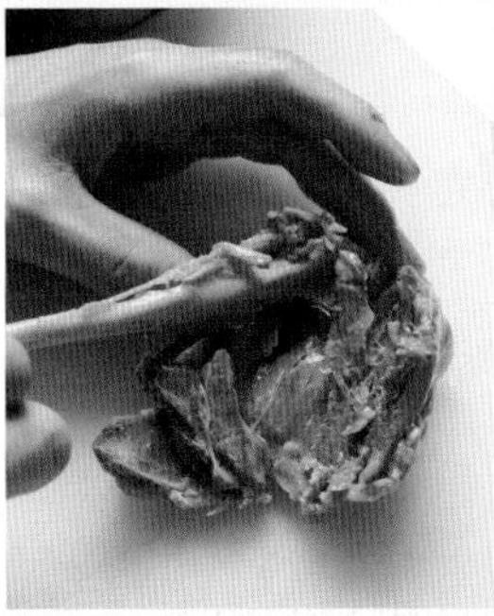

1

コンフィは皮と骨を取る。このときの肉が約220g。肉を細かくほぐす。

2

ボウルに入れ、底に氷水を当てる。コンフィの脂を少しずつ垂らし、泡立て器で肉の間に脂を入れるように練る。最初は肉をほぐすために泡立て器を使うが、細かくなると泡立て器の中に入ってしまい練れなくなるので木べらに替える。

3

粘りが出て、白っぽくなったら練り上がり。脂を入れることで乳化するが、白くなるのは乳化の結果。こしょうを加え、混ぜる。

谷昇の哲学

méthodologie du chef

フランス料理の出汁

僕専用の冷蔵庫がコールドテーブルの下にあります。限りあるスペースの中、大半を占めるのが出汁のポット。季節や素材、その日のメニューに合わせてポットを入れ替えながら、整理整頓しています。

それでは僕が手塩にかけて面倒をみている出汁とは何か。フランス料理においての出汁とは、フランス料理を多様に特徴づける土台となるものです。フォンとは、ソースや煮込みのベースに用いる出汁。肉や魚の主素材と香味野菜を水から煮出してとります。ジュは「ジュース」「汁」の意味ですから、素材そのもの。フォンよりも純粋で旨味の強い出汁。現代では動物の骨やガラを水やフォンを使って短時間で煮てとる出汁を指すことが多いようです。ブイヨンは、肉や野菜を水で煮てとる出汁です。と、定義はあるのですが、誤解を恐れずに言えば、どれもが昔物語。料理にしても出汁にしても、僕は進化していくものだと考えています。「時代に沿わせる」。それが、鍛錬を積み、考える料理人の仕事であるべきだと思うからです。

今の僕が魅せられている出汁があります。汎用性の高い出汁をいくつか、簡単な作り方ではありますが、ここにご紹介します。ただし、料理に絶対はありません。「これがなければできないのか」と作りたいものに尻込みしてしまうくらいなら、出汁に限らず、使わなくて構わない。市販の出汁を使うのだって賛成です。料理の可能性を広げるもの、料理を豊かにするものとして、どうぞご覧ください。

鶏のブイヨン

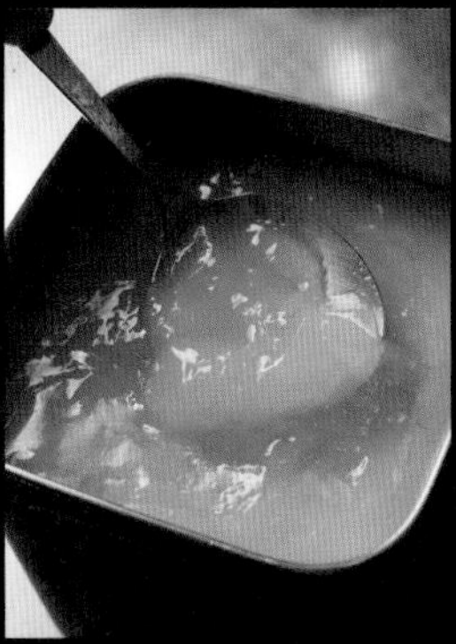

フォン・ド・ヴォライユとの違いは鶏を焼くか焼かないか。焼くと焼きの香りがつき、鶏臭さが出てしまう。臭みを除くためにブランシールをし、ブーケ・ガルニを使います。僕が鶏のブイヨンに求めるのは、癖のない、汎用性の高い出汁です。

【作り方】

鶏の首づる1.5kgは2～3cm幅に切り、水洗いする。ひたひたの水からゆでて、ざるに上げて水気をきり、臭みを洗う。鍋に入れ、水3ℓを加え、強火で煮る。沸騰したらアクを取り、ブーケ・ガルニ（ポワロー、セロリ、タイム、ローリエ、パセリの茎）を加え、ポコポコと軽く沸く火加減にし、3～4時間煮る。2つのシノワの間にペーパータオルを挟み、漉す。

白湯（パイタン）

中華の出汁を取り入れ、ソースにコクや奥深さを出します。今までは濃度をつけるためにフォン・ド・ヴォーやコーンスターチを使っていましたが、それでは邪魔な味も含んでしまう。白湯の特長は癖がないのに舌にのり、素材とからまること。それを可能にするのがもみじのもつゼラチン質。白湯の作り方は異色。ボコボコと沸かし続けて乳化させ、ゼラチン質をとります。肉にこだわらず、白いソース全般に使えるのも利点です。

【作り方】

鶏のもみじの茶色の皮（肉球）、表面の黒い汚れを取り、水で洗う。ひたひたの水からゆでて、沸騰したらアクを取り、ざるに上げて水気をきる。鍋にもみじ、かぶるくらいの水を入れて強火で煮る。沸騰したらアクを取り、強火のまま2時間煮る。水分が減ったら水を足す。1時間～1時間半経つと表面が柔らかくなるので、レードルなどで押しつぶしてゼラチン質を出しながら煮る。2つのシノワの間にペーパータオルを挟み、漉す。好みの濃度に煮詰める。目安は1/2量ほど。

野菜のブイヨン

僕の野菜のブイヨンは、フランス料理のそれとは別物です。際立つのはキャラメルのようなコク。ほかの出汁にはない個性があります。作り方はとにかくたくさんの野菜をひたすら煮るだけ。調理中に切れ端が出ればどんどん鍋に加えていきます。1/3ほど煮詰めたあたりでキャラメルの味がしてきます。スープやソースなど単体で使うことが多いですが、肉のソースに甘味とコクを加えたいときにも使えます。着想の源は徳吉洋二シェフ。

【作り方】

野菜は皮や切れ端、スープの漉しカスなどを鍋に入れ、たっぷりの水を加え、強火にかける。沸騰したら強めの中火にし、1日煮る。野菜は玉ねぎ、にんじん、セロリ、トマトほか、何を入れてもよい。梨やマンゴーの皮など果物も可。ただし、渋味やえぐみの出るオレンジの皮、なすのヘタ、しょうがはNG。根菜の皮はオーブンで焼いてから加える。水分が減ったら水を足す。2つのシノワの間にペーパータオルを挟んで漉し、とろみがつくまで煮詰める。野菜の水分量によって異なるが、煮詰める目安は1/20量ほど。

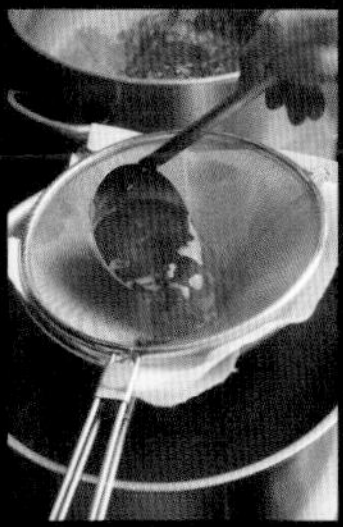

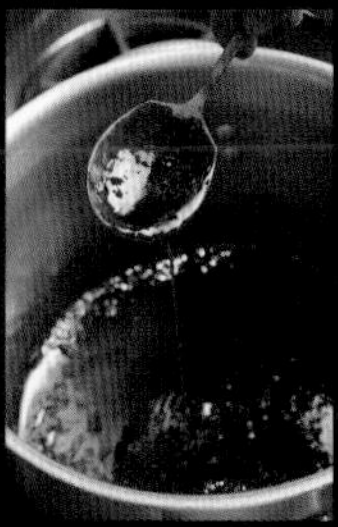

鳩のフォン

鳩も鍋で煮出すと脂が乳化してしまい、澄んだフォンはとれません。フォンを澄ませたい場合は、強火で煮立ててはダメ。そこで利用するのが蒸し器です。じっくりゆっくり加熱することで、鳩の繊細な旨味、本来の味を引き出します。鳩のフォンは煮詰めてソースにしたり、鳩のスープに使います。

【作り方】

鳩の手羽先と首づるを適当な大きさに切り、フライパンに入れ、弱めの中火で焼き、しっかり火を通す。ボウルに移し、鳩をさばいたあとの骨も細かく切ってボウルに加え、かぶるくらいの水を注ぎ、蒸し器で蒸す。強火で7～8時間、30分に一度蒸し器の水を足し、常に水がある状態で蒸す。漉して冷まし、浮かんだ脂を取り除く。好みの濃度に煮詰める。

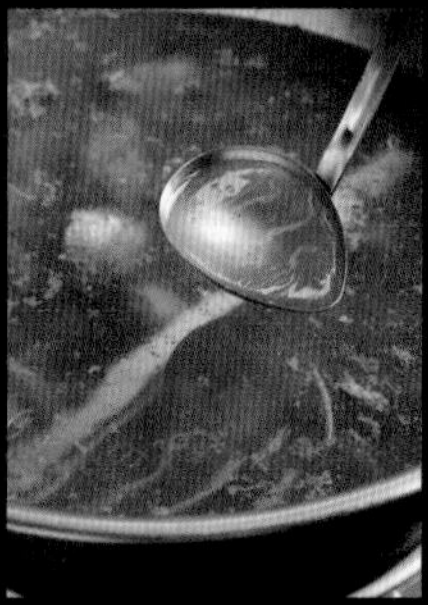

鹿のフォン

赤ワインを使うのがポイント。鹿は脂が強く、水だけで煮出すのでは乳化してしまい、澄んだフォンはとれません。臭みや雑味の原因にもなる脂は、基本的に取りきりたい。それを叶えるのが赤ワインに含まれるポリフェノール。濁りを澄ませ、鹿の香りをより生かしたキレのあるフォンに仕上げます。フォン・ド・ヴォーより臭みがなく、ほとんどの赤ワインソースのベースに使います。

【作り方】

鹿の背骨やスネの骨を中心に150～160℃のオーブンで40分～1時間、髄まで火が通るようにしっかり焼く。鍋に移し、赤ワイン、かぶるくらいの水を加える。赤ワインは骨10kgに対して6ℓほど。火が弱すぎるとゼラチン質が出ないので、ポコポコと軽く沸く火加減で1日煮る。アクや濁る原因になる脂は常に取り、水分が減ったら水を足す。漉し、好みの濃度に煮詰める。つなぎを使わないのでとろみが出るまで煮詰めるのが理想。ソースに使用する際の目安は1/10量ほど。塩はせず、エッセンスの強さのみで仕上げる。

ジュ・ド・ヴォー

僕は蒸し器でとる子牛の出汁をジュ・ド・ヴォーと呼んでいます。焼いて鍋で煮出すフォン・ド・ヴォーよりも、素材から出るジュースに近い出汁がとれるのが理由です。蒸し器を使うことで、よりシンプルで上品な子牛の出汁をとることができる。使い方はフォン・ド・ヴォーと基本的には同じですが、単体で洗練された味を求めるときにジュ・ド・ヴォーを選びます。

【作り方】

子牛のスジは適当な大きさに切り、150℃のオーブンで30～60分、しっかり焼く。ボウルに移し、かぶるくらいの水を加え、蒸し器で蒸す。強火で7～8時間、30分に一度蒸し器の水を足し、常に水がある状態で蒸す。漉して冷まし、浮かんだ脂を取り除く。好みの濃度に煮詰める。

5章 魚介

Poissons

Spécial Huîtres ~un des meilleurs plats du chef~

牡蠣のスペシャル ～谷昇ベスト料理～

ピュレのソースと、素揚げの身。質感の異なる、牡蠣だけで勝負する一皿です。試行錯誤したのは、どの温度帯に定めるか。ソースも素揚げも熱々ではありません。中途半端な温度帯の牡蠣はぼやけた味に感じます。結果、この料理は冷やしていただくのがベストだということに辿り着きました。今の僕が自信をもってお薦めする、最高の牡蠣料理です。

材料（2人分）

牡蠣 …… 6個
生クリーム …… 50g
バター …… 10g
揚げ油 …… 適量

1

牡蠣は殻を外す（p.19）。出てきたジュースは漉し、とっておく。このときジュースは6個で40ml。

2

ソースを作る。鍋に牡蠣のジュースを入れ、強火にかける。沸騰したらアクを取り、生クリームを加え、とろみがつくまで煮る。

3

バター、牡蠣2個を加え、煮る。煮すぎると固くなるので、温める程度に。

4

ミキサーに入れ、なめらかになるまで撹拌し、シノワで漉す。しっかり撹拌しないと粘度があるので漉しにくい。

5

ボウルの底を氷水に当てて冷やす。時間があるときは冷蔵庫で冷やしてもよい。

6

具を作る。揚げ油は煙が上がるまで熱し、牡蠣4個を一瞬で素揚げする。揚げる目的は、牡蠣をコーティングして旨味を閉じ込めるとともに、油との相乗効果で旨味を高めること。

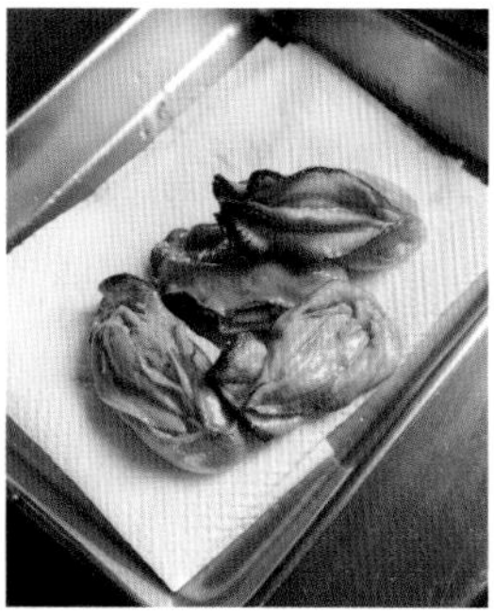

7

ペーパータオルにのせ、冷ます。

8

えんがわを広げるようにしてバーナーで炙り、「焼き」の香りをつける。具も冷蔵庫で冷やし、冷たいソースと合わせて供す。殻も冷やしておくとよい。

Sardines en tartare

鰯のタルタル仕立て

1970年代のヌーヴェル・キュイジーヌが出てきた頃、僕が渡仏する少し前でしたが、ポワソン・クリュと呼んだ料理がありました。当時は魚を小口切りにしてタルタルに仕立てていました。スズキや帆立などに塩、こしょう、オリーブ油をかけたシンプルなもの。今でいうカルパッチョです。今回ご紹介するのは、ル・マンジュ・トゥー工夫の一皿。鰯のほかにも青魚全般で応用ができます。

材料（3人分）

鰯（三枚おろし）…… 5匹（おろして300g）
塩 …… 35g
酢 …… 適量
A | りんご（5mm角）…… 15g
　| フヌイユの鱗茎（5mm角）[※1] …… 10g

＊りんごは変色を防ぐためレモン水につけ水気をきる。

【盛りつけ】

トリュフソース（p.56）…… 適量
梅ソース（下記）…… 適量
バジルソース（下記）…… 適量

※1＝和名：ウイキョウ、英名：フェンネル。鱗茎、葉、種の3つのパートがあり、鱗茎はセロリの根元のような食感と独特の香りがある。

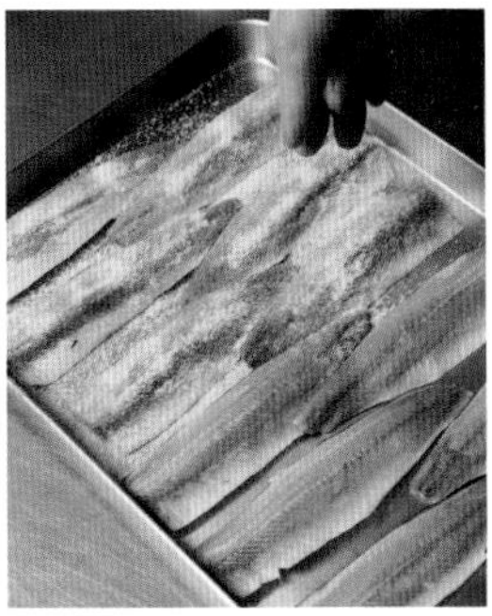

1

鰯に塩をふり、冷蔵庫に30分以上おく。塩は身を上にしてふり、重力の力で浸透させる。

2

鰯が浸る量の酢をかけ、裏返す。身を下にするのは、酢を吸わせるため。冷蔵庫に15分ほどおく。

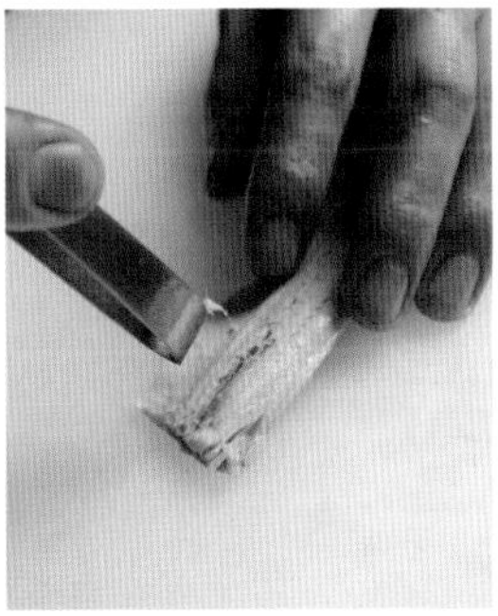

3

中骨を抜く。背向き、腹向き、下向きの3種類の骨があるので、残さず抜く。酢締めをしてから骨を抜くのは、身崩れを防ぐため。

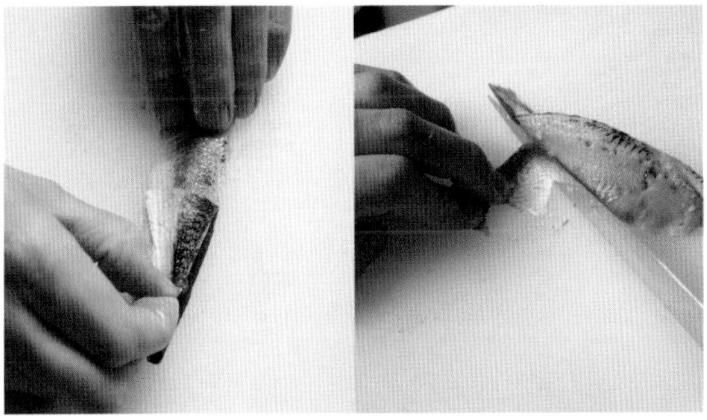

4

皮を上にして置き、頭側から皮をはぐ。はぎにくい場合は、皮を下にして包丁でしごくように取る（写真右）。

5

鰯はそぎ切りにする。直径6cmのセルクルを使い、鰯、Aを交互に3層重ね、皿に盛る。

梅ソース

材料（作りやすい分量）

青梅 …… 300g
A | 水 …… 150ml
　| グラニュー糖 …… 250g
　| 白ワイン …… 50ml

1 梅はよく洗ってヘタを取り、水気を拭く。表面に針で穴をあけ、耐熱容器に入れる。

2 Aを沸騰させ、*1*に注ぐ。粗熱をとり、冷蔵庫で保存する。1週間後から使用可能。

バジルソース

材料（作りやすい分量）

スイートバジルの葉（みじん切り）…… 40g
にんにく（すりおろす）…… 1かけ（5g）
塩 …… 2g　オリーブ油 …… 20ml　黒こしょう …… 適量

1 材料を混ぜ合わせる。

魚の焼きは「皮はカリカリ、身はしっとり」が理想です。焼き方のポイントは肉と同じで、素材の下に常に油があること。肉と異なるのは、アロゼ（出てきた脂をかけながら焼くこと）をしないこと。魚から出てきた水分が旨味であるとは限らない、というのが理由です。身の表面が真っ白になってしまったら焼きすぎで、中はパサパサの状態です。皮をパリッと焼くために押さえつけるのは厳禁。身崩れやパサつきの原因になります。また、焼く際の身の反りを防ぐにはスジを切っておくことが大切。身が反ってしまっては皮を均一に焼けませんし、盛りつけた姿も不格好です。

谷昇の仕事

薄塩

ハタは買ってきたら薄塩をする。これはほかの白身魚、鱈やヒラメなどにも使える技法。塩をすることで魚の臭みを抱き込んだ水分が出て、焼きやすくなる。塩が中まで入り、旨味も凝縮する。塩は魚の重量の0.45%を身側にふり、軽く馴染ませる。バットにペーパータオルを敷いて魚をのせ、冷蔵庫に一晩おく。1時間程度では塩が中まで浸透しないので、最低でも12時間はおく。このとき、皮がある場合は上。余分な水分を出すのが目的なので、皮が下だとそこで止まってしまい、ペーパーに染み出ない。水分が出たら身を上にし、つぶれるのを防ぐ。水分が出たら捨て、ペーパータオルを敷きなおせるとよい。2～3日はこの状態で保存可能。写真はヒラメ。

材料（1人分）

ハタ …… 1切れ（100g）
オリーブ油 …… 10ml
黒こしょう …… 適量

【盛りつけ】
魚のコンソメのソース※1 …… 適量
野菜のコンディマン※2 …… 適量

※1＝鍋に魚のコンソメ（p.39）30gを入れて火にかけ、沸騰したらバター・サフラン各少量を加え、ゆすりながらとろみがつくまで煮詰める。
※2＝にんじん、玉ねぎ、セロリ、パセリ（すべてみじん切り）各100gをバター適量でゆっくり炒め、塩で味をととのえる。

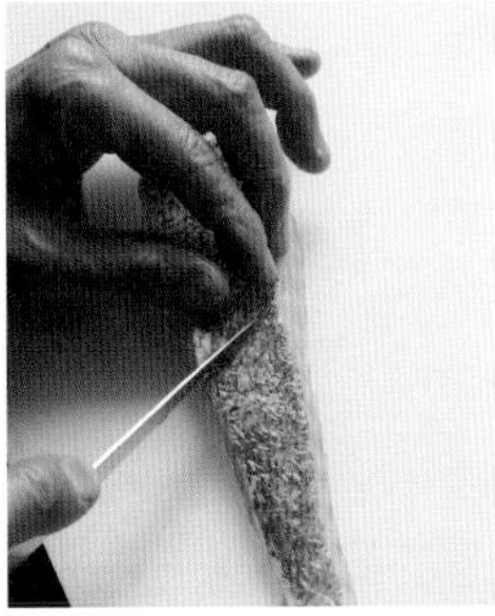

1

ハタは前日薄塩をして冷蔵庫に一晩おく。皮の下のスジを切り、焼くときに身が反らないようにする。皮だけを切っても身の反りは防げない。格子に切り込みを入れているが、縦に1本入れるだけでもよい。

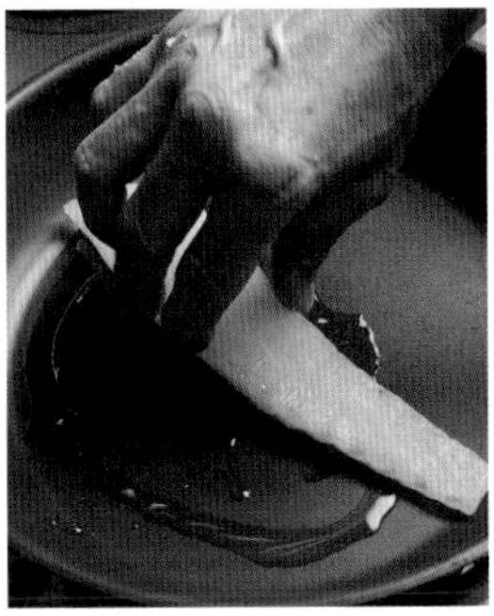

2

フライパンにオリーブ油、ハタは皮を下にして入れ、弱火で焼く。魚の下に常に油がある状態で焼く。火加減が弱すぎると魚から旨味のジュースが出すぎてしまうので、魚から出た水分が蒸発してチッと音がする火加減を保つ。

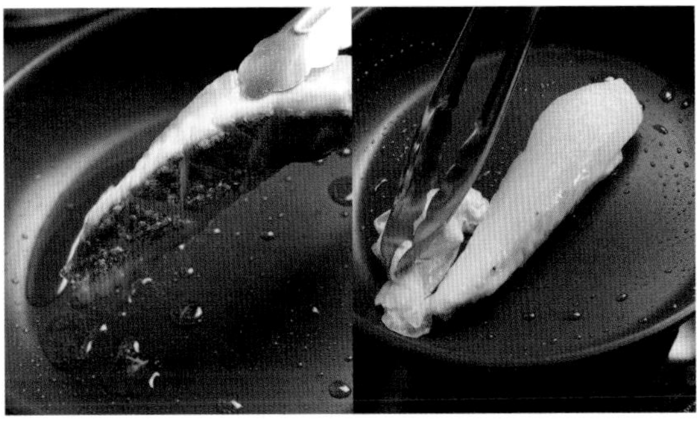

3

皮が揚がった感じになっていたら油が多い。余分な油は抜きながら焼く。魚から出てきた水分が旨味とは限らないので、全部拭き取っても構わない。ただし、魚の下に油がある状態を保って焼くのは鉄則。拭いたら新しいオリーブ油を足す。

4

透明感がなくなり表面が白っぽく、押して弾力があれば火が入った合図。火が入っていないときの手応えは柔らかい。火から外し、裏返し、ここで初めて身側を余熱で2～3分焼く。温度が下がりすぎるとジュースが出てしまうので、その場合は少し火にかけて温めなおす。

5

火が入ったところで、初めてこしょうの出番。皮にこしょうをふり、火を強め、裏返して皮側を焼く。こしょうの香りを立たせるために焼くが、身に火を入れすぎないように、強い火加減でごく一瞬焼く。この「焼き」はあくまでこしょうの効力を発揮させるため。

Tronçon de MAKOGAREI meunière

マコガレイのムニエル

ムニエルとは、粉をつけてソテすること。粉をつけて焼いた魚の皮は、力強く色づくとともにハリが出ます。魚の焼きはアロゼ（出てきた脂をかけながら焼くこと）をしないのが鉄則ですが、粉をつけるムニエルは特例。焼きは先に焼く面が美しく仕上がるので、盛りつけたい面から焼きます。合わせるのはフレンチの美味遺産、ソース・オ・キャプール。クラシック版のムニエルです。

材料（1人分）

マコガレイ（筒切り）…… 1切れ（200g）
強力粉 …… 適量
オリーブ油 …… 適量
バター …… 20g
塩 …… 0.5g
黒こしょう …… 適量

【ソース・オ・キャプール】

ブール・ノワゼットソース（p.190）…… 40g
ケイパー（塩抜きする）…… 10g
レモン …… 1/2個
イタリアンパセリ（みじん切り）…… 1g

【盛りつけ】

ポム・アングレーズ※1 …… 適量

※1＝じゃがいも200gはゆで、温かいうちにつぶし、塩1g、イタリアンパセリ（みじん切り）適量を加えて混ぜる。

1

マコガレイは幅の半分の位置に骨まで切り込みを入れ、火の通りをよくする。裏も同様に切り込みを入れる。

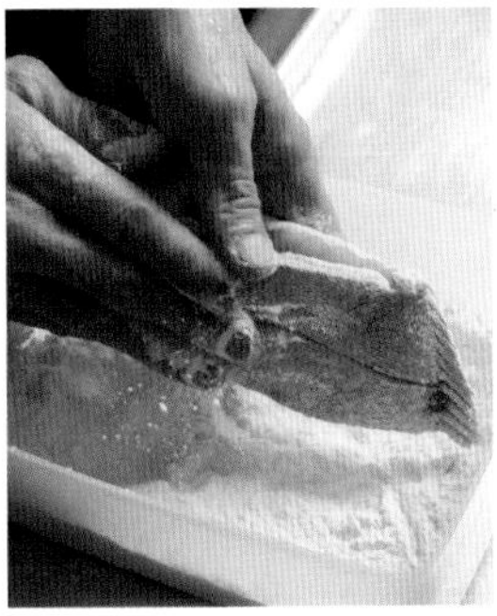

2

強力粉を全体に、切り込みの中にもまぶし、たたいて余分を落とす。粉が多すぎると焼いたときにダマになる。強力粉をまぶしたあとは極力触らない。

3

フライパンにオリーブ油30ml、マコガレイは黒い皮を下にして入れ、強火で焼く。先に焼く面のほうが美しく仕上がるので、盛りつけたい面から焼く。鮮度がいい魚は焼くと割れてくるが気にしない。

4

魚の下に常に油がある状態で焼き、パチパチと音がしてきたら弱火にする。この音がする火加減を保つ。身の厚い部分は油をかけながら焼く。鮮度のいい魚は脂も臭くないが、汚れたら捨て、新しい油を足す。

5

皮に美味しそうな焼き色がついたら油を捨て、裏返す。新しいオリーブ油10mlを加え、油をかけながら焼く。魚は加熱すると中の水分が膨張して外に出てくる。水分が油に当たって熱され、弾ける音がするのが特徴。油をかけながら焼くことで中まで火を通し、水分が出て身がへたるのを防ぐ。

6

油を捨て、火から外す。バターを加えて弱火にかけ、泡のムースをかけて火を入れ、香りもつける。バターの泡が消えて色づいてきたら、塩、こしょうをふる。通常はこれでムニエルの完成。魚はバターをきって皿に盛る。

7

ソースを作る。フライパンにブール・ノワゼットソース10g、ケイパーを入れ、強火にかける。レモンを絞り入れ、ブール・ノワゼット30g、イタリアンパセリを加え、完成。

Mousseline de Saint-Jacques

帆立のムースリーヌ

ムースは口に入れた途端にふわっと溶けるなめらかな食感を極上と考えます。それを実現させるのが、10年かかった帆立、卵、バター、生クリームが同分量のこのレシピ。バターが多いとなめらかになりますが、分離もしやすい。その難題を焼き菓子のカトル・カールを作る要領で解決しました。店でも人気の絶品ムースです。どうぞお試しください。帆立は、代わりに魚のすり身でも美味しくできます。

材料（直径9×高さ2.5cmの型約25個分）

帆立貝柱 …… 400g
全卵7個・卵黄2個の溶き卵 …… 合わせて400g
バター（室温にもどす） …… 400g
生クリーム …… 400g
塩 …… 1.5g

【盛りつけ】

ソース・ペリグルディーヌ（下記） …… 1人100ml
帆立貝柱（刺身用。薄切り） …… 適量
鮑の酒蒸しのソテ※1 …… 適量
黒トリュフ（薄切り） …… 適量

※1＝鮑は殻つきのまま、日本酒1：水2、全量の2%の塩水に漬け、冷蔵庫に一晩おく。塩をふり、歯ブラシなどで身の汚れを取り、締めた酒で洗う。殻の汚れはタワシで洗う。殻はつけたまま器代わりにし、鮑1個に対して日本酒15mlをかけ、蒸し器で3～4時間、30分に1度日本酒をかけながら弱火でゆっくり蒸す。柔らかくなったら火を止め、蒸し器の中で粗熱をとる。殻を外して内臓を取り、格子状の切り込みを入れる。オリーブ油でこんがり焼き、乱切りにする。

1
フードプロセッサーに帆立を入れて撹拌し、塩を加える。ここではざっくり混ざっていればよい。塩は結着剤代わりで粘りを促進させる役目。

2
さらに撹拌する。側面についたものを落としながら、粘りが出てもたついて回らなくなるまで撹拌する。しっかり撹拌しておかないと、あとで卵を入れたときに分離してしまう。

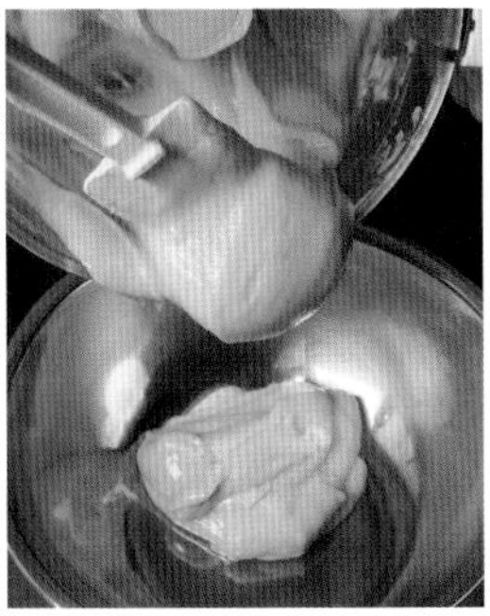

3
溶き卵は1/4量ほど残し、*2*を撹拌させたところに、少しずつ垂らして加える。なめらかになったらボウルに取り出す。

4
フードプロセッサーにバターを入れて撹拌する。なめらかになったら残しておいた溶き卵を加え、バターを立てないように軽く撹拌する。

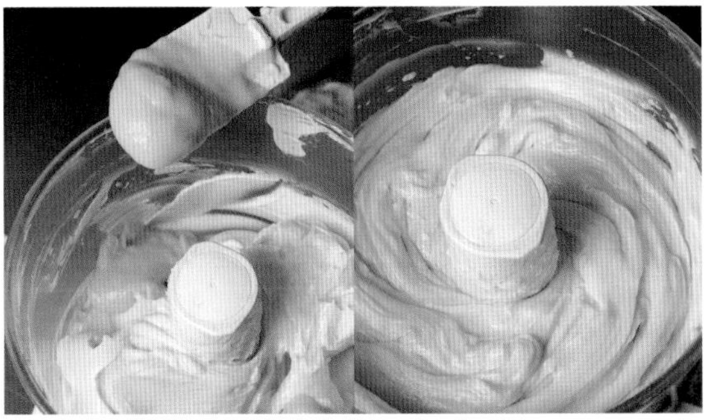

5
*3*を大さじ2～3ずつ加えて撹拌する。これを3回ほどくり返す。最初は分離しやすいので、少しずつ加える。様子を見ながら残りも少しずつ加え、そのつど撹拌する。分離するとブツブツしてくるので、なめらかな状態を保つ。

6
生クリームは、撹拌しながら少しずつ垂らして加える。

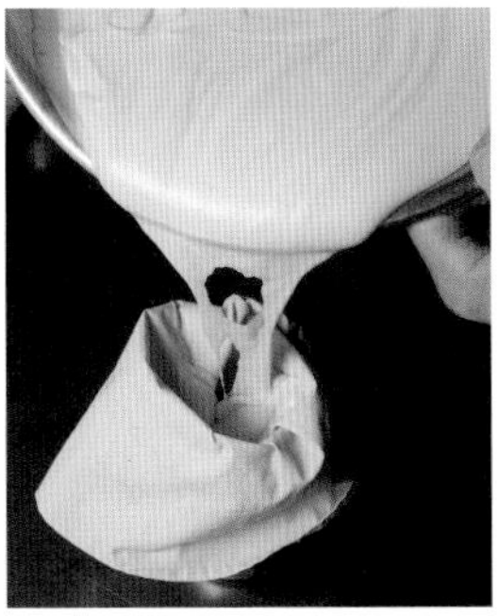

7
絞り袋に直径1cmの丸口金をつけ、*6*を入れる。絞り袋は円筒形のポットなどに立て、入れ口を折り返しておくと入れやすい。

8
型にバターを塗り、強力粉をまぶし、余分を落とす。*7*を型の7分めくらいまで絞り入れる。型を台に打ちつけ、表面を平らにならす。

9
バットに網を重ねて*8*を置き、熱湯をぎりぎりの高さまで注ぐ。100℃のオーブンで1時間、湯せんで焼く。湯が減ったら足す。

ソース・ペリグルディーヌ

材料（でき上がり約400ml）

A
- ジュ・ド・ヴォー（p.130） …… 2ℓ
- コニャック …… 500ml
- マデラ酒 …… 100ml

黒トリュフ（みじん切り） …… 40g
バター …… 20g
コニャック …… 15ml

1 鍋にAを入れ、強火で1/5量になるまで煮詰める。
2 トリュフを加えてひと煮立ちさせ、バターを加えて混ぜる。
3 火を止め、コニャックを加える。

MANAGATSUO grillé au miso blanc

マナガツオの白味噌漬け焼き

味噌漬け焼きという和の奥義を、フランス料理に転化させた一皿。ル・マンジュ・トゥーの独創性を表現した料理です。注意していただきたいのは焼き。味噌漬けにしていた魚はすぐ焦げますから、ごくごく弱火でゆっくり皮目を焼くこと。さらしを挟んで漬けるのは、魚に味噌の風味をつけつつ、味噌自体はつかないように、焼くときの負担を少なくするためです。味噌に加えるスパイスはお好みで構いません。例えばカレー粉や唐辛子などもいいですね。たっぷり使っても香りがつくのはうっすらですから、躊躇せずに加えて大丈夫。スパイス味噌は銀鱈や鮭、肉なら豚か鶏にも合いますし、4～5回は利用可能です。1カ月で使い終わることを目安に、さまざまな素材で楽しんでください。

材料（8人分）

マナガツオ（三枚おろし）…… 1尾（800g）

【スパイス味噌】

A
- クミン（ドライ）…… 8g
- コリアンダー（ドライ。ホール）…… 5g
- カルダモン（ドライ。殻を取る）…… 3g
- 黒粒こしょう …… 2g

白味噌 …… 600g

白ワイン …… 150ml

B
- 陳皮（パウダー）※1 …… 1g
- ピマン・デスペレット（p.64）…… 0.5g
- トルコのスパイス（p.70）…… 1g

オリーブ油 …… 8ml

黒こしょう …… 適量

【盛りつけ】

ソース・ブール・ブラン（p.144）…… 適量

さやいんげん（塩ゆでして縦半分に切る）…… 適量

塩山椒 ※2 …… 1人2粒

※1＝成熟した温州みかんの果皮を乾燥させたもの。生薬の一種でもあり、中国では熟したマンダリンオレンジの果皮が利用される。

※2＝鍋に1%の塩水を入れ、強火にかける。沸騰したら山椒100gを5分ほどゆで、ざるに上げる。冷水にさらしてアクを抜き、水気をきる。塩30gを加えて重しをし、冷蔵庫に一晩おく。出てきた水分を捨て、再び塩10gをまぶし、密閉容器に入れ、冷蔵庫で保存する。

1

スパイス味噌を作る。鍋にAを入れ、乾煎りして香りを出す。うっすら煙が出ても構わないが、焦がさないように鍋をゆすり続ける。

2

つぶしてさらに香りを出す。乾煎りすることでつぶしやすくもなり、味噌に早く風味がつく。

3

ボウルに白味噌、白ワインを入れて混ぜる。2、Bを加え、よく混ぜる。

4

マナガツオは三枚おろしの身を背側、腹側に切り分け、皮に格子に切り込みを入れる。

MANAGATSUO grillé au miso blanc

マナガツオの白味噌漬け焼き

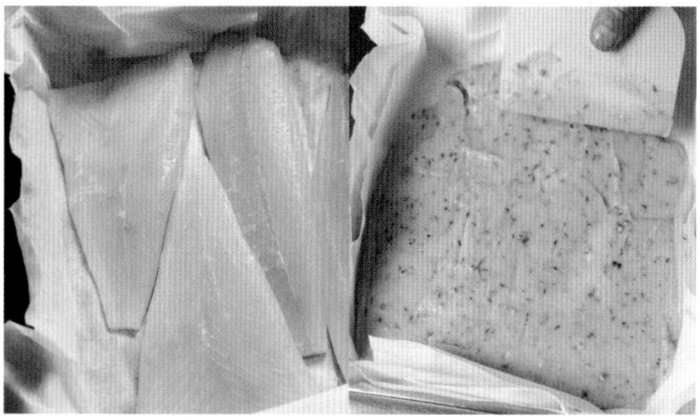

5

バットに1/3量のスパイス味噌を敷き、さらしを重ね、マナガツオを置く。さらにさらしを重ね、残りのスパイス味噌をのせ、平らにならす。スパイス味噌は下側1に対し、上側2の割合。マナガツオは皮を下にし、自重と重力で身にしっかり味をつける。ラップをかけて冷蔵庫に2日おく。

6

マナガツオは半分に切る。フライパンにオリーブ油、マナガツオは皮を下にして入れ、ごく弱火で焼く。味噌漬けした魚は焦げやすいので火加減に注意しながら、魚の下に油がある状態を保つ。余分な油は拭く。

7

表面の身に透明感がなくなり、皮に美味しそうな焼き色がついたら裏返す。押して弾力があれば火が入っている。

8

身側は焦げ色をつけるのが目的。皮側から焼いた時点で、火はほぼ入っている。身側は凹凸があるので、焼きムラがあってもよい。

9

身側に焦げ色がついたら再び裏返し、皮にこしょうをふり、火を強めて裏返す。

10

再び皮側を焼くのは、こしょうの香りを立たせるため。身に火を入れすぎないように、強い火加減でごく一瞬焼く。

ソース・ブール・ブラン

材料（1人分）

A｜エシャロット（みじん切り）…… 30g
　｜白ワイン …… 50ml
水 …… 20ml
黒こしょう …… 適量
バター …… 40g
塩 …… 0.5g

1 鍋にAを入れて強火にかけ、水分がなくなるまで煮詰める。
2 水を加えて酸味を和らげ、こしょうを加えて混ぜる。
3 沸騰したらバターを加え、ゴムべらで混ぜて乳化させる。塩を加えて混ぜ、シノワで漉す。

Médaillon de homard en chaud-froid

オマール海老のショーフロワ

オマール海老のショーフロワ　Médaillon de homard en chaud-froid

ショーフロワは「熱いchaud」と「冷たいfroid」の2語からなり、火を通した肉や魚介を冷まして、ソースで表面を固めてツヤを出した料理です。表面に塗るのは、オマール海老風味のバター「ブール・ド・オマール」。風味が増すうえに、透明感のある濃いオレンジ色が身に彩度とツヤを加えます。オマールは身の多い雄が僕の好み。オマールはメダイヨン（厚みのある輪切り）にし、つけ合わせの二十日大根とトリュフもデザインを揃えました。仕上げは凍らせたアンチョヴィバターを削りおろしています。

材料（1人分）

オマール海老 …… 1尾
塩 …… 適量
ブール・ド・オマール
（p.147）…… 適量

【盛りつけ】
二十日大根
（輪切り）…… 各種適量
黒トリュフ
（薄いメダイヨン）…… 4枚
アンチョヴィバター
（p.166。冷凍）…… 適量

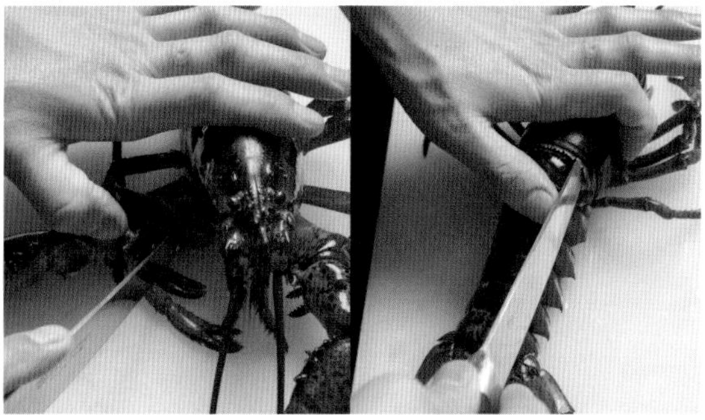

1
オマールは手先と爪を切り落とす。頭と胴の間に包丁を入れ、身と殻をつなぐ薄膜を切り離す。裏の薄膜も切り、頭と胴を分ける。胴と爪はショーフロワに使う。

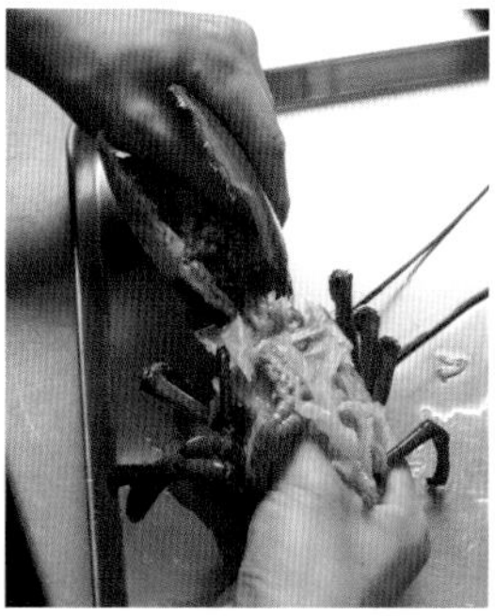

2
頭に指を入れて上下に分け、コライユを取り出す。頭、コライユはブール・ド・オマールに使う。

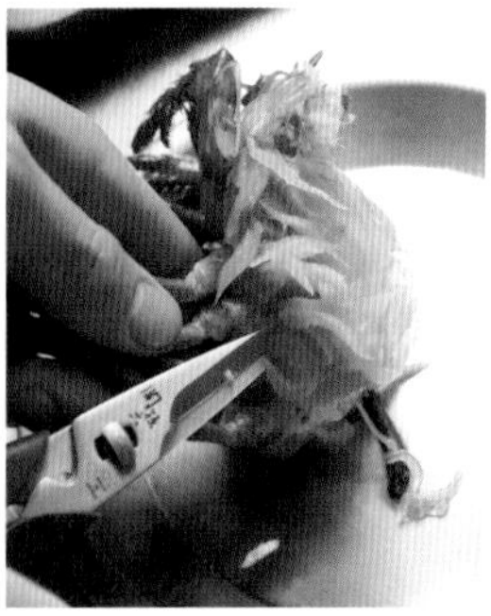

3
腕のつけ根のキワについている濾過器を切り取る。腕もブール・ド・オマールに使う。身はついていてもよい。

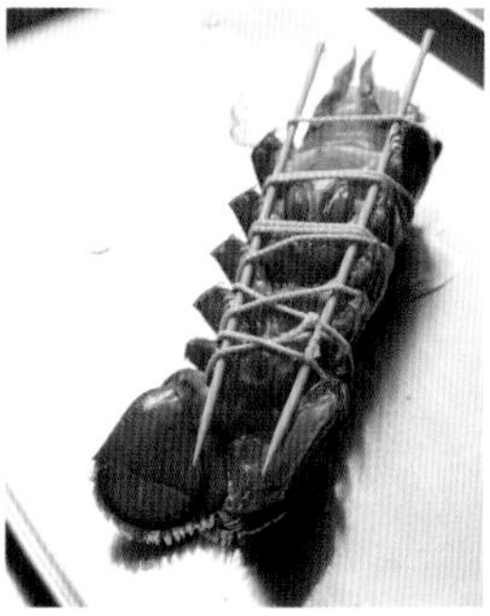

4
胴に竹串を当ててたこ糸で縛り、まっすぐに整える。仕上がりはメダイヨンに切りたいので、加熱の際の丸まりを防ぐ。

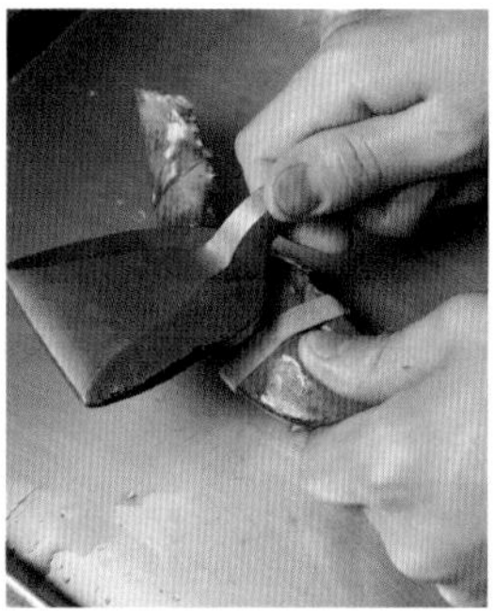

5
爪をたたき、割れ目を入れる。爪は硬い裏側からたたく。

6
鍋に3%の塩水（水2ℓ、塩60g）を入れ、強火にかける。沸騰したら胴と爪を入れ、火を止め、余熱で火を入れる。浸けおく目安は10〜15分ほど。中は半生で仕上げる。

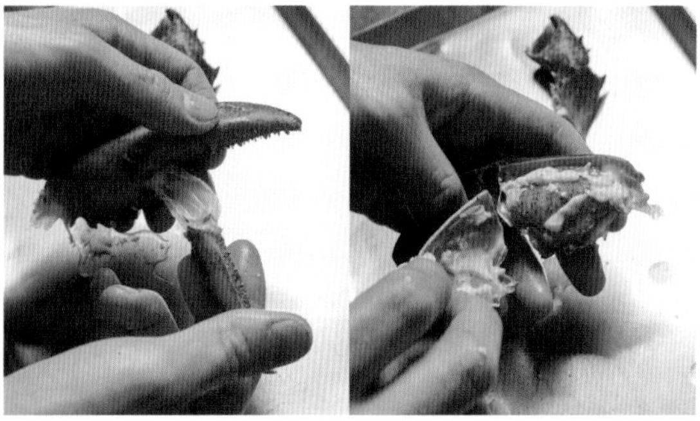

7
爪を開き、中の腱を取る。爪の両側に切り込みを入れて殻を割り、身を取り出す。身の爪先は美味しくないので切り、取り除く。

8
胴はたこ糸を切り、身を取り出す。1cm幅の輪切りにする。

9
バットに網を重ね、胴と爪の身を並べ、塩少量をふる。ブール・ド・オマールは温めて溶かし、身の表面に刷毛で塗る。冷蔵庫で冷やす。

ブール・ド・オマール

材料（作りやすい分量）　オマール海老の殻（頭、コライユ、腕）…… 1尾分（150g）
バター …… 150g
A 白ワイン …… 30ml
コニャック …… 15ml
塩 …… 0.5g

1

オマールの殻は小さめ、バターは適当な大きさに切り、鍋に入れる。麺棒でたたき、殻の内側にある色素をバターに移す。たたきやすいよう、器は底が平らで深い鍋がよい。できるだけ殻を割り、バターと一体化するまでしっかりたたく。

2

フライパンに入れ、強火にかける。フライパンに移すのは、「炒める」ため。焦がしてはいけないが、火を入れることで香りを出す。

3

バターが溶けて分離してきたら弱火にする。ゆすりながら、煮るのではなく「炒める」。混ぜながら炒め、乳化させる。徐々に色が赤くなる。

4

オマールの赤い色になったら火を止め、Aを加え、混ぜる。

5

オーブンで使える鍋に移し、70～80℃のオーブンで1時間ほど加熱する。コンロでは火が強すぎるので、オーブンでゆっくり火を入れ、エキスを出す。表面がフツフツしたら焦げるので、温度を調節する。

6

澄ましバターの状態になり、上に透明な液体が浮いている。シノワで静かに漉す。漉し残りを押しつけないように。

7

漉し残りを鍋に戻し、ひたひたの水を加える。強火で沸騰させ、1～2分煮、オマールのエキスを出しきる。シノワで*6*に漉し入れる。

8

*7*を沸騰させ、アクを取り、2つのシノワの間にペーパータオルを挟み、ボウルに漉す。粗熱をとってから冷蔵庫で冷やし、脂分を固めて水分と分ける。このとき急激に冷やすのはバターにアクが混ざったままになるので厳禁。

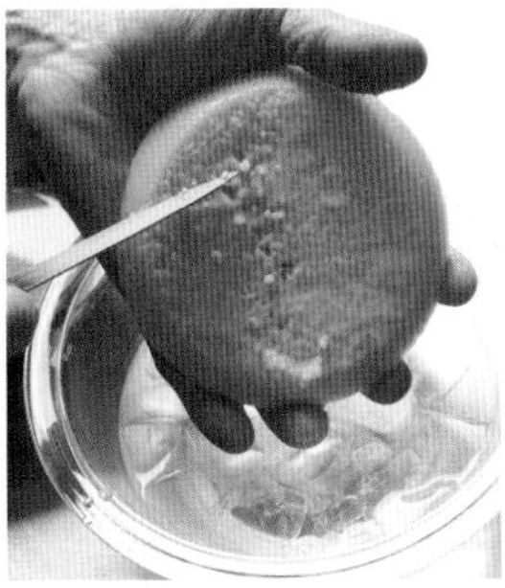

9

上に浮いた脂を取り出し、裏側のアクを氷水で丁寧に洗う。

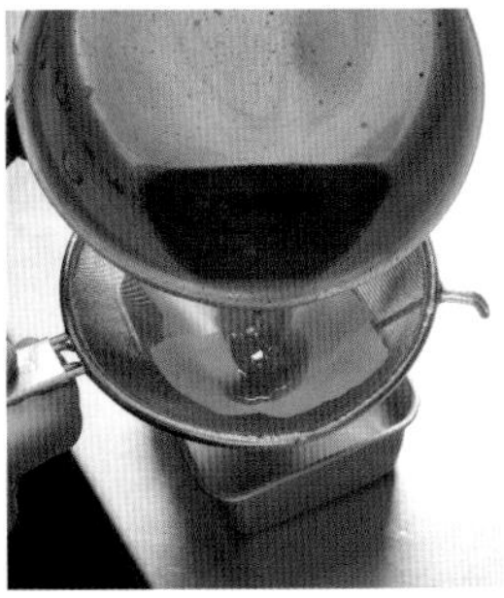

10

鍋に入れ、ごく弱火にかける。水分があると泡立つが、水分を残すと腐敗の原因になるので、泡が出なくなるまで火を入れる。ペーパータオルを重ねたシノワで漉し、保存用の器に入れて冷やす。

Chronique
du chef

ブール・ド・オマールの用途

主に海老を餌とする魚、甘鯛や鯛などの料理に使用する、というのが僕の考え。それらの素材なら、どんな調理法でも問題ありません。例えば焼きの場合は仕上げに加えて、ぐるっとフライパンを回して風味を纏わせる。焦げるので、焼くためのバターとして使うのはNGです。煮込みやスープなら最後にほんの少し垂らします。

Cotriade de TARA

鱈のコトリヤード

コトリヤードはブルターニュ地方の郷土料理です。ブルターニュは北は英仏海峡、南は大西洋に面した半島ですから、魚介は豊富。プロヴァンスにブイヤベースあれば、ブルターニュにコトリヤードあり、といった具合です。鍋ひとつで豪快に作るこの魚料理は、鮮魚の味が決め手。フランスでは穴子、鯛、鰯、ホウボウなどを使いますが、決まりごとのじゃがいもと玉ねぎが入っていれば魚介の種類は自由です。今回は鱈に絞りましたが、魚を1種類にすることで洗練された味になるように思います。地域によっては、マヨネーズやハーブ入りのヴィネグレットを添えることもありますので、ご興味があれば味の変化をお楽しみください。

材料（3～4人分）

鱈……400g
玉ねぎ……1個（200g）
じゃがいも……2個（300g）
バター……100g
A｜鶏ガラスープ……300ml
　｜塩……0.5g
B｜白ワイン……50ml
　｜生クリーム……150g
　｜黒こしょう……適量
イタリアンパセリ（みじん切り）……1g

1

鱈は大きめのぶつ切り、玉ねぎはくし形に切る。じゃがいもは乱切りにし、水にさらして水気をきる。

2

広口の浅鍋にバターを入れ、中火にかける。バターが溶け始めたら玉ねぎを加え、炒める。鱈は崩れやすいので、広口の鍋で重ならないように調理する。

3

バターがムース状になったら、じゃがいもを加える。バターがムース状になるのは水分を含んでいる証拠で、素材がしっとり仕上がる。

4

ひと混ぜしてAを加え、じゃがいもが柔らかくなるまで20分ほど煮る。

5

Bを加え、強火にする。まわりから沸騰してきたら、鱈を加える。煮崩れを防ぐため、重ならないように入れる。

6

再び沸騰したらイタリアンパセリを加え、火を止め、余熱で火を通す。

Dos de TARA à la vapeur

鱈のヴァプール

目指したのは、しっとり仕上げること。そのためにヴァプールとコンフィ、2つの調理法を合わせました。肉のコンフィはその家畜の脂に浸して加熱するのが通例ですが、鱈にそれを求めるのは無理。そこでオリーブ油を使います。ほかの油は仕上がりが重くなるので避けたいところ。加熱温度も重要で、肉ならば60～80℃ほどを保ちますが、水分の多い魚では高すぎる。高温だとパサついてしまい、理想の「しっとり」が叶いません。ですから55～60℃のオリーブ油で、温度が急激に上がらないように、ゆっくりと火を通すために蒸し器を使います。すなわち蒸気で加熱するフランス料理の調理法、ヴァプール。油の中で加熱するけれども蒸し器を使うこの方法は、コンフィでありながらヴァプールである、といえますね。

材料（1人分）

鱈 …… 1切れ（100g）
強力粉 …… 適量
オリーブ油 …… 適量
練り辛子 …… 0.5g
パセリパン粉 ※1 …… 6g

※1＝イタリアンパセリ（みじん切り）3g、パン粉3g、オリーブ油・塩各少量を混ぜる。

【盛りつけ】

酢味噌ソース（下記）…… 適量
翡翠なす（下記）…… 1個

1 鱈は強力粉をまぶし、余分を落とす（**a**）。粉をまぶすのはしっとり仕上げるため。鱈を覆い、ジュースが流れ出るのを防ぐ。
2 ポットなどの容器にオリーブ油を入れ、蒸し器に置き、強火にかける。
3 オリーブ油が65℃になったら、鱈を入れる（**b**）。火を止めて蓋をし、10分おく。温度が高いと鱈が固くなるので、65℃を保つ。
4 10分経ったら、鱈を取り出す。油の中に長く入れておくと旨味のジュースが出てしまうので注意。これでコンフィの完成。
5 鱈の上面に練り辛子を塗り、パセリパン粉をのせ（**c**）、押しつける。サラマンドルで焼き色がつくまで焼く。

a

b

c

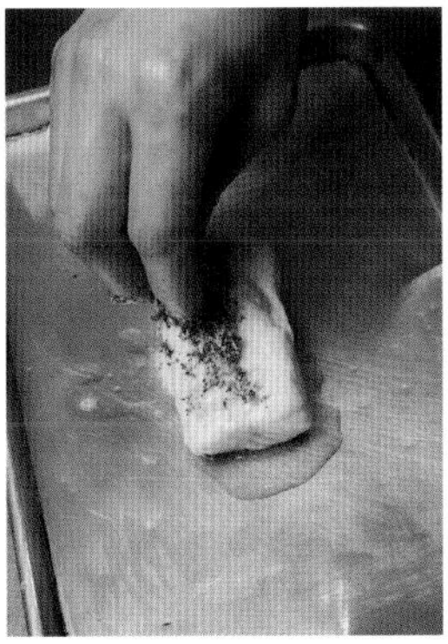

酢味噌ソース

材料（作りやすい分量）

A
白味噌 …… 100g
みりん …… 100g
上白糖 …… 20g
酢 …… 20g
練り辛子 …… 15g
イタリアンパセリ（みじん切り）…… 1g

オリーブ油 …… 40ml

1 Aを混ぜ合わせる。
2 オリーブ油を少しずつ加えながら混ぜ、乳化させる。

翡翠なす

材料（1人分）

なす …… 1個
A
鶏のブイヨン（p.129）…… 100ml
塩 …… 1.5g

1 なすは皮をむき、Aで煮る。煮るときに皮も入れ、色と風味をなすに染み込ませる。

鱈のさばき方

材料

鱈……1尾（7.2kg）

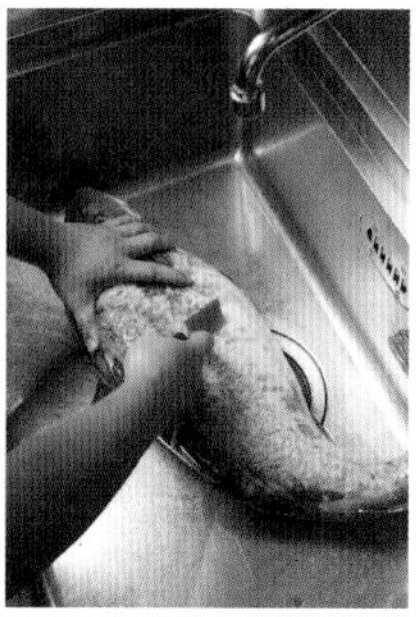

1

鱈はウロコ取りを使い、鱗を取る。シンクで水を細く流しながら取ると鱗が飛びにくい。

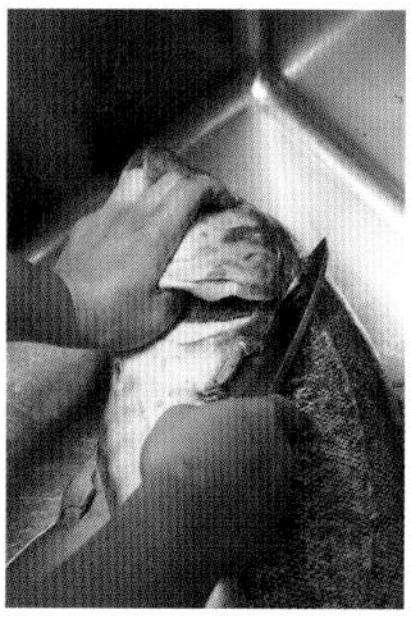

2

腹に切り込みを入れ、内臓を取る。内臓は苦味になるので、傷つけないようにする。ヒレもすべて取る。カマに包丁を入れ、頭を取る。

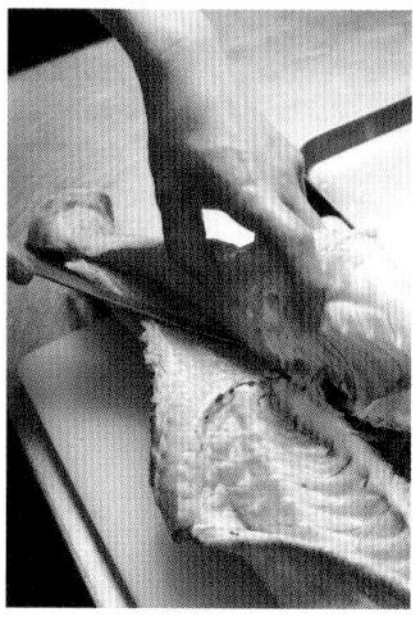

3

腹から中骨まで包丁を入れ、開く。

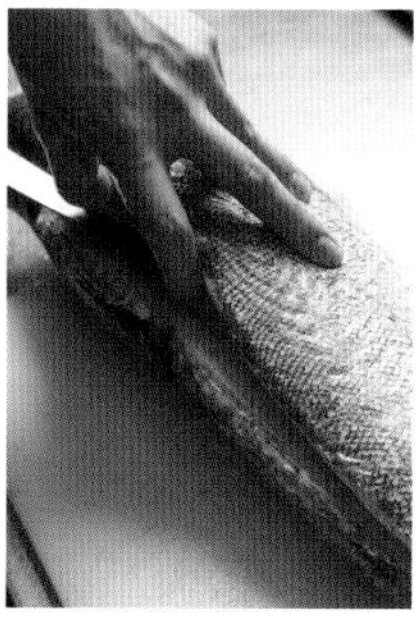

4

背骨に沿って包丁を入れ、背側も開く。

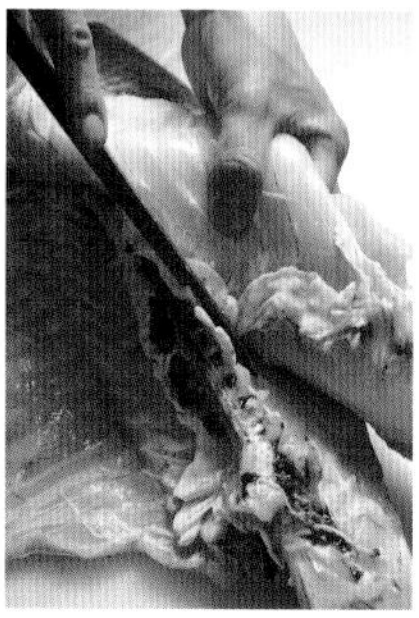

5

あばら骨の立っている部分に包丁を沿わせて関節を切り、三枚におろす。

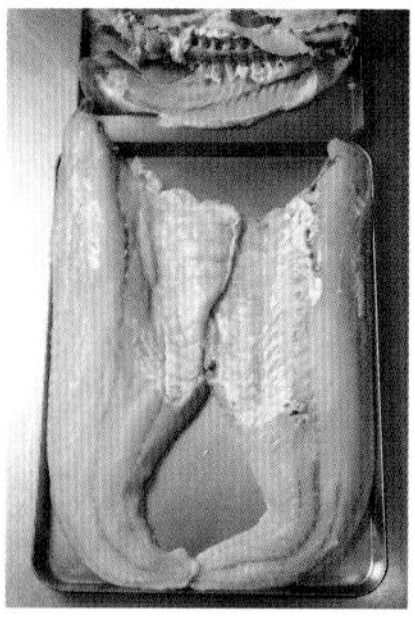

6

腹骨を取り、反対側も同様におろす。

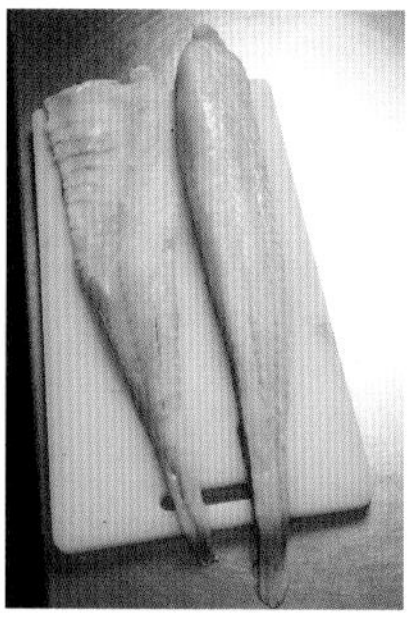

7

片身を上身（背側）と下身（腹側）に分ける。

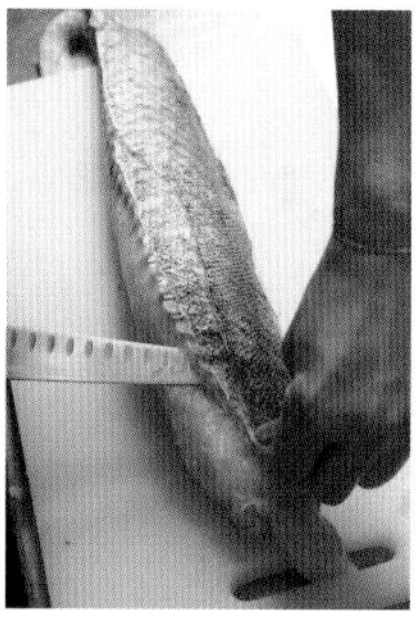

8

皮を上にしてそぎ取る。赤い部分は血合いなので、皮とともに取る。

谷昇の仕事　鱈をさばいたその先

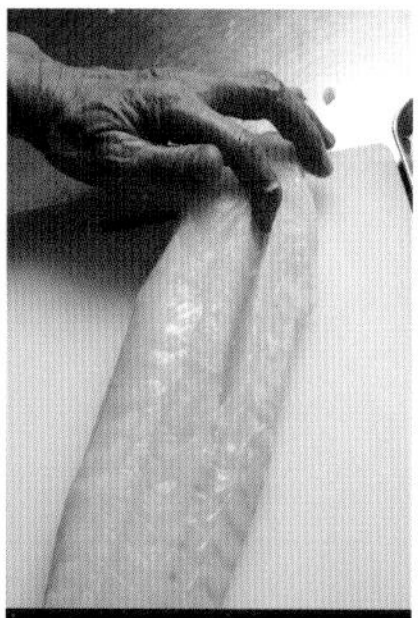

9

上身をさらに分ける。間にスジがあるが、身割れの原因になり、うまく焼けないので、スジを取りながら分ける。スジのある場所はすっと指が入る。

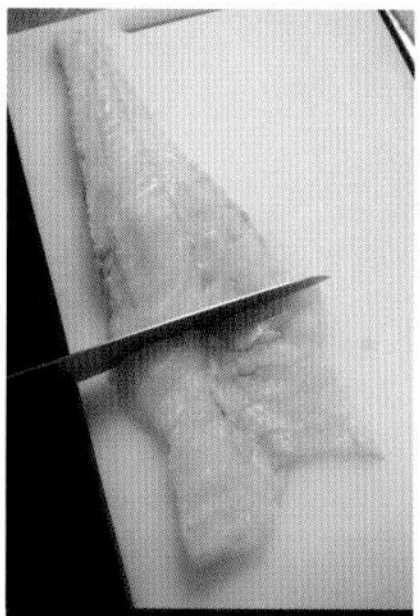

10

下身の腹部分は身が薄すぎて火が入りにくいので、店では使用せず、まかないにまわす。

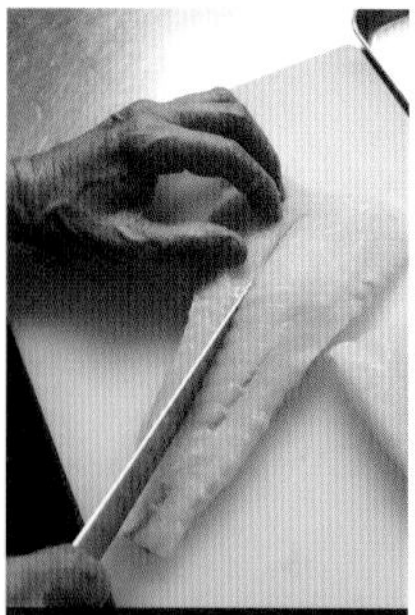

11

尾先を切り揃え、下身もさらに上下に分ける。すべて左右対称に整える。ここまでで身は1950g。

12

鱈をバットに並べ、0.45%の塩、塩の半量のトレハロースを混ぜ、鱈にふり、冷蔵庫に半日おく。出てきた水分は脱水シートで取る。

13

半日で写真の量の水分が出る。これは魚の臭み。水分は焼くときの邪魔もする。

Chronique
du chef

鱈は盛夏がベストシーズン

素材としての鱈は絶対に真夏！　卵や白子を抱える秋から冬、春にかけての鱈は、身が痩せてしまいグズグズです。夏の鱈のプリプリとした食感の魅力はありません。フランスにも鱈はありますが、干し鱈がヨーロッパ全域で一般的。歴史的に見てもその保存性から貴重な素材として扱われていました。フランスならラングドック地方の名物、干し鱈のブランダード、スペインではオリーブ油で煮込むピルピルが有名ですね。

グルヌイユの下準備

材料

グルヌイユ …… 12匹
強力粉 …… 〈2g〉〔5g〕
塩 …… 〈1g弱〉〔3g〕
にんにくオイル（p.190）…… 〈2g〉〔6g〕

＊分量：〈　〉はふくらはぎ用、〔　〕はもも用。

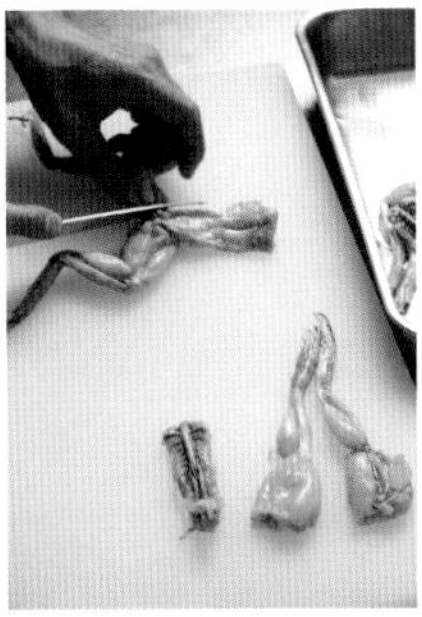

1

骨盤と大腿骨の間に包丁を入れ、足を切り落とす。料理の主素材として使うのは足のみ。それ以外の部位はフュメ・ド・グルヌイユに用いる。

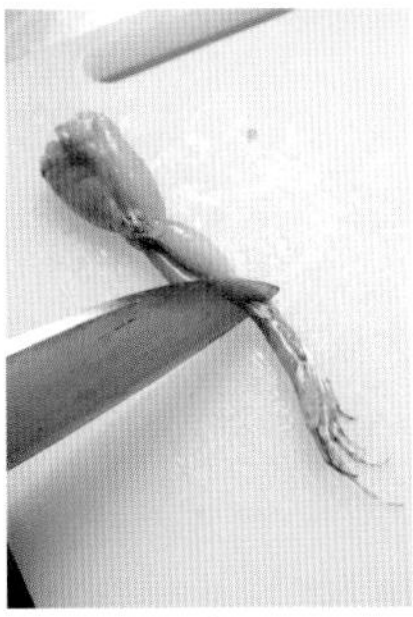

2

足首の関節のもも側に包丁を入れ、足先を切り落とす。

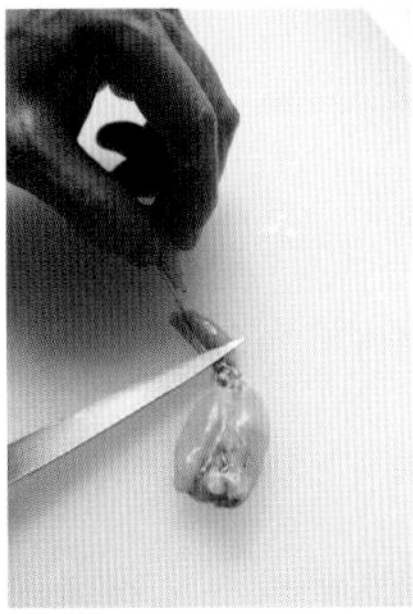

3

膝関節に包丁を入れ、もも、膝下に分ける。骨はももについた状態。膝下はさらに前後（ふくらはぎ、スネ）に分ける。ふくらはぎはすぐに外れるが、スネは骨に包丁を沿わせると外しやすい。

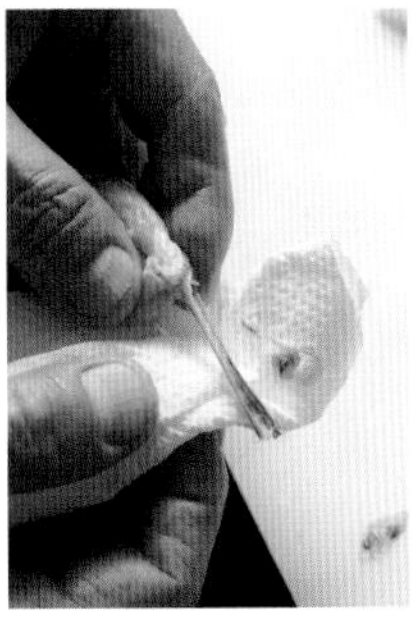

4

ももは骨まわりのスジを切ってしごいておき、ペーパータオルでスジを取り、形を整える。こそげ取った肉は捨てずにフュメ・ド・グルヌイユに使う。

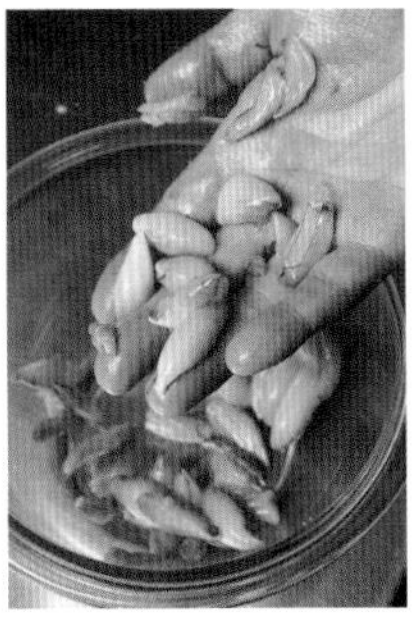

5

ボウルにふくらはぎとスネを入れて塩をふり、やさしくもみ込む。しっとりと濡れてくるが、これは旨味。

6

水分が浮いてきたら強力粉を加え、粘りが出るまで混ぜる。粉をまぶすことで旨味の水分を閉じ込める。

7

にんにくオイルを加え、全体に行き渡らせる。香りづけと、強力粉のくっつきを抑えるため。調理まで時間がある場合は冷蔵庫で保存する。

8

ももも5～7と同様に準備する。骨を折らないようにやさしく扱う。

フュメ・ド・グルヌイユ

材料（でき上がり180g）

A
- グルヌイユの胴・足先（小さめのぶつ切り）…… 12匹分
- エシャロット（薄切り）…… 35g
- にんにく（薄切り）…… 1かけ（10g）

バター …… 40g

B
- 白ワイン …… 50ml
- ノイリー・プラット（p.70）…… 50ml
- エルブ・ド・プロヴァンス（p.70）…… 1g
- 水 …… 500ml

1

フライパンにバターを入れて中火にかけ、溶け始めたらAを加え、色をつけないように炒める。グルヌイユからジュースが出てくるが、これは旨味のゼラチン質。ジュースが出る火加減を保つ。

2

ジュースが出てこなくなったらBを加え、強火にする。沸騰したらアクを取り、弱めの中火にして煮る。水分が減ったら水を足す。10～15分煮たら、2つのシノワの間にペーパータオルを挟み、漉す。

Chronique
du chef

フレンチには必ず主素材の出汁がある

フレンチには、必ず主素材の出汁があります。子牛のフォン・ド・ヴォーや、オマール海老のジュ・ド・オマール。カエルでいえば、このフュメ・ド・グルヌイユがそうです。出汁はソースや煮込みのベースに用いるもの。フュメ・ド・グルヌイユは単体だと癖がありますが、生クリームやバターを加えるとまろやかで使いやすいソースになります。カエルの料理に合うのは言うまでもありません。ふくらはぎやもものソテで、どうぞお試しください。

Jambes de grenouilles sautées à la cressonière

グルヌイユのふくらはぎのソテ、クレソニエール

グルヌイユ料理はもも肉を食べるというのが広く行き渡っていますが、ブリッとした食感のふくらはぎも美味。ふくらはぎは一気に火を入れないとプリプリの弾力が出ないのと、すぐに火が入るので、加熱の工程はとにかく手早く行います。グルヌイユといえばアルザスではお馴染みのクレソンと、相性のよいハーブのソースを合わせました。

材料（1人分）

グルヌイユのふくらはぎ（p.153）…… 12匹分
オリーブ油 …… 30ml

【盛りつけ】

ソース・ヴェルト（右記）…… 30g
クレソンサラダ ※1 …… 適量

※1＝クレソンはオリーブ油であえ、塩を加えて混ぜる。

1

フライパンにオリーブ油を熱し、グルヌイユを入れ、あおるように揚げ焼きにする。すぐに火が入って硬くなりやすいので、短時間で加熱する。白くなれば火が通っている証拠。油をきり、ソース・ヴェルトを敷いた皿に盛り、クレソンサラダをのせる。

ソース・ヴェルト

材料（作りやすい分量）

A｜卵黄 …… 2個
｜ディジョンマスタード …… 20g
ほうれん草パウダー ※1 …… 5g
オリーブ油 …… 40g
ミックスハーブ ※2 …… 2g
黒こしょう …… 適量
湯 …… 適量

※1＝葉をフリーズドライにして粉砕したもの（市販）。
※2＝ドライのローリエ、エストラゴン、マジョラム、タイム、セージ、ローズマリーをミキサーで細かく粉砕したもの。

1 ボウルにAを入れて泡立て器で混ぜ、ほうれん草パウダーを加えて混ぜる。
2 オリーブ油はマヨネーズの要領で（p.53）少しずつ加えながら混ぜ、乳化させる。
3 ミックスハーブを加え、なめらかになったら、こしょうを多めに加え、もったりするまで混ぜる。
4 湯を加え、濃度を調節する。湯は分離を防ぐ効果がある。

Chronique
du chef

食べるカエルと食べないカエル

フランスにはカエルを食べる文化があり、池や沼の多いドンブ地方が名産です。マルシェには1ダース（12匹）が串刺しになって売られています。フランス語にはカエルの単語が2つあって、食用が「grenouille グルヌイユ」、フランス人でさえ食べると言ったら顔をしかめるのが「crapaud クラポー」。グルヌイユの皮膚はツルツルですが、クラポーはブツブツしています。通常カエルは骨つきのもも肉だけを調理し、丸ごと食べることはありません。食べるカエルはグルヌイユとだけでは呼ばず、「Cuisse de grenouille グルヌイユのもも肉」と呼ぶのが一般的。確かにグルヌイユの足はクラポーと比べると長く筋肉があって、素材として魅力的です。

Cuisses de grenouilles sautées, beurre noisette

グルヌイユのもものソテ、ブール・ノワゼット

水分の多いグルヌイユは下準備が要。そのまま焼くと水分が抜けてしまうので、僕は中国料理の技法からヒントを得た下準備を施します。この下準備をすることで保存性が高まって調理も楽になり、焼きも美しくプリッと仕上がります。

材料（1人分）

グルヌイユのもも（p.153）…… 6本
オリーブ油 …… 5g
にんにくのコンフィ（下記）…… 4～5個
グリーンオリーブ …… 6個
セミドライトマト（下記）…… 6個
シェリーヴィネガー …… 3ml
万願寺唐辛子のグリエ ※1 …… 2本
ブール・ノワゼット（p.190）…… 20g

※1＝万願寺唐辛子は網焼きし、塩少量をふる。

1
フライパンにオリーブ油、グルヌイユを入れ、強火で一気に焼く。焦がさないようにゆすり、上下を返しながら焼く。

2
美味しそうな焼き色がついたら、にんにくのコンフィを加えて焼く。グリーンオリーブ、セミドライトマトを加え、混ぜる。

3
シェリーヴィネガーをかけ、水分をとばす。皿に盛り、万願寺唐辛子のグリエを添え、ブール・ノワゼットをかける。

にんにくのコンフィ

材料（作りやすい分量）

にんにく …… 4株（260g）
オリーブ油 …… 300ml
A ｜ローズマリー …… 1枝
　｜タイム …… 4～5枝

1 にんにくは皮つきのまま1かけに分け、鍋に入れる。オリーブ油を加え、強火にかける。
2 フツフツしてきたら弱火にし、小さい泡が出る状態を保ちながら、焦がさないようにゆっくり加熱する。
3 にんにくに竹串を刺してすっと通るまで30分ほど加熱する。瓶に移し、Aを加え、1週間ほどおく。常温または冷蔵庫で約1週間保存可能。

セミドライトマト

材料（作りやすい分量）

トマト …… 6個（700g）
塩 …… 3g
オリーブ油 …… 15g

1 トマトは8等分のくし形に切ってバットに並べ、まんべんなく塩をふる。うっすらと水分が出てきたらオリーブ油をかける。
2 150℃のオーブンで5分焼き、100℃にして2時間ほど焦がさないように焼く。冷蔵庫で2～3週間保存可能。

Escargots sautés aux herbes

エスカルゴのソテ、香草風味

フランスでのエスカルゴの食用の歴史は古く、有史以前。養殖は古代ローマ時代から始まっていたそうです。日本に輸入される際は身だけの姿。殻が必要な場合は別途購入します。扱いのポイントは、ぬめりと臭みを徹底的に除くこと。マリネに仕立てておくと汎用性も高まります。僕はカリッとした食感が美味しいと思うので、粉をつけて深めに焼きます。炒め合わせたハーブ・スパイスもそのままに、プレゼンテーションは宝探しの趣でいかがでしょうか。

材料（2人分）

【エスカルゴのマリネ】

（作りやすい分量）

エスカルゴ …… 身のみ500g

A
- 玉ねぎ（薄切り）…… 40g
- にんじん（薄切り）…… 40g
- セロリ（薄切り）…… 40g
- にんにく …… 2かけ（20g）
- ローリエ …… 3枚
- 水 …… 40g

B
- エルブ・ド・プロヴァンス（p.70）…… 2g
- ノイリー・プラット（p.70）…… 100ml
- 塩 …… 7g

【ソテ】

エスカルゴのマリネ …… 24個

強力粉 …… 適量

オリーブ油 …… 30ml

C
- 好みのハーブ・スパイス ※1 …… 適量
- 赤唐辛子 …… 5本

エスカルゴバターソース（下記）…… 全量

※1＝タイム、ローリエ、ローズマリー（ドライ）、エストラゴン（ドライ）、グリーンペッパーなど。

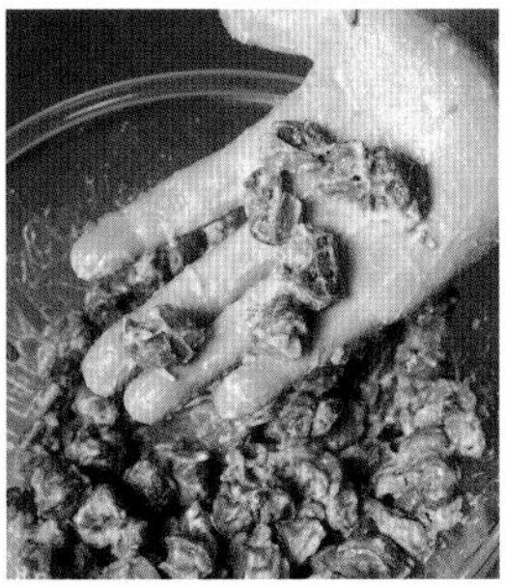

1

エスカルゴのマリネを作る。エスカルゴは塩50gをふってもみ込み、表面のぬめりを取る。ぬめりの正体はタンパク質。塩を使わないと取れないので、たっぷり使う。数回水洗いし、ぬめりを取る。

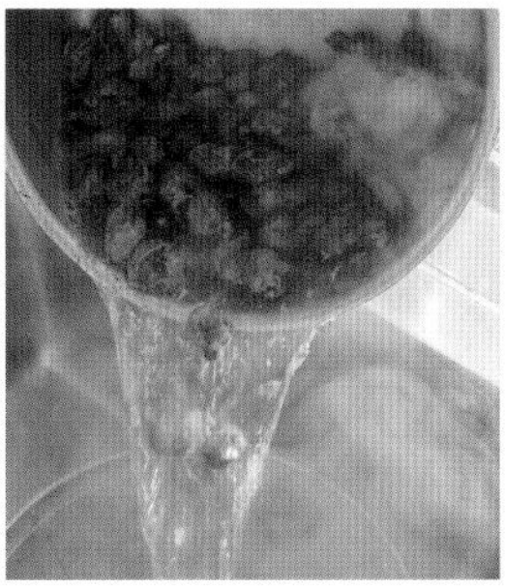

2

鍋にたっぷりの水、エスカルゴを入れ、強火にかける。沸騰したらざるに上げて水気をきる。このゆでこぼす作業をブランシールという。エスカルゴの匂いを嗅いでみて気にならなくなるまで数回くり返す。

3

ブイヨン・ド・レギュームを作る。鍋にAを入れて強火にかける。沸騰したらアクを取る。弱火で20分ほど煮る。伝統的に、ブイヨン・ド・レギュームは20分かければ風味が出るといわれている。

4

野菜の香りが出たら、Bを加える。塩は強めだが、強くしておかないとエスカルゴに味が入らない。エルブ・ド・プロヴァンスの代わりにブーケガルニや好みのスパイスを加えてもよい。

5

ひと煮立ちさせ、2つのシノワの間にペーパータオルを挟み、漉す。ブイヨン・ド・レギュームの完成。

6

ブイヨン・ド・レギュームにエスカルゴを漬ける。粗熱がとれたら、冷蔵庫に2日ほどおき、味を染み込ませる。この状態で4～5日は保存可能。

7

ソテを作る。エスカルゴのマリネは水気を拭き、強力粉をまぶし、余分を落とす。フライパンにオリーブ油15ml、エスカルゴのマリネを入れ、強火でカリッと炒める。

8

別のフライパンにオリーブ油15ml、Cを入れ、強火で炒め合わせる。香りが出たら7を加え、炒め合わせる。器に盛り、エスカルゴバターソースを添える。

エスカルゴバターソース

材料（2人分）

A
- バター …… 5g
- エシャロット（みじん切り）…… 3g
- 白ワイン …… 30ml

生クリーム …… 15ml

エスカルゴバター（p.166）…… 30g

1 鍋にAを入れ、強火で水分がなくなるまで煮詰める。

2 生クリームを加えて混ぜ、沸騰したら火を止め、エスカルゴバターを加えて混ぜる。

Escargots en brochette

エスカルゴの串揚げ

エスカルゴのマリネの展開例をご紹介します。店のアミューズにも登場するメニューです。合わせたのはバルサミコのソース。酸味はエスカルゴに合う要素のひとつです。

材料（1人分）

エスカルゴのマリネ
（p.159）…… 4個
強力粉 …… 適量
溶き卵 …… 適量
パン粉 …… 適量
揚げ油 …… 適量
ソース・バルサミコ
（下記）…… 適量

1 エスカルゴのマリネは水気を拭き、4個1組で竹串に刺す。
2 強力粉、溶き卵、パン粉の順につける。
3 170℃の揚げ油で、美味しそうな色がつくまで揚げる（**a**）。

a

ソース・バルサミコ

材料（作りやすい分量）

バルサミコヴィネガー …… 適量

1 鍋にバルサミコヴィネガーを入れ、強火にかける。沸騰したら弱火にし、フツフツの火加減を保ち、アクを取りながら煮詰める。
2 半量ほどに煮詰め、ツヤととろみが出てきたら完成。濃度は好みだが、冷めると硬くなるので気持ち早めの濃度で止める。

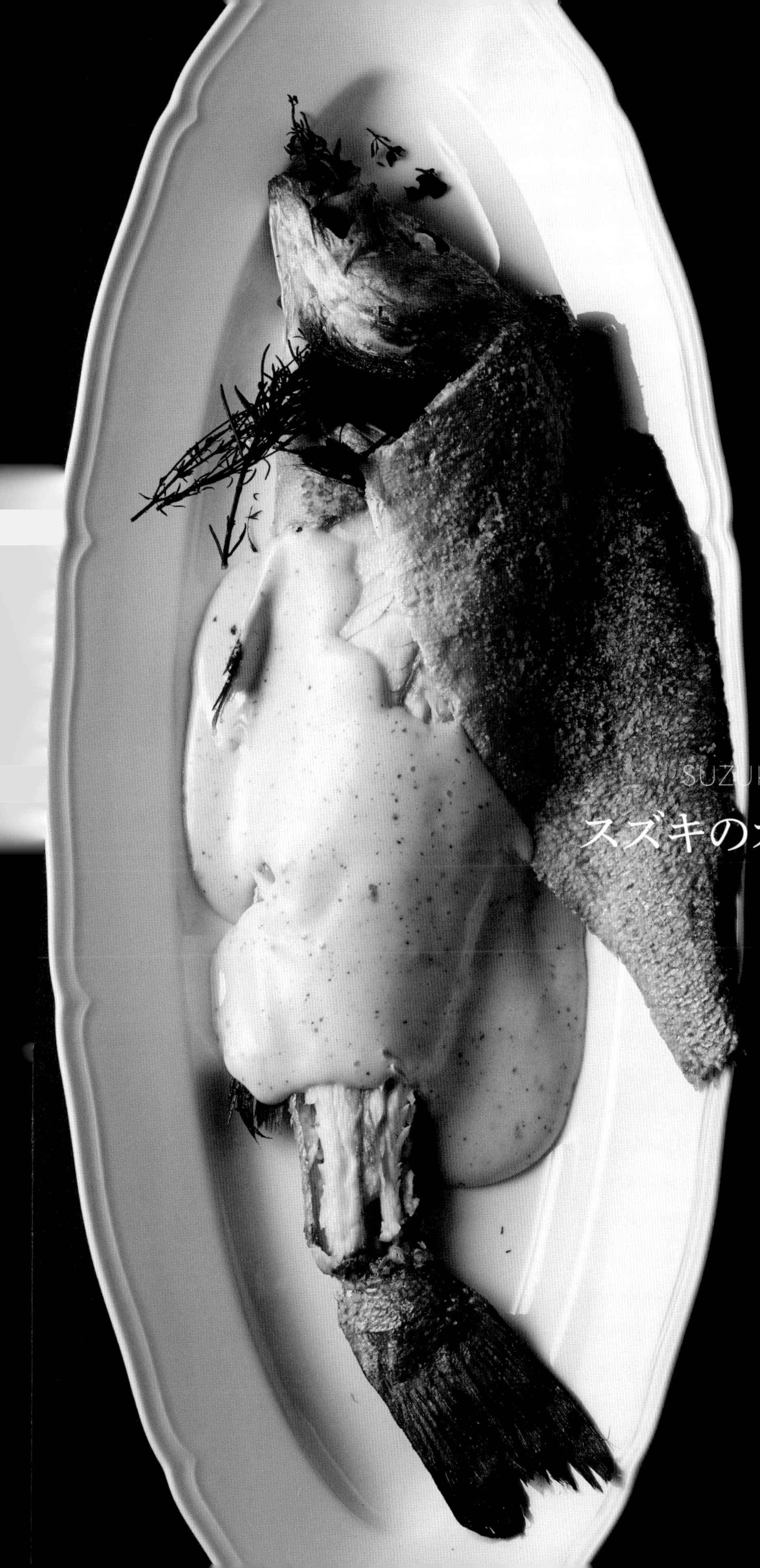

SUZUKI entier rôti au four

スズキのオーブン焼き

SUZUKI entier rôti au four

スズキのオーブン焼き

作り方はいたって容易で、失敗知らずの料理です。1尾のままオーブンで焼くメリットは身がふっくら仕上がること。ふわふわの身には「素材にのるソース」、空気を含んだベアルネーズを合わせたい。盛りつけは、大皿にのせて豪快に取り分けるスタイルがお薦めです。親しい人たちの集まりならなおさら。見た目のインパクトがあるので、絶賛されること請け合いです。魚はほかに鯛やハタなど、磯系のものが合います。骨の手強さを気にしないのなら、イサキやアイナメも美味しいです。

材料（作りやすい分量）

スズキ …… 1尾（1kg）

A
- タイム …… 5～6枝（6g）
- ローズマリー …… 3～4枝（9g）
- ローリエ（ドライ） …… 10枚
- オレガノ …… 1.5g

オリーブ油 …… 30g

塩 …… 15g

ソース・ベアルネーズ（p.163） …… 150g

1

スズキは鱗の間にすり込むように塩をし、洗ってぬめりを取る。内臓を取り、中にAを詰める。

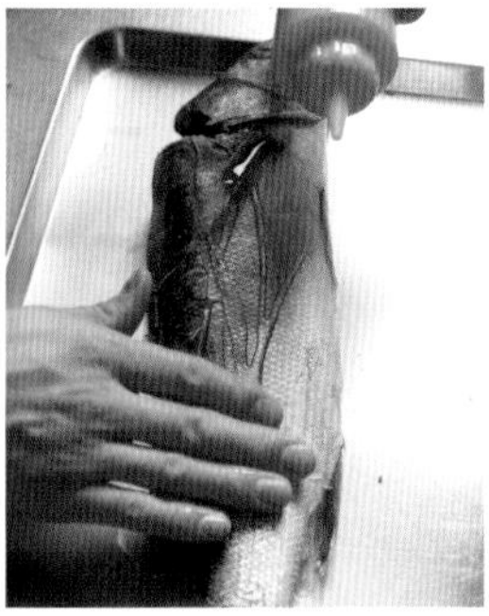

2

オリーブ油をかけ、全体にのばす。

3

塩15gをふって全体にすり込み、270℃のオーブンで20分焼く。

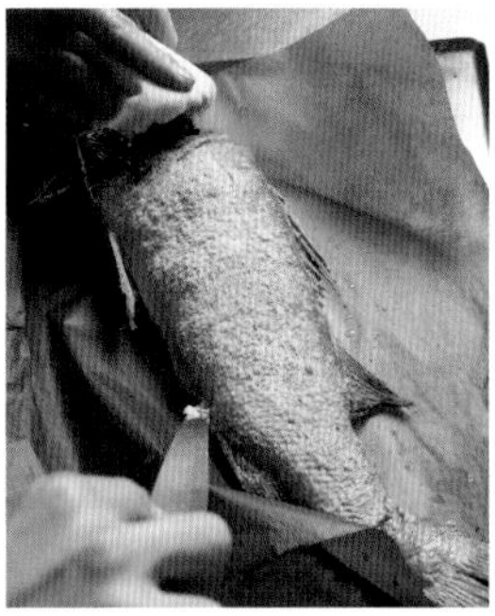

4

エラのキワ、上下のヒレの位置に包丁を入れ、皮をはぐ。

スズキのオーブン焼きはベアルネーズのほかに、ブール・コンポゼのメートル・ドテル・バター（p.166）もよく合います。

Chronique
du **c**hef

フランスの伝統的なステーキソース

ソース・ベアルネーズはフランス南西部の「ベアルン風ソース」の意味で、食通で名高いアンリ4世がベアルン生まれであることにちなんで名づけられたようです。フランスではこのソースをステークに合わせるのが伝統。ビストロでは、ベアルネーズがたっぷりかかったステークに山盛りのフリット、という皿が定番。オランデーズとの違いは、ハーブや調味料を煮詰めたレデュクションを入れるかどうか。仕上げに加えるセルフイユは、かのエスコフィエの踏襲です。レシピは多様に存在しますが、最も美味しく丁寧なレシピをご紹介します。

ソース・ベアルネーズ

材料（でき上がり約150g）

【レデュクション】

エシャロット

（みじん切り）…… 30g

エストラゴン（ドライ）…… 1g

白ワイン …… 120g

白ワインヴィネガー …… 10g

水 …… 50ml

卵黄 …… 3個

バター …… 90g

塩 …… 2g

セルフイユ

（みじん切り）…… 1g

1

鍋にレデュクションの材料を入れ、強火にかける。沸騰したら弱火にし、ときどきゆすりながら水分がなくなるまで煮詰める。煮詰めることで香味野菜と調味料のエキスを凝縮させる。この風味を卵に加えるのが、オランデーズとの違い。

2

水を加え、強火で2/3量ほどになるまで煮詰める。水の役割は、卵黄と乳化しやすくするためと、煮詰めたエキスを水にもどし、酸を和らげるため。

3

*2*は粗熱をとり、ボウルに入れた卵黄に加える。熱いと卵黄が固まってしまい乳化困難になるので、必ず粗熱をとること。泡立て器で空気を含ませながら、ふんわりとするまで泡立てる。

4

70 ～ 80℃の湯せんにかけ、混ぜ続けて泡立てる。ボウルに触れているところ（底と側面）から固まってくる。底は自然と混ざるので、側面を意識しながら絶えず混ぜ、乳化させる。側面に飛んだものはゴムべらなどで落とす。

5

泡が大きいときは、まだ乳化していない。手応えが重くなったら、いったん湯せんから外し、軽くなったら湯せんに戻す。泡がなくなり白っぽくなったらOK。すくって落としたとき、リボン状にはならないが、へらにのる状態。

6

混ぜながら、溶かしバターを加える。バターの乳しょうはコク！残さず加える。乳しょうは水分なので、加えると柔らかくなる。硬く仕上げたいときは、この前段階でさらにしっかり泡立てておく。

7

塩を加えて混ぜる。さらにコクが欲しい場合は、ケチャップ5gほど、または醤油やかき油などを加える。シノワで漉す。押して漉しきる。

8

セルフイユを加え、混ぜる。熱い状態で加えると変色するので、粗熱がとれたら加える。冷めると少し固まるので、温かいところに置く。

Suprême de HIRAME Dugléré

ヒラメのポシェ、デュグレレ風

ポシェは少量の液体に主素材をつけて、液体ごとオーブンで蒸し煮する調理法。デュグレレは19世紀の名料理人で、彼の創作した料理にこの名が冠されます。定義はトマト、香味野菜を加えた白ワイン風味のことで、白身魚に用いられます。
ヒラメは生と変わらないくらいの柔らかさに仕上げるのが目標。そのために、蒸し煮する液体に濃度をつけることが極めて重要です。サラサラの液体はヒラメに留まらないので、熱から守ることができず硬くなってしまいます。ヒラメは液体に半分ほど浸け、焼き色がつかないように加熱します。

材料（1人分）

ヒラメ …… 2切れ（60g）
A | エシャロット（みじん切り）…… 3g
  | 白ワイン …… 30g
鶏のブイヨン（p.129）…… 60g
生クリーム …… 30g
バター …… 10g
塩 …… 0.5g
黒トリュフ（3mm角）…… 6g
B | トマト（5mm角）…… 20g
  | 白こしょう …… 少量
  | イタリアンパセリ（みじん切り）…… 少量

谷昇の仕事

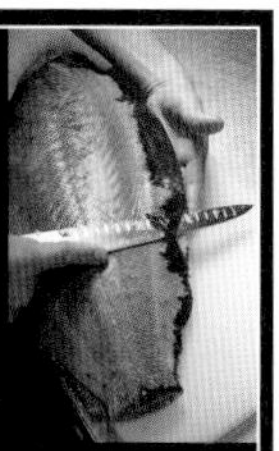

ヒラメのすき引き

ヒラメの鱗は「すき引き」する。これは日本料理の技法だが、ヒラメの皮は2枚あり、フランス料理で常識とされている方法では細かい鱗を取り去ることができない。切れる包丁を皮に当て、尾から頭に向かって包丁を上下させながら鱗のついた外側の皮（黒い皮）をそぎ取る。フランス料理では金だわしでこするが、それでは細かい鱗は取れないばかりか、身に傷がついて崩れてしまう。

1

鍋にAを入れ、強火でエシャロットの頭が出るまで煮詰める。水分がなくなるまで煮詰めるのは、白ワインの酸をとばすためと、生クリームを入れたときの分離を防ぐため。

2

鶏のブイヨンを加え、半量になるまで煮詰める。冷えるとゼリー状に固まる性質をもつブイヨンは、煮詰めることでとろみがつく。

3

生クリーム、バター、塩を順に加え、混ぜる。

4

トリュフを加える。本来のデュグレレ風にトリュフは入らない。風味と黒の色彩を加えるためのオリジナル。

5

Bを加え、ヒラメを蒸し煮するためのソースが完成。サラサラの液体で蒸し煮にすると魚が硬くなってしまうので、液体には濃度をつけておくことが重要。

6

バットなど平らな容器にバターを塗ってヒラメを置き、5をかける。バットはヒラメが半分ほど浸かるサイズにする。かぶってしまうと「煮た」食感になってしまう。

7

湯をはった大きめのバットに6を入れ、170℃のオーブンで4分蒸し煮する。

谷昇の哲学

méthodologie du chef

ブール・コンポゼ Beurre composé

ブール・コンポゼとは、合わせバターのこと。柔らかくしたバターに香味材料や調味料などを混ぜ合わせて作ります。バターのポマード状とはなめらかにすることで、フランス語でポマードが軟膏を意味することに由来し、ほかの材料と合わせやすくなります。加える材料は生の場合も火を通す場合もあります。僕にとっては調味料。ソース代わりに使うこともありますし、煮込みに加えてコクや風味をつけることもあります。肉や魚のグリエに添えるのもいい。あるいは、トーストにのせる、熱々のじゃがいもなどゆで野菜とあえるカジュアルな使い方もお薦めします。

ブール・コンポゼはラップで巻いて冷蔵しておくと使い勝手がいいです。グリエに添えるときはすぐ溶けるように柔らかくしておきます。すりおろして「風味をのせる」あしらいをするときは、凍らせておくとおろしやすくなります。

Sauce tapenade

ソース・タプナード

材料（作りやすい分量）

- A
  - 黒オリーブ（缶詰。種なし）…… 75g
  - アンチョヴィフィレ（缶詰）…… 1缶（28g）
  - にんにく（芯を取って粗みじん切り）…… 1/2かけ（3g）
  - スイートバジル …… 3g
  - ケイパー（塩抜きする）…… 5g
- オリーブ油 …… 15～30ml

1 フードプロセッサーにAをアンチョヴィは油ごと入れ、側面についたものは落としながら、少しずつ回す。

2 全体的に混ざったらオリーブ油を少しずつ垂らしながら回す。アンチョヴィの油があるので、オリーブ油は好みで調節する。

Beurre d'escargots

エスカルゴバター

材料（作りやすい分量）

- バター（ポマード状）…… 100g
- エシャロット（みじん切り）…… 10g
- にんにく（すりおろす）…… 5g
- イタリアンパセリ（みじん切り）…… 5g
- 塩 …… 1～1.5g

1 材料を混ぜ合わせる。

使用例：ムール・ファルシ（p.50）

Beurre maître d'hôtel

メートル・ドテル・バター

材料（作りやすい分量）

- バター（ポマード状）…… 100g
- レモンの絞り汁 …… 10g
- レモンの皮（すりおろす）…… 1個分
- イタリアンパセリ（みじん切り）…… 5g
- 塩 …… 2g
- 黒こしょう …… 少量

1 材料を混ぜ合わせる。ラップで巻いて円筒状に整え、冷蔵庫で冷やし固める。

使用例：スズキのオーブン焼き（p.161）

Beurre d'anchois

アンチョヴィバター

材料（作りやすい分量）

- バター（ポマード状）…… 200g
- アンチョヴィフィレ（みじん切り）…… 1缶（28g）
- タプナード（左記）…… 20g
- 塩 …… 4g

1 材料を混ぜ合わせる。

使用例：オマール海老のショーフロワ（p.145）

6章 デザート

Desserts

Pêche Melba

ピーチ・メルバ

主役はフレッシュ感を極めた桃のコンポートです。ラズベリーソースとバニラアイスを合わせたクラシックな一皿に、新鮮でみずみずしい桃の魅力を加えました。考案者のオーギュスト・エスコフィエへ賛辞を込めて。

Pêche “Le Mange-Tout”

ル・マンジュ・トゥーのピーチ

共通項目をもつ食材同士は合います。桃とライチにおいては、品のよさと淡い香り。二者の組み合わせをより引き立たせるのが杏仁です。ただしソースでは強すぎる。軽さを求めた結果がエスプーマです。桃のコンポート、軍配が上がるのは赤か白か。

Pêche Melba

ピーチ・メルバ

材料（4人分）

桃のコンポート（p.171）…… 4個（白桃2個分）

【ラズベリーソース】（作りやすい分量／1人40g）

ラズベリーピュレ …… 150g

グラニュー糖 …… 30g

ペクチン※1 …… 2g

※1＝主に果実を原料として作られる、粉状の増粘多糖類で、凝固剤の一種。酸に弱いゼラチンなどと異なり、酸で凝固する特徴がある。

【バニラアイス】（作りやすい分量／1人50g）

バニラビーンズ …… 1/2本（10cm）

グラニュー糖 …… 50g

卵黄 …… 3個

牛乳 …… 200ml

生クリーム …… 100ml

1 ラズベリーソースを作る。鍋に材料をすべて入れ、中火にかける。ひと煮立ちしたらボウルに移し、底を氷水に当てて冷やす（**a**）。

2 バニラアイスを作る。材料表の分量でソース・アングレーズを作る（p.176）。生クリームは牛乳と一緒に加える。アイスクリームマシーンに入れ、固める。容器に移し（**b**）、冷凍庫に入れる。容器の端をあけて入れると、アイスをすくいやすい。

3 バットに網を敷いて桃のコンポートを置き、ラズベリーソースをかける（**c**）。

4 盛りつける。バニラアイスはディッシャーで丸くすくい、皿に置き、*3*をのせる（**d**）。

a

b

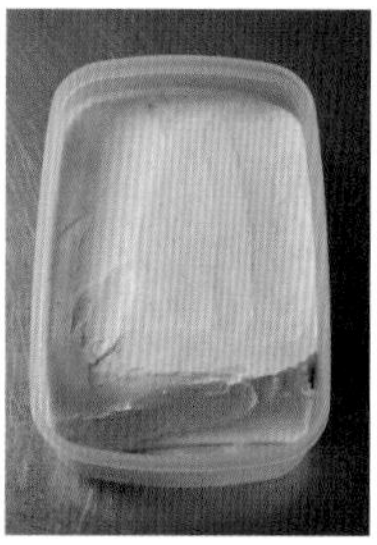

c

d

Pêche "Le Mange-Tout"

ル・マンジュ・トゥーのピーチ

材料（4人分）

桃のコンポート（p.171）…… 4個（白桃2個分）

【ライチソース】（作りやすい分量／1人50g）

ライチピュレ …… 150g

A | グラニュー糖 …… 45g
  | ペクチン …… 3g

ライチ（8等分に切る）…… 15個（150g）

板ゼラチン（水でふやかす）…… 2g

【杏仁のエスプーマ】（作りやすい分量）

杏仁霜※1 …… 50g

熱湯 …… 450ml

板ゼラチン（水でふやかす）…… 10g

ディタ※2 …… 30ml

※1＝「きょうにんそう」と呼び、甜杏仁（アンズの種）を粉末にし、砂糖、ブドウ糖などを添加したもの。
※2＝ライチのリキュール。

1 ライチソースを作る。鍋にライチピュレを入れ、中火にかける。50℃になったらAを入れて溶かし、沸騰させる。ライチを加え、最低でも80℃以上まで温め、板ゼラチンを加えて溶かす。ボウルに移し、底を氷水に当てて冷やす（**a**）。

2 杏仁のエスプーマを作る。材料右下が杏仁霜（**b**）。ボウルに杏仁霜を入れ、熱湯を少しずつ加えながら、泡立て器で混ぜる。板ゼラチンを加えて溶かし、ディタを加える。底を氷水に当てて冷やす。

3 桃のコンポートのくぼみにライチソースを詰め（**c**）、裏返して皿に置く（**d**）。

4 エスプーママシンに*2*を入れ、*3*の表面を杏仁のエスプーマで飾る。

a

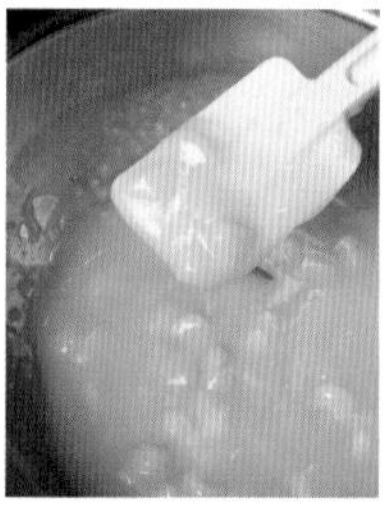

b

c

d

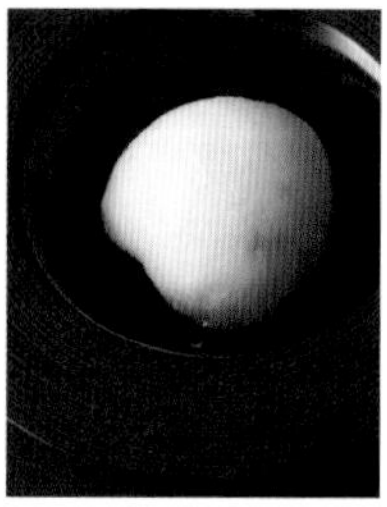

桃のコンポート

材料（4人分）

白桃 …… 2個

【シロップ】

水 …… 1ℓ

グラニュー糖 …… 200g

＊シロップは材料を沸騰させ、冷やしておく。

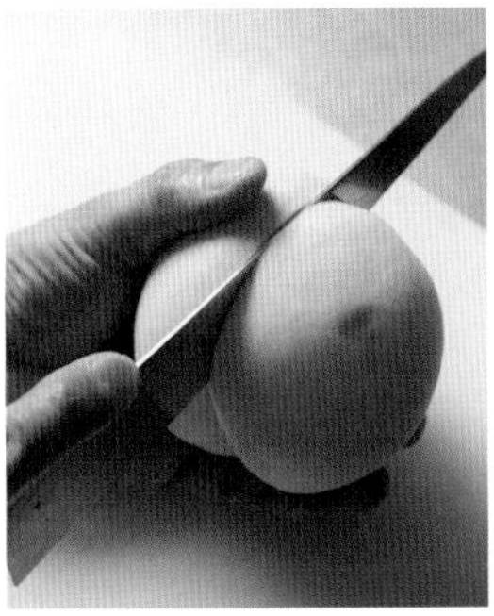

1

桃は手のひらで持ち、縦に入っている筋に包丁を入れる。桃は傷みやすいので、指で一点に圧力がかかるような持ち方は避け、覆うように持つ。

2

まな板に置いて切ると桃に負担がかかるので、包丁が下になるように上下を返し、包丁の背をまな板に打ちつけ、種ごと半分に割る。手はやさしく添える程度。

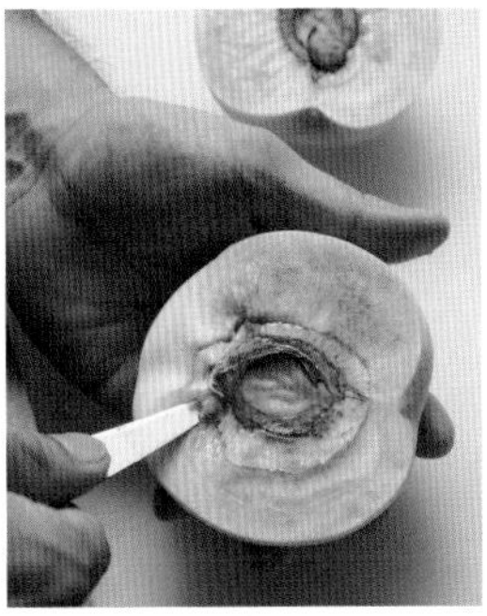

3

種のキワにペティナイフを入れ、種の形に沿って切り進め、種を取る。

4

鍋にたっぷりの湯を沸かし、桃を10秒ほど浸け、氷水に浸けて冷やす。これで皮がむきやすくなる。無理にむくと身が毛羽立ち、表面が美しく仕上がらない。皮がするりとむける桃ならこの作業は必要ない。

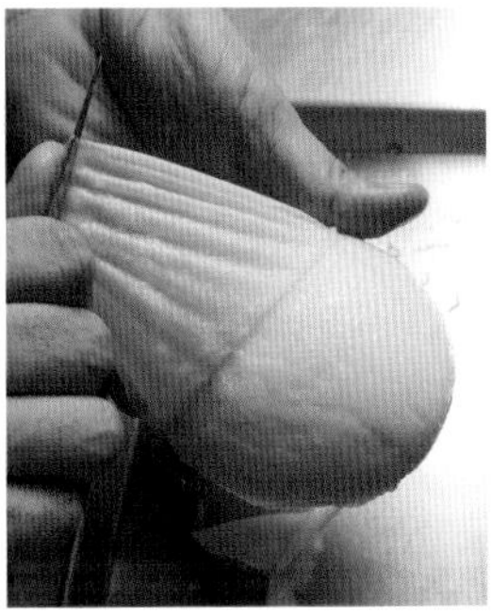

5

ペティナイフを皮の端にかけ、そのまま引っ張って一気にむく。

6

桃より深さのある容器にシロップを入れ、桃を種側を上にして入れる。ペーパータオルで蓋をし、種のくぼみの空気を抜き、全体が常にシロップに浸かるようにする。冷蔵庫で2～3時間冷やす。時間をおきすぎると砂糖の味が強くなり、フレッシュ感が失われる。

Chronique
du chef

桃はフレッシュ感を味わいたい

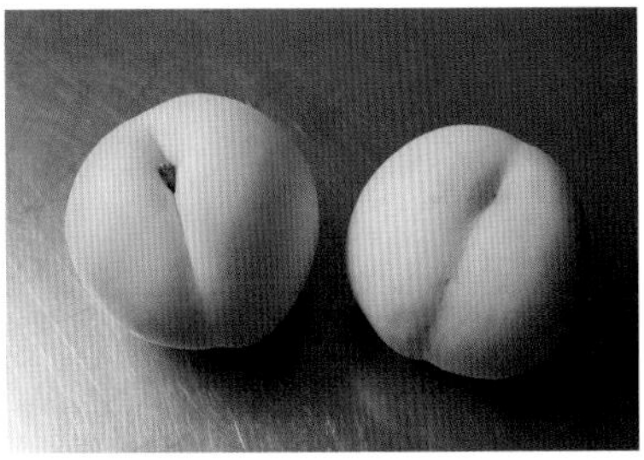

僕が好んで使っている白桃は、木で熟成した「夢白桃（左）」や「清水白桃（右）」など。本来、フランス料理のコンポートは保存食です。生では酸っぱくて堅いフルーツを、甘いシロップでじっくり煮て、フルーツがもつ風味を引き出す料理。けれど日本のフルーツは甘くてみずみずしい。感動的に美味しい桃だからこそ、そのフレッシュ感を味わいたい。とはいえ、プロの料理人としてのメソッドは駆使すべき。そうして生まれたのが、フレッシュな日本の桃を称える、このコンポートです。

Crèpes normandes

クレープ・ノルマンド

りんご、シードル、カルヴァドスは、ノルマンディー地方を代表する三大食材。これらを使った料理名には、「ノルマンディー」「ノルマンド」の名前がつくことが多いです。
ご紹介するのは、りんごをバターで焼き煮したところに生地を流し込むスタイルの田舎風クレープ。通常のクレープよりも生地は濃いめ、そして厚く仕上がります。りんごはシャキシャキでもクタクタでもいい。家庭料理ですから自由度も高く、多少の誤差は許されるデザート。繊細で斬新な側面がある一方で、こういう大らかな一皿があるのもフランス料理の魅力です。

材料（直径20cm1枚分）

【クレープ生地】

A
- 全卵 …… 2個
- グラニュー糖 …… 15g

薄力粉 …… 60g
牛乳 …… 75g

【りんごのバターソテ】

りんご（くし形切り）…… 小2個（400g）
グラニュー糖 …… 50g
バター …… 30g
カルヴァドス …… 45g

カルヴァドス

フランスのノルマンディー地方カルヴァドス県特産のりんごのブランデー。りんごの果汁を発酵させてシードルを作り、蒸留したあとにオーク樽で最低2～3年熟成させる。琥珀色で華やかな芳香がある。

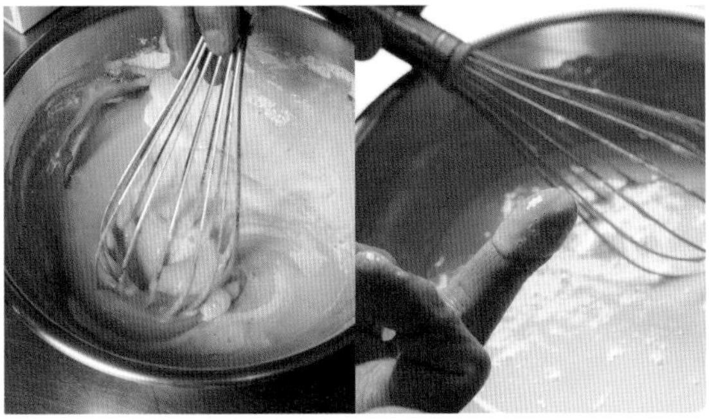

1

クレープ生地を作る。ボウルにAを入れ、泡立て器ですり混ぜる。薄力粉、牛乳を順に加え、そのつどよく混ぜる。この生地は練ってグルテンが出てもよい。リュバンにはならないが、指ですくうと少し留まる濃度になる。シノワで漉す。シンプルなクレープの場合は、ここでブール・ノワゼット（p.190）を加えるが、今回はりんごでバターを使うので入れない。

2

りんごのバターソテを作る。直径20cmのフライパンにグラニュー糖を入れ、中火にかける。回しながらカラメル状にする。うっすらと色づいたらバターを加え、半分くらい溶けたところでりんごを加える。

3

中火で上下を返しながら、水分をとばして焼く。りんごの食感は好みで、焼き色がついたらカルヴァドスを加え、強火でフランベする。フランベは調理の途中でブランデーなどをふりかけ、アルコール分をとばし、風味を移すために火をつけること。

4

クレープ生地を流し込み、弱火で焼く。りんごと生地のバランスは、りんごの顔が見え隠れするくらいがよい。

5

表面が乾いたら裏返し、焼き色がつくまで焼く。

Œuf à la neige

ウフ・ア・ラ・ネージュ

ネージュはフランス語で雪のこと。アングレーズの上に、ゆでてカラメルをかけたメレンゲを浮かべた、フランスの伝統的な一皿で、冷たいアントルメに分類されます。このデザートはポール・ボキューズのスペシャリテでもあり、古い料理書には、メレンゲをゆでるのは牛乳と書かれていますが、水を使って軽くしたのがボキューズ。そこから僕は「固定観念で物事を見ない」ということを学びました。作り方のポイントは湯温です。熱すぎるとスフレと同じ状態になり、大きさが半分になってしまいます。低すぎると卵白に火が入りません。

材料（3人分）

【メレンゲ】
卵白 …… 150g
塩 …… 0.5g
グラニュー糖 …… 75g

【カラメルソース】
グラニュー糖 …… 150g

アーモンド（スライス）…… 適量
ソース・アングレーズ（p.176）…… 1人70g

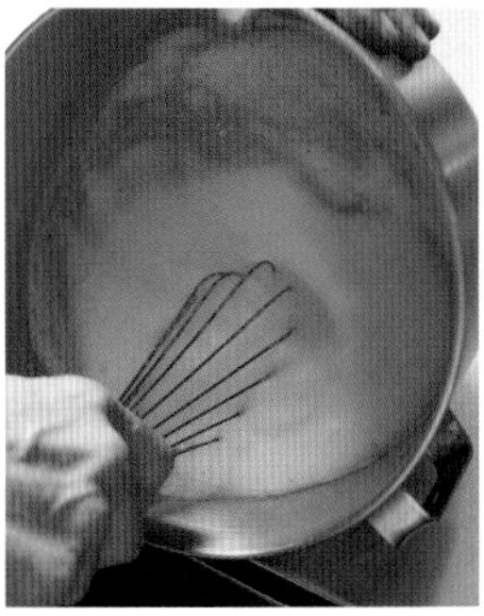

1

メレンゲを作る。ボウルに卵白、塩を入れ、泡立て器で白っぽくなるまで混ぜる。

2

グラニュー糖を1/3量ずつ加え、そのつどよく泡立てる。グラニュー糖を一度に入れると泡立たなくなるので注意。なめらかになり、ツノがゆるく落ちる程度に立てる。

3

鍋または深めのフライパンに湯を沸かしておく。穴あきのレードルでメレンゲをたっぷりすくい、パレットで形を整える。

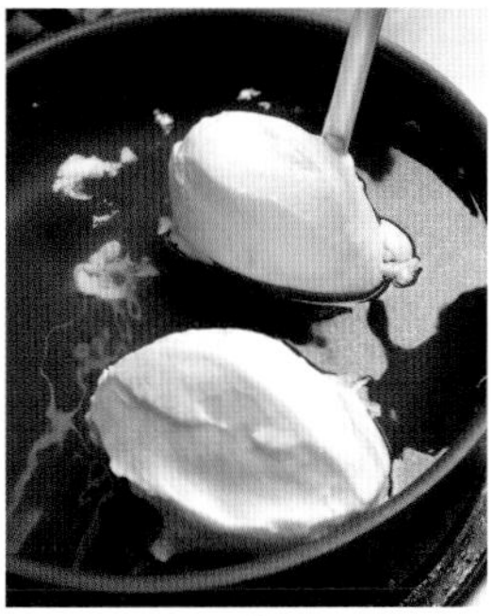

4

80～90℃の湯でメレンゲをゆでる。レードルを湯に浸けると、穴から湯が入ってメレンゲが浮く。

5

湯をかけたり、上下を返したりしながら、2～3分ゆでる。網を重ねたバットに置き、水気をきる。冷蔵庫で冷やしておく。

6

カラメルを作る。鍋にグラニュー糖を入れ、強火にかける。絶えず鍋をゆすり、回し続ける。徐々にグラニュー糖が溶けて色づき、泡ができる。

7

茶色に色づき、泡が大きくなったら、火から外す。鍋をゆすって泡をつぶす。

8

バットにペーパーと網を重ね、メレンゲを置き、カラメルをかける。

9

カラメルが固まる前にアーモンドを飾る。皿にソース・アングレーズを入れ、メレンゲをのせる。

Œuf à la neige

ウフ・ア・ラ・ネージュ

ソース・アングレーズ

材料（でき上がり約500g）

バニラビーンズ …… 1/2本（10cm）
グラニュー糖 …… 60g
卵黄 …… 3個
牛乳 …… 250ml

バニラビーンズの再利用

バニラビーンズのさやは2～3度再利用できる。使ったさやは洗って乾燥させる。液体に香りを移すには充分。砂糖に入れておけば風味がつき、それをミキサーで粉砕すればバニラシュガーになる。

1

バニラビーンズは縦に切り込みを入れ、包丁で種をこそげ取り、種とさやに分ける。

2

バニラの種とグラニュー糖を混ぜる。種をつぶしながら包丁の腹ですり混ぜ、香りを出す。

3

ボウルに卵黄を入れ、泡立て器で軽く溶きほぐす。*2*を加え、空気を含ませながら混ぜる。

4

空気を含ませ、白っぽくなるまでしっかり混ぜる。これをブランシールという。ブランシールは卵を強くする＝凝固点を高くする。ブランシールをしておかないと、火にかけたときに、とろみがつく前に固まってしまう。

5

鍋に牛乳、バニラのさやを入れて火にかける。香りを移しながら温め、軽く沸騰させる。*4*に少しずつ加え、素早く混ぜる。熱い牛乳を一気に加えると固まるので注意。

6

牛乳の鍋に移し、中火にかける。木べらで鍋底をかくように混ぜながら、82℃まで温める。ブランシールをしたことで卵黄が凝固せずゆっくり火が入り、なめらかなとろみがつく。

7

82℃近くになるととろみがついてくる。木べらですくい、指でなぞって跡が残るくらいのとろみがついたら、火から外す。

8

シノワで漉し、バニラのさやを取り除く。ボウルの底を氷水に当て、冷やす。

Week-end

ウィークエンド

Week-end

ウィークエンド

「週末に大切な人と一緒に食べるケーキ」が名前の由来の、フランス伝統のパウンドケーキです。パウンドケーキはフランス語で「カトルカール Quatre-Quarts」といい、卵、バター、砂糖、粉が同分量。「4分の1が4つ」の意味をもちます。シンプルな材料と配合ゆえに、生地作りには難しさがあり、個性が出るのが面白いところ。フランスは乾いた気候のせいか、アンビバージュをばしばし打ちます。アンビバージュは菓子に風味をつけたり、湿り気を与えたりする液体のこと。いわゆるシロップで、素材のジュースやリキュールなどを混ぜるのが一般的です。アンビバージュをたっぷり染み込ませることでしっとりとした食感に仕上がりますが、お好みでなくても構いません。

材料（奥行16×幅8×高さ6.5cmの
パウンド型1台分）

薄力粉 …… 120g
グラニュー糖 …… 120g
全卵 …… 120g
バター（ポマード状） …… 120g
レモンの絞り汁 …… 1/2個分
レモンの表皮（すりおろす） …… 1個分

＊薄力粉はふるう。
＊バターはなめらかにする
（ポマードはフランス語で軟膏の意味）。

【アンビバージュ】

A | 水 …… 100ml
　| グラニュー糖 …… 50g
　| レモンの絞り汁 …… 1/4個分（4ml）
コニャック …… 20ml

＊Aを沸騰させて火を止め、コニャックを加える。

【グラスアロー】

粉糖 …… 100g
水 …… 20g
レモンの絞り汁 …… 1/4個分（4ml）

＊材料を混ぜる。

1

スタンドミキサーのボウルにバターを入れ、ワイヤーホイップ（泡立て器型のヘッド）で白っぽく、空気を含んでなめらかになるまで混ぜる。バターは絶対に溶かしてはダメ。分離してしまう。

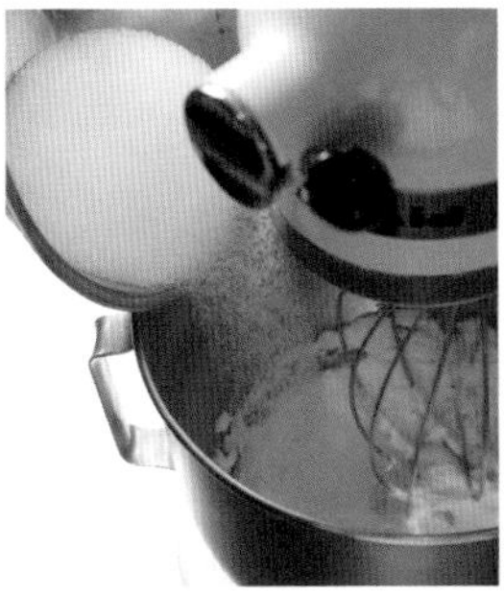

2

グラニュー糖は3回に分けて加え、そのつど混ぜる。3回に分けるのは、砂糖が水分を吸う性質をもっているため。一気に加えると固まってしまうので注意。

3

卵は溶き、スタンドミキサーで混ぜながら、少しずつ加える。ツヤが出て、なめらかになるまで混ぜる。

4

混ぜながら、レモンの絞り汁を少しずつ加える。レモンの表皮を加え、混ぜる。

5

スタンドミキサーからボウルを外し、薄力粉を一気に加え、ゴムべらで切るように、粉が見えなくなるまで混ぜる。キメ細かく均一に混ざれば生地の完成。

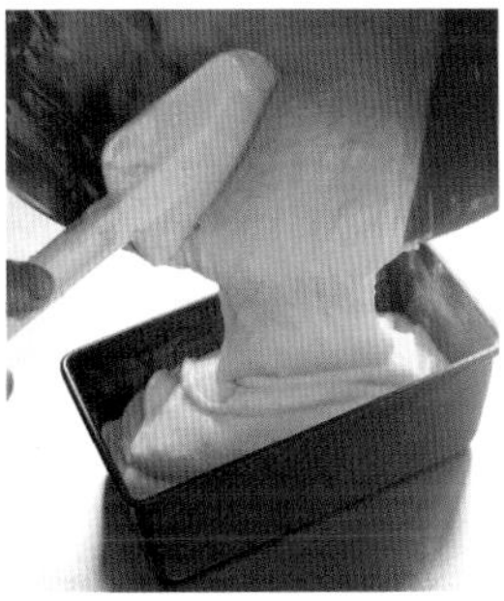

6

型にバターを塗り、強力粉をまぶし、余分を落とす。生地を8分めまで入れ、型を台に打ちつけて空気を抜く。170℃のオーブンで15分焼く。

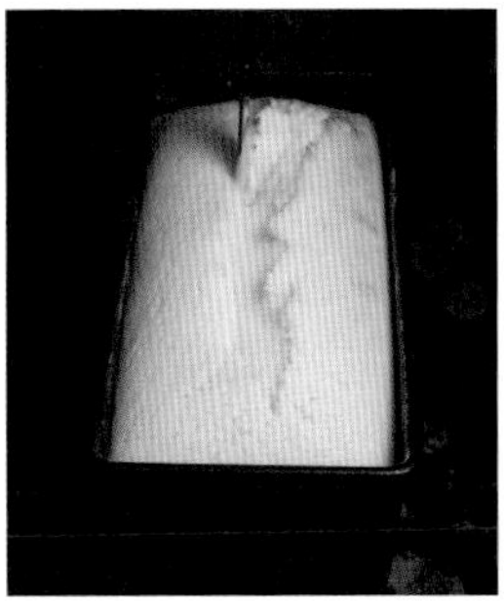

7

表面に包丁で縦に切り込みを入れる。焼き上がりは自然と割れるが、切り込みを入れることで美しい割れ目になる。再び170℃のオーブンで25分焼く。

8

竹串を刺し、何もついてこなければ焼き上がり。型に入れたまま横にし、網にのせる。上向きで冷ますと生地が沈むので、横にして美しい盛り上がりを保つ。蒸気を出しやすくする目的もある。8分で左右を変え、上を向け、粗熱をとる。

9

バットにアンビバージュを入れ、*8*を浸す。向きを変えて全面に染み込ませる。網を重ねたバットに置き、馴染ませる。

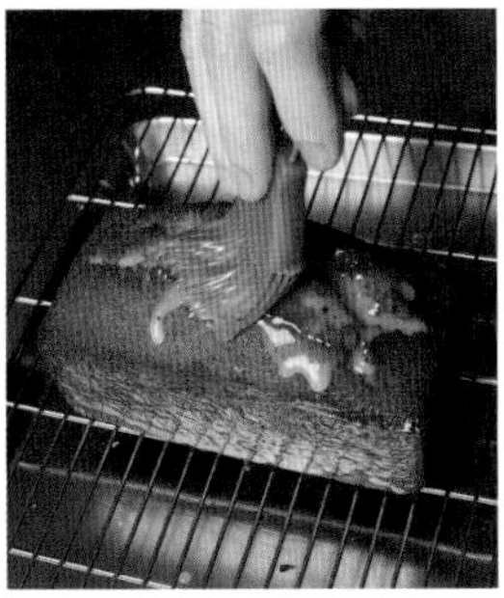

10

グラスアローを刷毛で塗る。全面に塗って室温におき、乾いたら再び全面に塗る。これを数回くり返す。室温におくと水分がとび糖化する（白くなる）。グラスアローは湯せんで温めると糖化しやすくなる。

Mousse au chocolat légere

チョコレートのムース

チョコレートの心象は、風味豊かでとにかく美味しいもの。父親の影響でスイスのブランド『リンツ』で育ったことも関係しているのかもしれません。大好きなチョコレートの風味を生かしながら、一線を画したムースができないかと考えたのがこのレシピ。チョコレートと生クリームの油分で仕上げる、言わば空気を入れ込んだガナッシュです。卵白を使わないので泡のような口溶けはない。重さはあるけれど、そのぶんチョコレートの香りが生きる。そういうムースです。

材料（3.5cmのキューブ型15個分）

クーベルチュールチョコレート
（エクストラビター 61%）…… 340g
グラニュー糖 …… 20g
キャトル・エピス …… 5g
A | 生クリーム …… 500g
| トリモリン（転化糖）…… 5g
B | しょうが（すりおろす）…… 8g
| レモンの表皮（すりおろす）
| …… 1個分（4g）
シュトロイゼル（下記）…… 全量

【盛りつけ】

金箔 …… 適量

キャトル・エピス

ナツメグ、ジンジャー、クローブ、ペッパーなどのスパイスをブレンドしたもの。シナモンが入る配合もある。フランス語で「4つのスパイス」を意味する、伝統的なミックススパイス。

シュトロイゼル

材料（15個分）

バター …… 150g
カソナード（p.186）…… 185g
薄力粉 …… 180g
カカオパウダー …… 20g

1 ボウルに材料を入れ、手でしっかり混ぜる。
2 ざるで漉すか、指でつぶし、ポロポロの粒状にする。
3 天板に*2*を広げ、170℃のオーブンで15分焼く。混ぜながら、かたまりにならないように焼く。

1

グラニュー糖、キャトル・エピスを混ぜておく。キャトル・エピスだけを加えるとダマの原因になる。

2

鍋に*1*、**A**を入れ、強火にかける。沸騰したら火から外し、**B**を加えて混ぜる。

3

ボウルにチョコレートを入れ、*2*を一気に注ぐ。しばらくそのままおき、熱で溶けてきたら、ゴムべらでなめらかになるまでよく混ぜる。

4

スタンドミキサーのボウルに*3*を入れ、底を氷水で冷やしながら、ビーター（平面状のヘッド）で混ぜる。冷やしながら混ぜるのは、空気を抱き込みやすくするため。

5

白っぽくなり、ツヤが出るまで混ぜる。混ぜすぎるとボソボソになるので要注意。絞り袋の中でも混ざるので、一歩手前で止める。

6

絞り袋に入れ、型に絞る。ムース生地は絞り袋の中でも動くたびにスクリュー状に混ざり、立っていく。パレットで表面を平らにならす。冷凍庫で2～3時間、しっかり冷やし、固める。

7

ムースを型から出し、全面にシュトロイゼルをまぶす。

Mont-blanc

モンブラン

アルプス山脈の最高峰、モンブラン。その白い山を模したお菓子です。食文化の違いでしょうか。フランスの栗そのものや栗のデザートは、栗の存在感が弱いように感じます。やはり日本の和栗に勝るものはない。ですからマロンクリームには和栗のペーストとフランス産のマロンピュレを半々ずつ使って、栗の風味を和に寄せています。硬さや甘さは製品によって異なるので、粉糖やシロップで調整するといいでしょう。そして土台はムラング・フランセーズ（フレンチメレンゲ）がベスト。サブレ生地などさまざまな選択肢がありますが、口の中でふわっと溶けるムラングが、シャンティ、マロンクリームと絶妙の相性を奏でると思います。ムラング・フランセーズはフランス菓子でも歴史の古いパート。2種類の砂糖を同量ずつ加えるのが伝統です。

材料（直径5cmの型16個分）

【ムラング・フランセーズ】

卵白 …… 100g
グラニュー糖 …… 100g
粉糖 …… 100g
＊粉糖はふるう。

【マロンクリーム】

和栗ペースト …… 300g
マロンピュレ …… 300g
バター（ポマード状）…… 120g
粉糖 …… 60g
水飴 …… 60g
＊バターはなめらかにする。

【クレーム・シャンティ】

生クリーム …… 200g
グラニュー糖 …… 40g
バニラビーンズ …… 1/2本

【盛りつけ】

泣かない粉糖 …… 適量

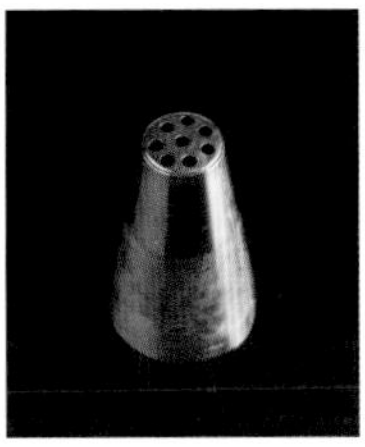

モンブラン用口金

口金の先に小さな穴があいており、モンブランの独特な形状のクリームを絞ることができる。

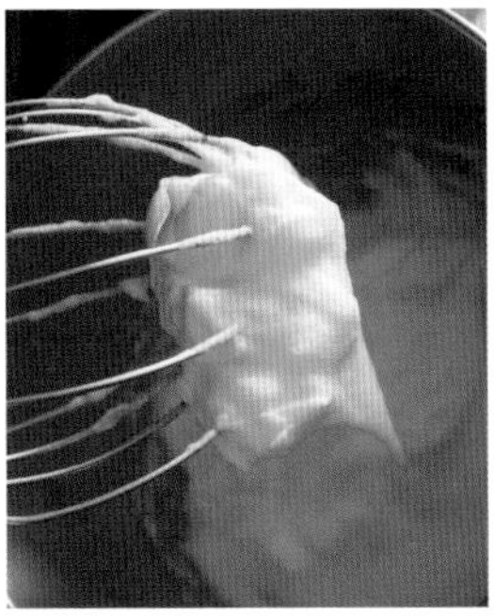

1

ムラング・フランセーズを作る。スタンドミキサーのボウルに卵白、1/5量のグラニュー糖を入れ、ワイヤーホイップ（泡立て器型のヘッド）で混ぜる。

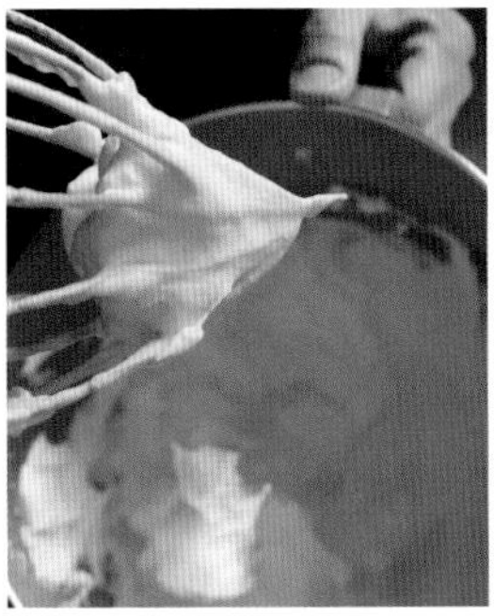

2

残りのグラニュー糖を3回に分けて加え、そのつど混ぜる。ツヤが出て、キメが細かくなるまで立てる。混ぜすぎはメレンゲが壊れるので厳禁。

3

スタンドミキサーからボウルを外し、粉糖を一気に加え、泡立て器で混ぜる。気泡をつぶさないように、底からすくってざっくり混ぜる。

Mont-blanc

モンブラン

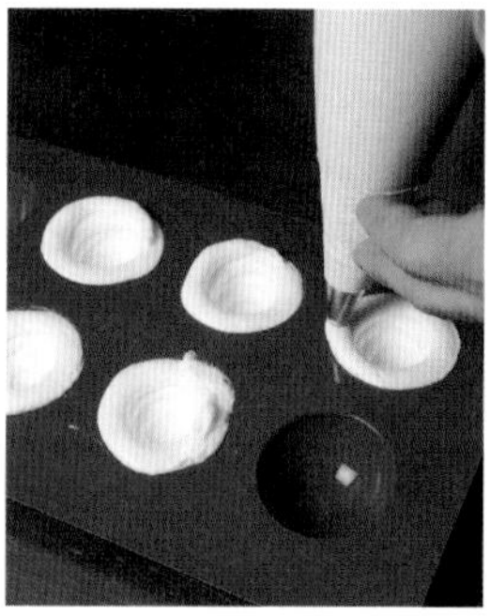

4

型にサラダ油を塗る。絞り袋に直径7mmの口金をつけ、*3*を入れ、型に絞る。中央に空間ができるように、螺旋状に絞り入れる。90℃のオーブンで1時間～1時間半焼く。

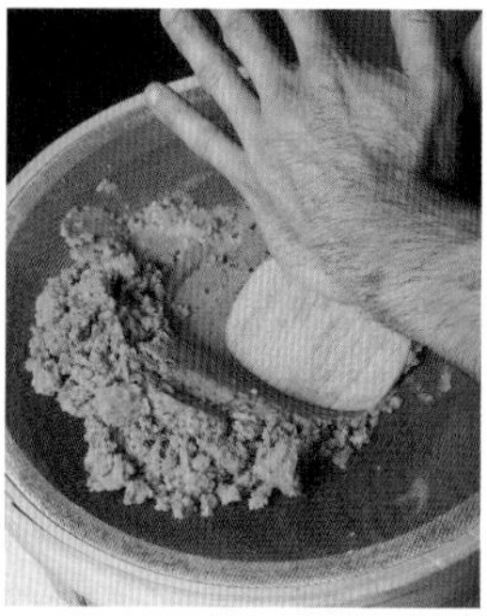

5

マロンクリームを作る。漉し器の下にボウルを置き、和栗ペーストとマロンピュレを合わせ、裏漉す。

6

スタンドミキサーのボウルに*5*の半量、バターを入れ、ビーター(平面状のヘッド)で混ぜる。

7

馴染んだら、*5*の残りを加え、軽く混ぜ合わせる。

8

粉糖、水飴を加え、白っぽくなるまで混ぜる。混ぜにくかったり、側面についたら、いったんボウルを外してゴムべらで混ぜる。

9

クレーム・シャンティを作る。バニラの種とグラニュー糖を混ぜ(p.176*1,2*)、生クリームとともにボウルに入れる。底を氷水に当て、泡立て器で九分立てにする。

10

絞り袋に直径1cmの口金をつけ、クレーム・シャンティを入れる。ムラングの穴に、こんもりと絞り入れる。

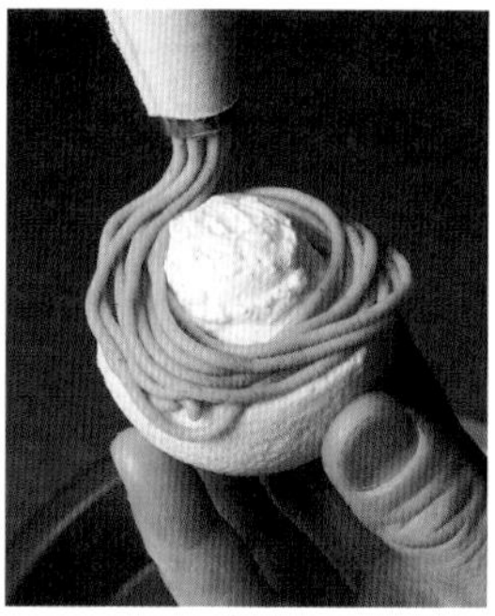

11

絞り袋にモンブラン用の口金をつけ、マロンクリームを入れる。クレーム・シャンティを隠すように、下から上に向かって巻きつけるように絞り、ドーム形に仕上げる。

Tartelette à la crème brûlée

クレーム・ブリュレのタルトレット

Tartelette à la crème brûlée

クレーム・ブリュレのタルトレット

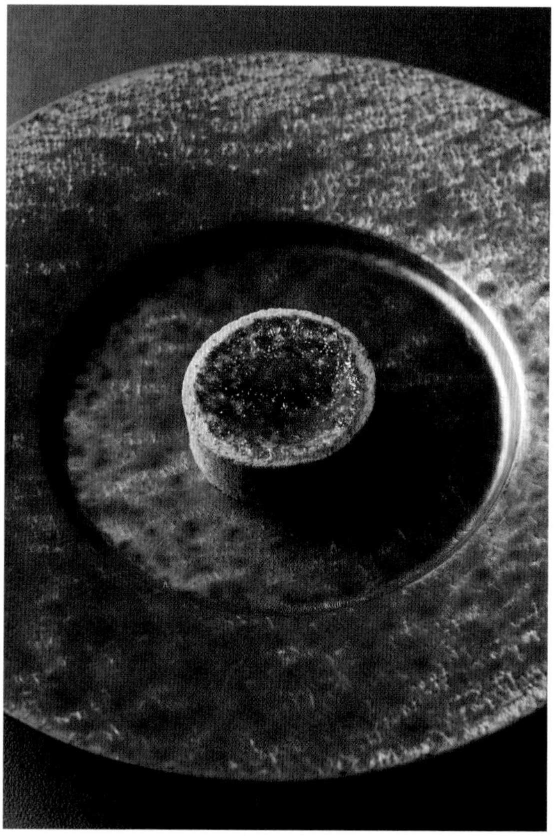

クレーム・ブリュレは言わずと知れた日本でも人気のデザート。ブリュレはフランス語で「焦げる」「焦がす」という意味があります。表面で焦がしたカソナードはパリッと、中のクリームはとろっとなめらかで、食感のコントラストが最高です。そのクレーム・ブリュレをタルト仕立てにしました。タルトはフランス菓子のなかでも盤石の人気を誇りますから、最強のコンビネーションです。ポイントはパート・シュクレ。液体を入れる器の役割をするので、丁寧に作って、合わせ目をしっかり密着させます。火の通しすぎには注意してください。せっかくのとろっとした舌触りがなくなります。焼き上がりの確認は、中心あたりのゆれが小さくなれば大丈夫です。

材料（直径6×高さ2cmのセルクル12個分）

【パート・シュクレ】

A | バター（ポマード状）…… 120g
  | グラニュー糖 …… 40g
  | カソナード※1 …… 40g

全卵 …… 1個

B | 薄力粉 …… 250g
  | 強力粉 …… 30g
  | アーモンドパウダー …… 30g

＊バターはなめらかにする。
＊全卵は室温にもどす。
＊Bは合わせてふるう。

【アパレイユ】

卵黄 …… 4個（80g）
グラニュー糖 …… 50g

C | 生クリーム …… 150g
  | 牛乳 …… 250g
  | コニャック …… 15g

【仕上げ】

カソナード …… 適量

※1＝サトウキビから作られ、ミネラルを多く含む。赤褐色で、ラム酒を思わせる独特の香りがある。フランスの代表的な砂糖。

1

パート・シュクレを作る。ボウルにAを入れ、ゴムべらで白っぽくなるまですり混ぜる。

2

全卵を溶いて*1*に加え、よく混ぜる。卵が温かいと分離し、冷たいと混ざらないので室温にもどしておく。

3

ツヤが出て、ムラなく混ざったら、Bを一気に加える。カードでざっくりと、全体が黄色っぽくなるまで混ぜる。

4

手を使い、生地をボウルに押しつけるようにしっかり練る。これをフレゼといい、手のひらで押しつぶすことで均質でなめらかな生地になる。なめらかでひとまとまりになったら、ラップで包み、冷蔵庫で1時間休ませる。

5

台に打ち粉をして*4*を置き、綿棒で2mm厚さにのばす。底用はセルクルで抜き、側面用は包丁で切る。

6

型の内側にバターを塗り、ベーキングシートを敷いた天板に置く。生地を敷き、合わせ目は少し重ね、密着させる。冷蔵庫で10～15分休ませ、生地を締める。

7

アパレイユを作る。ボウルに卵黄を入れ、泡立て器ですり混ぜる。グラニュー糖を加え、白っぽくなるまで混ぜる。Cを順に加え、混ぜる。

8

シノワで漉し、カラザと大きな気泡を取り、冷蔵庫で休ませる。少しおくことで気泡が落ちる。気泡は「す」の原因になる。

9

パート・シュクレを焼く。*6*に円形のアルミ箔を敷き、タルトストーンを入れる。オーブンは200℃で予熱しておき、180℃にして20～25分焼く。10分経ったら回転させ、ムラなく焼く。

10

タルトストーンを外し、粗熱がとれたら、アパレイユを型のギリギリまで注ぎ入れる。110℃のオーブンで30分焼く。15分経ったら回転させ、ムラなく焼く。

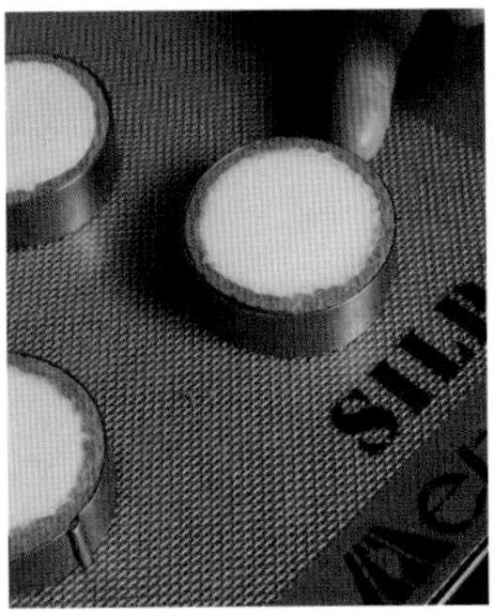

11

火の入りを確認する。軽くゆすり、表面が波打つように動くのはまだ液体。火が入っていると全体が一体になってゆれる。型から出し、冷蔵庫で冷やす。

12

カソナードを上面に薄く均一にふる。バーナーで焼き、カラメル色に焦がす。

ソース・ベシャメル

材料（作りやすい分量）

バター …… 50g
強力粉 …… 50g
牛乳 …… 500g
塩 …… 2g

1

ルー・ブランを作る。鍋にバターを入れて中火にかけ、ゆすりながら溶かす。泡立つと焦げるので注意する。ある程度溶けたところで火から外し、強力粉を一気に加える。

2

熱いとダマになるので、火から外したまま木べらでよく混ぜる。このとき、団子状になるが問題ない。

3

弱火にかけ、木べらで全体を鍋底から絶えず混ぜ、焦がさないように炒める。炒めていくとなめらかになり、ツヤが出てくる。木べらで鍋底をかくと跡が残る状態。

4

フツフツと泡立ってきたら、さらに火を弱める。色が白っぽくなり、かき混ぜる手応えが軽くなる。ポロポロと分離した状態になるが、粉が水分を吸いきれなくなった合図。これで粉に火が通り、ルー・ブランの完成。

5

牛乳を50mlほど（分量の1割程度）加え、よく混ぜる。鍋底には常にルー・ブランがあるようにする。牛乳がルーの下になると、滑ってしまい混ざらない。

6

ひとかたまりになったら、同様に牛乳を加えてよく混ぜる。これをくり返す。泡立て器などアルミ製の道具を使う場合は当てると色が出るので、鍋に触れないように混ぜる。

7

牛乳を半量ほど加えるとなめらかになってくる。ここからは木べらを前後に動かし、「練る」ように混ぜる。鍋肌が乾いたら、ゴムべらなどできれいにする。

8

最後の牛乳を加えたら、塩を加え、混ぜながら沸騰させる。ツヤが出て、もったりと粘性が出たら完成。

9

シノワ、またはザルで漉し、なめらかな仕上がりを極める。

10

メニュー調理までに時間がある場合、被膜やダマができないよう、表面にバターをのせておく。

谷昇の仕事

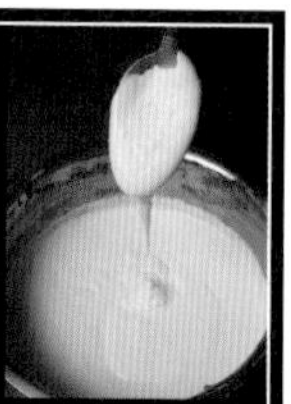

ベシャメルの仕上げ

ベシャメルは、なめらかさが要。コシをきり、さらりと軽やかに仕上げるために、漉す前にオーブンに入れる。蓋をして150℃のオーブンで10〜15分、鍋肌がうっすらと焦げつくまで加熱する。仮に鍋底が焦げついてしまったら、無理にこそげ取らず、鍋から自然に流れ落とす。

パータ・フォンセ

材料（直径18×高さ3.5cmのセルクル1台分）

バター …… 100g

A | 強力粉 …… 100g
  | 薄力粉 …… 100g

B | 水 …… 50ml
  | 塩 …… 1g
  | 卵黄 …… 1個（20g）

ドリュール（溶き卵黄）…… 1個

＊材料はすべて冷蔵庫で冷やしておく。
＊Aは合わせてふるう。

1

バターは薄切りにする。手で触る時間が長いと体温で溶けるので、粉と素早く混ぜるため。

2

ボウルにバター、Aを入れて混ぜる。手ですり合わせ、砂状になるまで混ぜる。これをサブラージュといい、バターを絶対に溶かさないことが重要。バターに粉をまとわせることでバターの油脂分が水を遮断し、粘り（グルテン）が出るのを抑える。仕上がりはバターが粉全体に馴染み、黄色になる。

3

Bを混ぜて溶かし、*2*の中央に一気に加える。カードで底からすくい上げるようにさっくりと混ぜる。練ると粘りが出てサクサク感が失われ、食感も硬くなるので、切るように混ぜる。ひとかたまりになればOK。このときムラがあっても問題ない。

4

形を整え、空気が入らないようにラップで包み、冷蔵庫で一晩休ませる。休ませるのはグルテンの力を抑え、サクサクに仕上げるため。焼き縮みを防ぐ目的もある。

5

打ち粉をして生地を置き、麺棒を転がして4～5mm厚さにのばす。型が大きめなので、生地は厚めにしている。底用はセルクルで抜き、側面用は包丁で切る。

6

型の内側にバターを塗り、ベーキングシートを敷いた天板の上に置く。生地を敷き、合わせ目は少し重ね、密着させる。型からはみ出た余分な生地は切り落とす。

7

底をフォークで軽く突いてピケする。冷蔵庫で1時間休ませる。休ませる目的は*4*と同様。柔らかくなった生地を硬く締め、美しい焼き上がりにする。

8

オーブンペーパーを敷き、タルトストーンを入れる。重すぎると焼き上がりが沈むので中央はくぼませ、凹凸なく焼き上げたい側面は高さに合わせて入れる。

9

180℃のオーブンで30分焼く。タルトストーンを外し、ドリュールを刷毛で底と側面に塗り（この作業がドレ）、再び180℃で10分焼く。型に入れたまま冷ます。

ブール・ノワゼット

材料

バター

…… 分量は各ページ参照

1

冷たい鍋またはフライパンにバターを入れて強火にかけ、鍋を傾けて回しながらバターを溶かす。焦がさず色と香りをつけるため、鍋は回し、ゆすり続ける。

2

バターが溶けたら中火にする。大きな泡が出て、乳しょう（＝タンパク質）の中の水分がとんで油に当たるパチパチという音がする。鍋の動きを止めると焦げのダマが大きくなるので注意。

3

泡が細かくなり、表面にふわっと浮いてくる。ここからはあっという間に色づくので注意。音はシュワシュワと変わり、やがて音がしなくなる。

谷昇の仕事　ブール・ノワゼットソース

4

泡がすっと落ちるように消え、バターはハシバミ色になり、ノワゼット（ヘーゼルナッツ）の香ばしい香りがする。この状態がブール・ノワゼット。余熱でも色が濃くなり焦げていくので火を止める。

5

ソースにする場合の仕上げ方。鍋底を氷水に当て、余熱で焦げが進むのを止める。

6

浮いている白い泡は乳しょうから出てきたアク。雑味なので取り除く。

7

2つのシノワの間にペーパータオルを挟み、上澄みだけをすくい、漉す。鍋底にある茶色の砂状のものは乳しょうの焦げなので、すくわず残す。

8

バターにノワゼットの香りとコクが加わり、ハシバミ色に色づいた、最上級のブール・ノワゼットが完成。

にんにくオイル

材料（作りやすい分量）

にんにく …… 1株（50g）

オリーブ油 …… 200ml

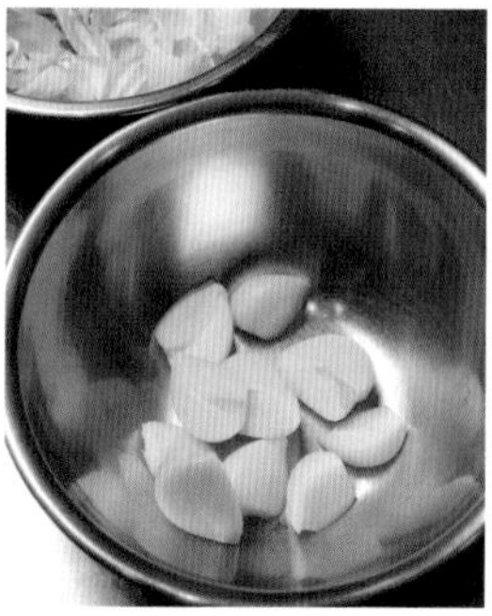

1

にんにくは縦半分に切り、苦味の原因になる芯を取る。にんにくは半分に切るだけでも充分に風味が出るうえ、すりおろさないことでオイルの汎用性が高くなる。

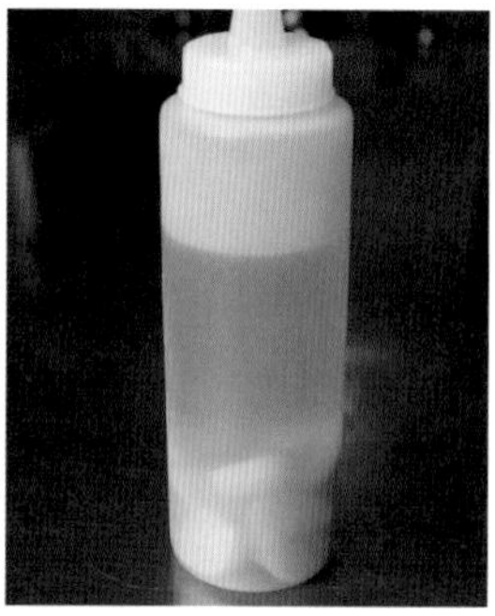

2

ディスペンサーににんにく、オリーブ油を入れる。翌日から使用可能。室温で保存する。にんにくだけ取り出し、みじん切りにして使用することもできる。油は減ったら足してもよい。

フィユタージュ

材料（でき上がり約1.2kg）

A｜強力粉……250g
　｜薄力粉……250g
　｜バター（薄切り）……80g
水……250g
B｜バター……370g

＊Aの材料はすべて冷蔵庫で冷やしておく。
＊強力粉と薄力粉は合わせてふるう。
＊Bのバターは13〜16℃にする。
＊冷凍保存可能（ラップで包む）。自然解凍し、のばして使う。

1

ボウルにAを入れ、サブラージュする（p.189-*1~2*）。中央に水を一気に加え、手で底からすくい上げるように混ぜる。グルテン（粘り）が出るので練らないように合わせる。

2

ひとかたまりになり、指を刺しても戻ってこない状態になったら、ラップで包み、冷蔵庫で一晩休ませる。休ませるのはグルテンの力を抑え、サクサクに仕上げるため。

3

Bのバターをラップなどで挟み、麺棒でたたく。たたくのはバターの可塑性を出すため。生地と合わせたとき、「のび」に対応できるようになり、破れを防ぐ。

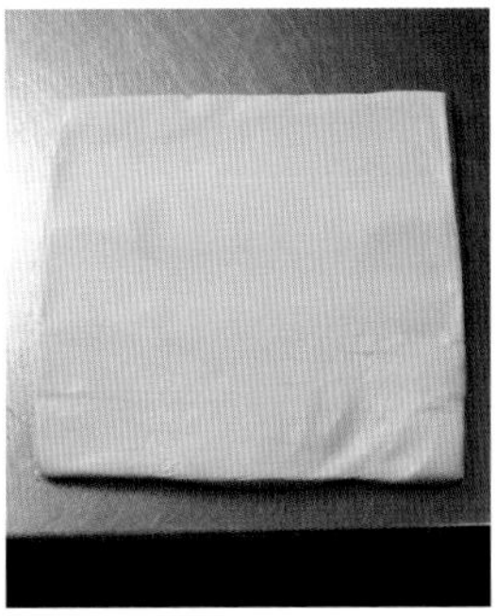

4

バターは13〜16℃を保ち、温かくなったら冷蔵庫で冷やしながら作業する。約20cm四方、1cm厚さに整える。ラップで包み、冷蔵庫で1時間ほど休ませる。

5

打ち粉をし、*2*の生地を置き、麺棒で均一の厚さにのばす。目安は*4*のバターを包める、約30cm四方。

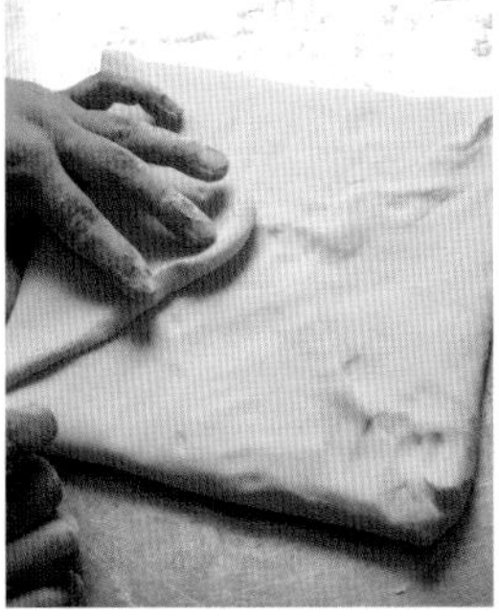

6

生地の上にバターを置き、空気が入らないように包む。空気が入っていると焼くときに膨らんでしまう。

7

麺棒を押してのばす。転がすと転がした方向にバターが偏ってしまう。長方形になるように、同じ向きにのばす。

8

空気が入ったときの処置。ナイフの刃先で生地を刺し、空気を抜き、生地を馴染ませる。空気を見つけたら、生地ができ上がるまで、すべての工程で対処する。

9

ある程度のびたら、麺棒を転がしても構わない。幅に対し、3倍の長さの長方形になるようにのばす。

10

三つ折りにし、90度回転させ、同様に長さを3倍にのばす。この三つ折りを合わせて6回くり返す。ただしバターが溶けないように、三つ折りを2回終えたらラップで包み、冷蔵庫で1時間休ませる。

谷 昇 Tani Noboru

1952年東京都新宿区生まれ。栄養専門学校在学中よりアンドレ・パッション氏率いる「イル・ド・フランス」で働き、卒業後就職。76年と89年に渡仏し、アルザス「クロコディル」などで研鑽を積む。帰国後は「オー・シザーブル」などを経て、94年、満を持して「ル・マンジュ・トゥー」開店。町田調理師専門学校で講師を務めるほか、テレビや雑誌でも活躍。2012年、辻静雄食文化賞専門技術者賞を受賞。著書『ビストロ流 ベーシック・レシピ』（世界文化社）、『ル・マンジュ・トゥーの全仕事』（柴田書店）、『ル・マンジュ・トゥーのまかないレシピ』（小社刊）など多数。

Le Mange-Tout

ル・マンジュ・トゥー

東京都新宿区納戸町22
TEL 03-3268-5911
営業時間 18:00～20:00（ラストオーダー）
日曜定休（祝祭日は営業）
https://www.le-mange-tout.com

左から　野水貴之、澤井隆太、
谷昇、國長亮平、大橋邦基

スタッフ

撮影　野口健志
デザイン　釜内由紀江、井上大輔、石神奈津子（GRiD）
フランス語校正　八木尚子、谷口智美（辻調グループ 辻静雄料理教育研究所）
編集　坂本敦子

撮影協力

- ORGANIC SPICE、MAILLE、FAUCHONほか
  エスビー食品株式会社
  東京都中央区日本橋兜町18-6
  0120-120-671
  URL https://www.sbfoods.co.jp/
- オリーブジュース100%オイル＜キヨエ＞®
  株式会社 バロックス
  大阪府大阪市西区靭本町1-11-7
  信濃橋三井ビル9F
  0120-55-8694（ご注文、お問合せ）
  URL https://www.valox.jp
- フライパン
  株式会社マイヤージャパン
  東京都渋谷区恵比寿南3-10-6
  ミヤケホームズ102号
  0120-23-8360
  URL https://meyer.co.jp

誰も教えてくれなかった

プロに近づくためのフレンチの教科書

2017年12月30日　初版発行
2022年 7 月20日　新装版初版印刷
2022年 7 月30日　新装版初版発行

著　者　谷　昇
発行者　小野寺優
発行所　株式会社河出書房新社
〒151-0051
東京都渋谷区千駄ヶ谷2-32-2
電話 03-3404-1201（営業）
03-3404-8611（編集）
https://www.kawade.co.jp/

印刷・製本　図書印刷株式会社

Printed in Japan
ISBN978-4-309-28994-6

●本書は小社刊行『誰も教えてくれなかった プロに近づくためのフレンチの教科書』（2017年12月）を新装したものです。

参考文献

『基礎からわかるフランス料理』柴田書店
『フランス料理基本用語』大修館書店
『フランス料理ハンドブック』柴田書店

本書の内容に関するお問い合わせは、お手紙かメール（jitsuyou@kawade.co.jp）にて承ります。恐縮ですが、お電話でのお問い合わせはご遠慮くださいますようお願いいたします。